Management von Kreditausfallrisiken

Europäische Hochschulschriften

Publications Universitaires Européennes

European University Studies

Reihe V

Volks- und Betriebswirtschaft

Série V Series V

Sciences économiques, gestion d'entreprise

Economics and Management

Bd./Vol. 3034

PETER LANG

Frankfurt am Main · Berlin · Bern · Bruxelles · New York · Oxford · Wien

Karim Arain

Management von Kreditausfallrisiken

PETER LANG
Europäischer Verlag der Wissenschaften

Bibliografische Information Der Deutschen Bibliothek
Die Deutsche Bibliothek verzeichnet diese Publikation in der Deutschen Nationalbibliografie; detaillierte bibliografische Daten sind im Internet über <http://dnb.ddb.de> abrufbar.

Zugl.: Passau, Univ., Diss., 2003

D 739
ISSN 0531-7339
ISBN 3-631-52159-6

www.peterlang.de

Vorwort

Die vorliegende Arbeit entstand während meiner Tätigkeit als wissenschaftlicher Mitarbeiter am Lehrstuhl für Finanzwirtschaft und Bankbetriebslehre der Universität Passau zwischen Oktober 1998 und März 2003. Sie wurde im Oktober 2003 von der Wirtschaftswissenschaftlichen Fakultät der Universität Passau als Dissertation angenommen. An dieser Stelle möchte ich all denjenigen danken, die mich in meinem Promotionsvorhaben unterstützt haben.

Besonderer Dank gilt dabei meinem geschätzten Doktorvater, Prof. Dr. Jürgen Steiner. Bereits während meiner Studienzeit weckte er mit seinen engagiert abgehaltenen Lehrveranstaltungen mein Interesse für die Bankbetriebslehre im Allgemeinen und das Risikomanagement im Besonderen. Seine jederzeitige Bereitschaft zum fachlichen Diskurs und seine kritischen, dabei aber stets konstruktiven Hinweise zu Inhalt und didaktischem Aufbau der Arbeit trugen maßgeblich zur Qualität der vorliegenden Dissertation bei. Für seine kontinuierliche Unterstützung während meines gesamten Promotionsvorhabens und darüber hinaus möchte ich ihm an dieser Stelle noch einmal herzlich danken.

Prof. Dr. Bernhard Kromschröder danke ich für die zügige Durchsicht und die Bewertung der Arbeit im Rahmen des Zweitgutachtens.

Als sehr hilfreich empfand ich die Hinweise und kritischen Fragen meiner Lehrstuhlkollegen, der Dipl.-Kaufleute Andreas Adam, Armin Dolzer, Marco Troost, Mathias Sczech und Frank Zirschke sowie des leider viel zu früh verstorbenen Michael Spurzem. Die kollegiale Arbeitsatmosphäre und das Klima gegenseitiger Unterstützung am Lehrstuhl bereicherten meine Tätigkeit dort sehr. Danken für ihre Diskussionsbereitschaft und ihre Ratschläge möchte ich auch meinen Fakultätskollegen Dipl.-Kfm. Bernd Fröhler, Dipl.-Kfm. Andreas Härtel und PD Dr. Bernhard Nietert.

Last but not least gilt mein Dank meinen Freunden und insbesondere meinen Eltern. Ohne die durch sie erfahrene Unterstützung und Motivation wäre diese Arbeit nicht zu Stande gekommen.

München, im Oktober 2003 *Karim Arain*

Inhaltsverzeichnis

Abbildungsverzeichnis

Tabellenverzeichnis

Abkürzungsverzeichnis

APT	Arbitrage Pricing Theory
Aufl.	Auflage
Bd.	Band
bspw.	beispielsweise
bzw.	beziehungsweise
CAPM	Capital Asset Pricing Model
d.h.	das heißt
EDV	Elektronische Datenverarbeitung
erw.	erweitert(e)
et al.	et alia
etc.	et cetera
evtl.	eventuell
F	Filiale
f.	folgende
ggf.	gegebenenfalls
GKM	Geld- und Kapitalmarkt
H.	Heft
Hrsg.	Herausgeber
hrsg.	herausgegeben
Jg.	Jahrgang
KPS	Kreditportfoliosteuerung
neg.	negativ
o.	ohne
OPT	Option Pricing Theory

OTC	over the counter
PKA	Problemkreditabteilung
pos.	positiv
RORAC	return on risk adjusted capital
S.	Seite
sog.	sogenannte(r/s)
u.	und
u.a.	unter anderem
überarb.	überarbeitet(e)
v.	von
v.a.	vor allem
Vgl.	Vergleiche
vgl.	vergleiche
WiSU	Das Wirtschaftsstudium
z.B.	zum Beispiel
z.T.	zum Teil

Symbolverzeichnis

AW'	Ausfallwahrscheinlichkeit in der Periode
B	Kreditbetreuung
BA	Betreuungsaufwand
BA^P	Betreuungsaufwand der Problemkreditabteilung
BA^0	Minimaler Betreuungsaufwand
BA^1	reduzierter Betreuungsaufwand
BA_i	Betreuungsaufwand in der Periode i
BA_i^P	Betreuungsaufwand der Problemkreditabteilung in der Periode i
BA_i^{Plan}	geplanter Betreuungsaufwand der Periode i
BA_i^0	minimaler Betreuungsaufwand der Periode i
BA_i^1	reduzierter Betreuungsaufwand der Periode i
BKK_i	Betriebskosten des Kredits in der Periode i
BKK_i^{Plan}	geplante Betriebskosten des Kredits in der Periode i
BKD_i	Betriebskosten des Derivats in der Periode i
BKD_i^{Plan}	geplante Betriebskosten des Derivats in der Periode i
BP	Betreuungsprämie
BP^{KPS}	von der Kreditportfoliosteuerung zu zahlende Betreuungsprämie
BP_{neu}	neue Betreuungsprämie
β	Beta-Faktor
β'	Beta'-Faktor des Kredits
β'^{D}	Beta'-Faktor des Derivats
β'^{neu}	neuer Beta'-Faktor des Kredits

$\beta^{\text{‘}P}$	Beta‘-Faktor des von der Problemkreditabteilung betreuten Kredits
β‘(Derivat)	Beta‘-Faktor des Derivats
$\beta^{\text{‘}neu}$(Derivat)	neuer Beta‘-Faktor des Derivats
ΔMindestertrag	Änderung des zu erwirtschaftenden Mindestertrags
ΔSHV	Änderung des Sharholder Value der Bank
ΔStandardrisiko-kosten	Änderung der Standardrisikokosten
EW‘	Eintrittswahrscheinlichkeit des Szenarios
$E(R_M)$	erwartete Rendite des Marktportfolios
$E(R_{WP})$	erwartete Rendite des Wertpapiers
$E(ZG_i)$	erwarteter Shareholder Value-Beitrag des in der (zukünftigen) Periode i mit dem Kunden erwartungsgemäß stattfindenden Geschäfts
E(...)	erwartete Ausfallwahrscheinlichkeit in der Periode
i	Laufzeitindex
j	Laufzeitindex
k	Laufzeitindex
KB_i	Konditionsbeitrag des Kredits in der Periode i
KBB	Konditionsbeitragsbarwert
KZ	Kompensationszahlung
n	letzte Periode der Kredit- bzw. Derivatelaufzeit
NP	Nettoprämie
PKA	Problemkreditabteilung
q_i	Diskontierungsfaktor für den Zeitraum t_0 bis t_i
q_k	Diskontierungsfaktor für den Zeitraum t_0 bis t_k
q_n	Diskontierungsfaktor für den Zeitraum t_0 bis t_n
q_1	Diskontierungsfaktor für den Zeitraum t_0 bis t_1

q_2	Diskontierungsfaktor für den Zeitraum t_0 bis t_2
q_3	Diskontierungsfaktor für den Zeitraum t_0 bis t_3
R	Kreditausfallrisiko
r	risikofreier Zinssatz
RP	Risikoübergabeprämie
RR_i	Recovery Rate der Periode i
RR_k	Recovery Rate der Periode k
ρ	Korrelationskoeffizient
S_i	Barwert der Sicherheiten zum Zeitpunkt t_i
S_n	Barwert der Sicherheiten zum Zeitpunkt t_n
S_1	Barwert der Sicherheiten zum Zeitpunkt t_1
S_2	Barwert der Sicherheiten zum Zeitpunkt t_2
S_3	Barwert der Sicherheiten zum Zeitpunkt t_3
SHV	Shareholder Value
SRKB	Standardrisikokostenbarwert
$SRKB_n$	Standardrisikokostenbarwert der Periode n
$SRKB_1$	Standardrisikokostenbarwert der Periode 1
$SRKB_2$	Standardrisikokostenbarwert der Periode 2
$SRKB_3$	Standardrisikokostenbarwert der Periode 3
σ_{PF}	Standardabweichung des Portfolios
σ_X	Standardabweichung des Wertpapiers X
t_i	Zeitpunkt nach i Perioden
t_n	Zeitpunkt nach n Perioden
t_x	Zeitpunkt nach x Perioden
t_0	heutiger Zeitpunkt / Betrachtungszeitpunkt
t_1	Zeitpunkt nach einer Periode
t_2	Zeitpunkt nach zwei Perioden

t_3	Zeitpunkt nach drei Periode
V_n	auf t_0 diskontierter Verlust aus einem Kredit, wenn dieser in der n-ten Periode ausfällt
V_1	auf t_0 diskontierter Verlust aus einem Kredit, wenn dieser in der ersten Periode ausfällt
V_2	auf t_0 diskontierter Verlust aus einem Kredit, wenn dieser in der zweiten Periode ausfällt
V_3	auf t_0 diskontierter Verlust aus einem Kredit, wenn dieser in der dritten Periode ausfällt
VaR	Value at Risk
VaR^P	Value at Risk bei Betreuung durch die Problemkreditabteilung
VaR_i	Value at Risk der Periode i
VaR_i^D	Value at Risk des Derivats der Periode i
VaR_i^{neu}	neuer Value at Risk der Periode i
VaR_i^P	neuer Value at Risk bei Betreuung durch die Problemkreditabteilung
VaR_{PF}	Value at Risk des Portfolios
VaR_X	Value at Risk des Wertpapiers X
VaR_i(Derivat)	Value at Risk des Derivats der Periode i
VaR_i^{neu}(Derivat)	neuer Value at Risk des Derivats der Periode i
VS	Verzugsschaden
VS_k	Verzugsschaden der Periode k
W	Ausfallwahrscheinlichkeit des Kredits
W^P	Ausfallwahrscheinlichkeit bei Betreuung durch die Problmekreditabteilung
W^0	Ausfallwahrscheinlichkeit bei Betreuungsaufwand BA^0
W_i	Ausfallwahrscheinlichkeit der Periode i aus Sicht von t_{i-1}

W_i^P	Ausfallwahrscheinlichkeit der Periode i aus Sicht von t_{i-1} bei Betreuung durch die Problemkreditabteilung
W_i^0	Ausfallwahrscheinlichkeit der Periode i aus Sicht von t_{i-1} bei Betreuungsaufwand BA^0
W_i^1	Ausfallwahrscheinlichkeit der Periode i aus Sicht von t_{i-1} bei Betreuungsaufwand BA^1
W_j	Ausfallwahrscheinlichkeit der Periode j aus Sicht von t_{j-1}
W_j^P	Ausfallwahrscheinlichkeit der Periode j aus Sicht von t_{j-1} bei Betreuung durch die Problemkreditabteilung
W_j^0	Ausfallwahrscheinlichkeit der Periode j aus Sicht von t_{j-1} bei Betreuungsaufwand BA^0
W_j^1	Ausfallwahrscheinlichkeit der Periode j aus Sicht von t_{j-1} bei Betreuungsaufwand BA^1
W_k	Ausfallwahrscheinlichkeit der Periode k aus Sicht von t_{k-1}
W_k^P	Ausfallwahrscheinlichkeit der Periode k aus Sicht von t_{k-1} bei Betreuung durch die Problemkreditabteilung
W_k^0	Ausfallwahrscheinlichkeit der Periode k aus Sicht von t_{k-1} bei Betreuungsaufwand BA^0
W_n	Ausfallwahrscheinlichkeit der Periode n aus Sicht von t_{n-1}
$W_n(t_0)$	Ausfallwahrscheinlichkeit der Periode n aus Sicht von t_0
W_0	Ausfallwahrscheinlichkeit der Periode 0 aus Sicht von t_{-1} (ist stets = Null)
W_1	Ausfallwahrscheinlichkeit der Periode 1 aus Sicht von t_0
W_2	Ausfallwahrscheinlichkeit der Periode 2 aus Sicht von t_1
$W_2(t_0)$	Ausfallwahrscheinlichkeit der Periode 2 aus Sicht von t_0
W_3	Ausfallwahrscheinlichkeit der Periode 3 aus Sicht von t_2
$W_3(t_0)$	Ausfallwahrscheinlichkeit der Periode 2 aus Sicht von t_0
X	gesuchter Gutschriftsbetrag
Z_i	erwartete Zahlung des Kreditschuldners in der Periode i

Z_k	erwartete Zahlung des Kreditschuldners in der Periode k
ZD_i	erwartete Zahlung des Derivatekontraktpartners in der Periode i
ZielRORAC	angestrebter return on risk adjusted capital

1 Einleitung

1.1 Zur Organisation des Kreditgeschäfts von Banken

Die vorliegende Arbeit beschäftigt sich mit dem Management von Kreditausfallrisiken in Banken. Ausgangspunkt der Überlegungen ist dabei der Prozess, den ein Kredit in einer Bank durchläuft:

- Üblicherweise beginnt dieser Prozess mit der Kreditvergabe, setzt sich über die Betreuung und Verwaltung des Kredits während der Laufzeit fort und endet mit der vollständigen Rückzahlung des Kreditbetrags durch den Kreditschuldner.[1]

- Als zusätzliche Komponente des Kreditprozesses ist es möglich, dass die Bank das Ausfallrisiko des Kredits zu irgendeinem Zeitpunkt während der Kreditlaufzeit absichert, z.B. durch Abschluss eines Kreditderivats.[2]

- Schließlich kann die Situation eintreten, dass der Kreditschuldner mit den fälligen Zahlungen in Verzug gerät oder Zins- und Tilgungszahlungen des Kredits ganz oder teilweise einstellt.[3] Der Kredit wird in diesem Fall als Problemkredit bezeichnet. Diese Situation kann vorübergehender Natur sein, d.h. nach einer gewissen Zeit nimmt der Kreditschuldner seine vertragsgemäßen Zahlungen wieder auf, oder der Schuldner kann endgültig zahlungsunfähig werden, wobei der Kreditprozess dann mit der Abwicklung des Kredits endet. Zu Problemkrediten können sowohl Kredite werden, deren Ausfallrisiko die Bank abgesichert hat, als auch unbesicherte Kredite.

Die sich aus diesen Ausführungen ergebenden möglichen Verläufe des Kreditprozesses sind in der folgenden Abbildung zusammengefasst.

---

[1] Vgl. bspw. VENOHR (1996), S. 134.

[2] Vgl. bspw. VARNHOLT (1997), S. 249f..

[3] Vgl. hierzu und im Folgenden SAUTTER / DROSTE (1998), S. 227; SCHÜTZ / KLEINE (2001), S. 400 u. Abb. 7 auf S. 402.

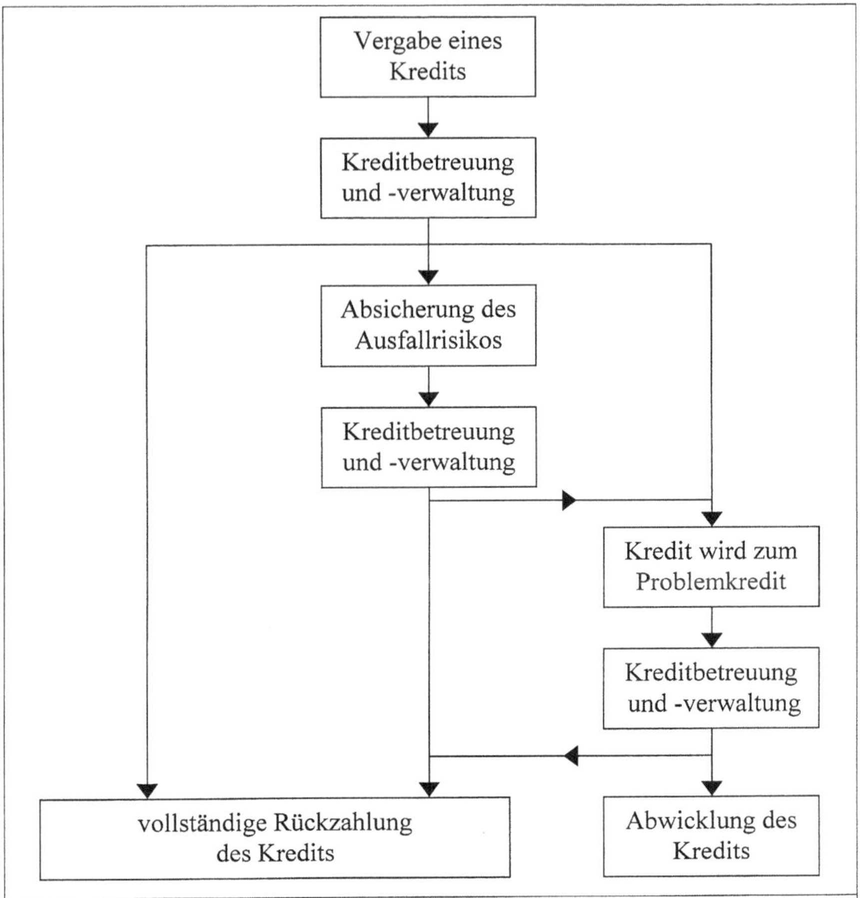

Abb. 1: mögliche Verläufe des Kreditprozesses

Während eines Kreditprozesses haben Banken also eine Reihe von Entscheidungen zu treffen. Hierunter fallen:

- die Entscheidung über den Abschluss und die Konditionen des Kreditgeschäfts,
- die Entscheidung über den Umfang der während der Kreditlaufzeit zu erbringenden Kreditbetreuung und -verwaltung,
- die Entscheidung über die Absicherung des Ausfallrisikos des Kredits sowie

- die Entscheidung über Maßnahmen, die im Zusammenhang mit Problemkrediten zu ergreifen sind, wie z.B. die Umschuldung überschuldeter Privatkunden oder die Beratung des Managements konkursgefährdeter Firmenkunden.

Der Kreditprozess in Banken verläuft in der Praxis arbeitsteilig, d.h. es gibt keine zentrale Stelle in der Bank, in der alle Entscheidungen gefällt werden, die im Prozess gemäß Abb. 1 zu treffen sind.[4] Vielmehr sind verschiedene organisatorische Einheiten der Bank in den Kreditprozess involviert. So ist z.B. folgende Arbeitsteilung anzutreffen:

- Die Filialen bzw. sonstigen Markteinheiten akquirieren Kreditkunden und schließen Kreditgeschäfte ab.[5] Weiterhin sind sie für die Kreditbetreuung und -verwaltung während der Kreditlaufzeit zuständig.

- Eine zentrale Kreditportfoliosteuerung ist für die Steuerung der Risiko-/Renditeposition des gesamten Kreditportfolios zuständig.[6] Sie entscheidet über die Absicherung des Ausfallrisikos von Krediten.[7]

- Die Betreuung und Abwicklung von Problemkrediten schließlich wird häufig von einer eigens eingerichteten Problemkreditabteilung vorgenommen.[8]

Eine solche in der Praxis anzutreffende Arbeitsteilung ist als sinnvoll zu erachten und soll deshalb in der vorliegenden Arbeit auch vorausgesetzt werden. Dies lässt sich wie folgt begründen:

- Kreditgeschäfte sollten dezentral akquiriert und abgeschlossen werden.[9] Zum Einen weisen die Filialen im Vergleich zu einer alternativ für die Kreditvergabe zuständigen zentralen Kreditabteilung eine größere Kundennähe auf und können somit flexibler auf Änderungen der lokalen Markt- bzw. Konkurrenzsituation reagieren. Zum anderen dürfte sich eine gegenüber einer zent-

---

[4] Vgl. bspw. OEHLER / UNSER (2001), S. 418f..

[5] Vgl. bspw. VENOHR (1996), S. 133.

[6] Vgl. MERBECKS (1996), S. 55f. u. 61 - 66; OEHLER / UNSER (2001), S. 414.

[7] Vgl. CHADHA (1998), S. 301; UFER (1998), S. 286 u. 290.

[8] Vgl. DROSTE / MATTERN / SAUTTER (1994), S. 207f.; MANZ (1998), S. 198 - 203; SAUTTER / DROSTE (1998), S. 227 - 229.

[9] Vgl. hierzu und im Folgenden SCHMOLL (1995), S. 237f.; SCHÜLLER (1995), S. 180f.; BÜSCHGEN (1998), S. 502f.; SÜCHTING / PAUL (1998), S. 251.

ralen Lösung größere Entscheidungsbefugnis positiv auf die Motivation der Filialmitarbeiter auswirken.

- Die Steuerung des gesamten Kreditportfolios und damit auch die Absicherung von Ausfallrisiken einzelner Kredite ist dagegen von einer zentralen Abteilung der Bank vorzunehmen.[10] Grund dafür ist, dass eine mögliche Risikodiversifikation erst auf Portfolioebene erkennbar und damit steuerbar wird. Somit lässt sich die Vorteilhaftigkeit der Risikoabsicherung einzelner Kreditengagements sinnvoll nur unter Berücksichtigung des gesamten Kreditportfolios der Bank erkennen.

- Auch die Problemkredite sind von einer zentralen Abteilung zu betreuen und ggf. abzuwickeln.[11] Dies lässt sich zum Einen mit der notwendigen Expertise begründen, die für die Betreuung von Problemengagements nötig ist. Hier erzielt die Bank Spezialisierungsvorteile, wenn sie alle Problemkredite in einer Abteilung bündelt. Zum anderen ist im Umgang mit säumigen Schuldnern eine möglichst objektive Einschätzung der zukünftigen Zahlungsfähigkeit des Schuldners nötig, ggf. ist auch gegen den Willen des Schuldners dessen Konkurs zu erzwingen. Die hierfür notwendige Konfliktfähigkeit ist eher in einer unabhängigen organisatorischen Einheit gewährleistet, die bisher noch keinen Kontakt zum Kreditschuldner hatte, als bei fortgeführter Kreditbetreuung durch die Filialen.

Auf Grund der Arbeitsteilung im Kreditprozess ist ein Kreditmanagementsystem nötig, das dafür sorgt, dass sich alle beteiligten organisatorischen Einheiten bei ihren Entscheidungen an den Interessen der Gesamtbank orientieren, d.h. nur solche Entscheidungen treffen, die den Erfolg der Bank erhöhen. Da in dieser Arbeit der Shareholder Value-Ansatz als Zielsystem der Bank vorgegeben wird, bedeutet dies konkret, dass mittels eines Kreditmanagementsystems sicherzustellen ist, dass alle im Kreditprozess getroffenen Entscheidungen den Shareholder Value der Bank steigern.

---

[10] Vgl. hierzu und im Folgenden MERBECKS (1996), S. 55f. u. 61 - 66; OEHLER / UNSER (2001), S. 414.

[11] Vgl. hierzu und im Folgenden DROSTE / MATTERN / SAUTTER (1994), S. 207f..

1.2 Aufgaben eines Kreditmanagementsystems

Ein Kreditmanagementsystem hat als Komponenten die ex ante-Kalkulation und die ex post-Erfolgszurechnung zu umfassen:

- Damit sich die organisatorischen Einheiten am Zielsystem der Bank orientieren können, müssen sie vor dem Treffen jeder Entscheidung darüber informiert sein, wie sich diese auf die Zielerreichung der Bank auswirkt. Will also z.B. eine Filiale ein Kreditgeschäft abschließen, so muss sie wissen, ob und inwieweit durch den Kreditabschluss der Shareholder Value der Bank gesteigert wird. Ein Kreditmanagementsystem muss daher ein System beinhalten, mit dem die Auswirkungen der im Kreditprozess zu treffenden Entscheidungen auf den Shareholder Value der Bank kalkuliert werden können.

- Die Information der organisatorischen Einheiten hierüber ist allein jedoch nicht ausreichend.[12] Vielmehr ist dafür zu sorgen, dass die gelieferten Kalkulationsdaten auch als Entscheidungsgrundlage verwendet werden, dass also tatsächlich nur solche Entscheidungen getroffen werden, die laut ex ante-Kalkulation den Shareholder Value der Bank steigern. Hierzu bedarf es einer ex post-Erfolgszurechnung, bei der während des gesamten Kreditprozesses den zuständigen organisatorischen Einheiten laufend die Auswirkungen ihrer Entscheidungen auf den Erfolg der Bank zugerechnet werden. Steigt der Shareholder Value der Bank, ist die entsprechende Steigerung der verantwortlichen Organisationseinheit gutzuschreiben, sinkt er, so hat eine Belastung zu erfolgen. Im Rahmen eines Kreditmanagementsystems ist also festzulegen, welche Erfolgsbeiträge welchen organisatorischen Einheiten zu welchen Zeitpunkten zuzurechnen sind.

Sowohl bei der ex ante-Kalkulation als auch bei der ex post-Erfolgszurechnung ist das Kreditausfallrisiko zu berücksichtigen:

- Im Rahmen der ex ante-Kalkulation stellen die aus dem Ausfallrisiko eines Kredits resultierenden Risikokosten eine wichtige Komponente der Kalkulation dar.[13] Sie spielen sowohl beim Neuabschluss von Kreditgeschäften eine

---

[12] Vgl. hierzu und im Folgenden WIMMER (1996), S. 79; HARTMANN-WENDELS / PFINGSTEN / WEBER (2000), S. 631.

[13] Vgl. SAUTTER / DROSTE (1998), S. 214, dort als „Eigenkapitalkosten" bezeichnet.

Rolle, bei der sie den Erfolg der Bank schmälern[14], als auch bei der Absicherung eines Kredits, weil sie mit der Risikoabsicherung wegfallen, was sich ceteris paribus positiv auf den Erfolg der Bank auswirkt.

- Im Rahmen der ex post-Erfolgszurechnung ist zum Einen festzulegen, welcher organisatorischen Einheit der Bank die anfallenden Risikokosten zuzurechnen sind. Zum anderen ist zu klären, welche Einheit bei auftretenden Kreditausfällen zu belasten ist.

1.3 State of the Art des Kreditmanagements

Bevor in dieser Arbeit ein eigenes Kreditmanagementsystem entwickelt wird, ist zu untersuchen, inwieweit die in der Literatur vorliegenden Kreditmanagementsysteme den an sie zu stellenden Anforderungen genügen. Insbesondere ist zu analysieren, inwieweit es diesen Systemen gelingt, die Ziele der organisatorischen Einheiten der Bank in Einklang mit den Gesamtbankzielen zu bringen.

Die in der Literatur vorliegenden Ansätze zum Kreditmanagement lassen sich grob in zwei Richtungen einteilen: auf der einen Seite ältere, traditionelle Ansätze, die einer zentralen Kreditabteilung mehr die Aufgabe der Geschäftsvorsteuerung zumessen (vgl. im Folgenden a))[15], auf der anderen Seite neuere, optionspreistheoretische Ansätze, welche die Portfolionachsteuerung v.a. mittels derivativer Kreditinstrumente in den Vordergrund rücken (vgl. im Folgenden c))[16]. Der Übergang zwischen beiden Typen ist fließend (vgl. im Folgenden b)).

---

[14] Vgl. SÜCHTING / PAUL (1998), S. 446; SAUTTER / DROSTE (1998), S. 214; SCHIERENBECK (1999a), S. 291; PFINGSTEN (2000), S. 726.

[15] Vgl. SCHIERENBECK (1997a), S. 273 - 300.

[16] Vgl. GERDSMEIER / KROB (1994), S. 469 - 474; KIRMßE (1996), S. 236 - 295; LEHRBAß (1997), S. 366 - 370; GERDSMEIER (1998), S. 259 - 263; MANZ (1998), S. 138 - 148 u. 170 - 173; UFER (1998), S. 286 - 289; FISCHER (1999), S. 179f..

a) traditionelle Ansätze ohne Portfolionachsteuerung

Hauptmerkmal der älteren Ansätze zum Kreditmanagement ist, dass eine nachträgliche Risiko-/Rendite-Optimierung des Kreditportfolios nicht stattfindet.[17] Das Kreditportfolio wird vielmehr nur mittels Vorgaben an die Filialen vorgesteuert, z.B. über Volumenslimite für einzelne Geschäftsarten. Die fehlende Portfolionachsteuerung der älteren Ansätze ist dadurch bedingt, dass zum Zeitpunkt der Entwicklung dieser Ansätze die für diese Steuerung notwendigen Instrumente fehlten. Es existierte lediglich die Möglichkeit, einen Pool von Krediten mittels Kreditversicherungen abzusichern.[18] Bei der Kreditversicherung besteht für die Bank jedoch keine Möglichkeit, gezielt auszuwählen, welche einzelnen Kreditengagements in den abzusichernden Pool eingehen. Damit ist nur eine relativ pauschale Reduktion des Ausfallrisikos der Bank möglich, eine gezielte Steuerung der Risiko-/Rendite-Position jedoch nicht. Dies wird erst durch den Einsatz von Kreditderivaten möglich, welche - wie zuvor angesprochen - zum Zeitpunkt der Entwicklung der traditionellen Ansätze noch nicht existierten.[19] Daher war eine gezielte Steuerung der Risiko-/Rendite-Struktur des Kreditportfolios nicht möglich.

Da in den älteren Ansätzen die Möglichkeit einer Portfolionachsteuerung nicht vorgesehen ist, liegt die Ausfallrisikoverantwortung während der gesamten Kreditlaufzeit bei den für das Kreditgeschäft zuständigen Filialen.[20] Kreditausfälle bzw. Einzelwertberichtigungen werden ex post in Form von Ist-Risikokosten den Filialen zugerechnet. Ex ante gehen als Vorsorge für die im Durchschnitt zu erwartenden Kreditausfälle die Standardrisikokosten in die Konditionsmarge ein. Das eigentliche Risiko, d.h. die Gefahr, dass die tatsächlichen Ausfälle über den erwarteten liegen, wird bei der Kalkulation der Konditionsmarge jedoch nicht berücksichtigt.

---

[17] Vgl. hierzu und zum Folgenden: HÖLSCHER (1987), S. 90 - 95 u. 316 - 319; AKMANN (1994), S. 74 - 78 u. 98f.; DRZIK / STROTHE (1997), S. 261, Stufe III.

[18] Vgl. hierzu und im Folgenden PFINGSTEN (2000), S. 711 - 713.

[19] Kreditderivate wurden erstmals zu Beginn der 90er Jahre des 20. Jahrhunderts gehandelt. In Deutschland befindet sich der Handel mit Kreditderivaten auch heute noch in einem Entwicklungsstadium. Vgl. hierzu FRANKE (2000), S. 268 f.; SCHÜTZ / KLEINE (2001), S. 397.

[20] Vgl. hierzu und im Folgenden bspw. HÖLSCHER (1987), S. 90 - 95 u. 316 - 319.

Wie an der Darstellung dieser älteren Ansätze deutlich wird, weisen diese eine Reihe von Nachteilen auf, die sie als für das Kreditmanagement unzulänglich ausweisen:

- Der Risikogehalt der einzelnen Kreditengagements wird nicht vollständig erfasst, da die Gefahr über das Erwartete hinausgehender Kreditausfälle nicht berücksichtigt wird. Da Banken jedoch hierfür Eigenkapital vorhalten müssen, um im Falle eines Risikoeintritts nicht insolvent zu werden, sind hiermit (Eigenkapital-)Kosten verbunden. Diese wären in der Kalkulation zu berücksichtigen, was in den älteren Ansätzen jedoch nicht geschieht. Damit werden die Konditionsbeiträge der Kredite systematisch zu hoch angesetzt. Dies führt dazu, dass vom Kalkulationssystem falsche Steuerungsimpulse an die Filialen ausgehen können: Die Filialen schließen auf Grund des Kalkulationssystems möglicherweise Kreditgeschäfte ab, die für die Bank nicht vorteilhaft sind, da sie ihre Eigenkapitalkosten nicht erwirtschaften und so den Shareholder Value der Bank senken.

- Es besteht noch eine weitere Möglichkeit der Fehlsteuerung der Filialen: Vor allem im Firmenkundengeschäft kann die für die Kreditportfoliosteuerung zuständige Abteilung Kreditrisiken einzelner Engagements oder auch ganzer Teilportfolios mittlerweile gezielt über Kreditderivate am Markt absichern. In den älteren Ansätzen verbleibt die Verantwortlichkeit für eingetretene Kreditausfälle jedoch auch dann während der gesamten Kreditlaufzeit bei den Filialen, wenn die Bank die Kredite am Markt abgesichert hat. Für die Filialen kann es daher trotz des damit verbundenen Mehraufwands lohnenswert erscheinen, durch verstärkte Kreditbetreuung das Ausfallrisiko von Kreditengagements zu senken. Ein verstärkter Betreuungsaufwand zur Vermeidung von Kreditausfällen liegt jedoch nicht im Interesse der Bank, wenn die Kredite über Kreditderivate abgesichert sind, da die Kreditausfälle dann automatisch durch entsprechende Zahlungen aus den Kreditderivaten ausgeglichen werden. Die von den älteren Ansätzen gelieferten Steuerungsimpulse stehen in diesem Fall also nicht im Einklang mit den Interessen der Gesamtbank.

- Das Fehlen einer Portfolionachsteuerung in den älteren Ansätzen ist generell als nicht mehr zeitgemäß zu kritisieren, da mit Kreditderivaten mittlerweile Instrumente zur gezielten Nachsteuerung des Kreditportfolios zur Verfügung stehen. Zur Durchführung einer sinnvollen Portfolionachsteuerung sind außerdem Korrelationseffekte zwischen den Krediten zu berücksichtigen und Kalkulationsansätze für Kreditderivate bereitzustellen. Beides leisten die älteren Ansätze nicht.

b) traditionelle Ansätze mit Portfolionachsteuerung

Mit dem Aufkommen derivativer Kreditinstrumente und dem Einzug von Shareholder Value-Gedanken in den Bankbetrieb wurden die traditionellen Ansätze weiterentwickelt[21]. Hauptmerkmal dieser weiterentwickelten Ansätze ist, dass nun eine zentrale Portfolionachsteuerung im Sinne einer Risiko-/Rendite-Optimierung im Kreditmanagementsystem vorgesehen ist.

Trotz dieser Möglichkeit der Portfolionachsteuerung ändert sich jedoch das System der ex post-Erfolgszurechnung gegenüber den älteren Ansätzen nicht: Die Ausfallrisikoverantwortung liegt in den weiterentwickelten Ansätzen nach wie vor während der gesamten Kreditlaufzeit bei den Filialen. Diesen werden auftretende Kreditausfälle über die Ist-Risikokosten belastet.

Änderungen im Kreditmanagementsystem ergeben sich jedoch in der ex ante-Kalkulation: In den weiterentwickelten Ansätzen wird den Filialen ex ante mit einer Prämie für das Risiko über die Erwartungen hinausgehender Kreditausfälle ein weiterer Kostenbestandteil bei der Kalkulation der Konditionsmarge in Rechnung gestellt. Diese Zusatzprämie wird über den Shareholder Value-Gedanken begründet: Jede mit Risiko behaftete Transaktion bindet auf Grund des Risikotragfähigkeitskalküls Eigenkapital. Sie muss daher je nach (über die Kapitalmarkttheorie berechenbaren) Erwartungen der Eigenkapitalgeber mit steigendem Risikogehalt eine höhere Mindestrendite erwirtschaften. Nur Transaktionen, deren Rendite über der jeweiligen Mindestrendite liegt, wirken danach für die Bank werterhöhend, Transaktionen mit darunter liegender Rendite senken dagegen den Marktwert des Bankeigenkapitals.

Die weiterentwickelten Ansätze weisen gegenüber den älteren Ansätzen weit reichende Verbesserungen auf:

- Sie berücksichtigen neben den Standardrisikokosten auch Eigenkapitalkosten und bilden somit den Risikogehalt der einzelnen Kreditengagements vollständig ab.

---

[21] Vgl. hierzu und im Folgenden DRZIK / STROTHE (1997), S. 261 - 263, Stufen IV - VI; SCHIERENBECK (1997a), S. 275 - 278; SCHIERENBECK (1997b), S. 214 - 220 u. S. 243 - 250; PEIL / EGGER (2000), S. 418.

- Sie beinhalten eine Portfolionachsteuerung. Korrelationseffekte zwischen den Ausfallrisiken der Kredite lassen sich berücksichtigen, eine Optimierung der Risiko-/Rendite-Position des Kreditportfolios wird möglich. Weiterhin lässt sich im Portfoliozusammenhang nun auch die Vorteilhaftigkeit einer Risikoabsicherung mittels Kreditderivaten kalkulieren.

Nachteilig bleibt an diesen Ansätzen aber nach wie vor die Möglichkeit von Fehlsteuerungen bezüglich des Betreuungsaufwands. Wie bei den älteren Ansätzen auch, werden die Ist-Risikokosten stets den dezentralen Einheiten zugerechnet. Dies geschieht selbst dann, wenn die Bank das Ausfallrisiko eines Kredits über Kreditderivate auf Dritte abgewälzt hat. In diesem Fall verbleibt den dezentralen Einheiten der Bank also eventuell ein Anreiz, die Ausfallwahrscheinlichkeit des Kredits über einen erhöhten Betreuungsaufwand abzusenken, obwohl dies nicht mehr im Interesse der Bank liegt.

c) auf Optionspreismodellen basierende Ansätze

In jüngerer Zeit wird in der Literatur verstärkt eine weiterer, auf Optionspreismodellen basierender Ansatz zum Kreditmanagement propagiert.[22] Hierbei wird jedes Kreditengagement der Bank als Portfolio aus einem sicheren, nicht ausfallrisikobehafteten Kredit und einer Stillhalterposition der Bank in einer Verkaufsoption auf das Unternehmensvermögen des kreditnehmenden Unternehmens interpretiert. Geht das Unternehmen in Konkurs, so übt in dieser Modellwelt das Unternehmen die Verkaufsoption aus und „verkauft" der Bank die Konkursmasse im Tausch gegen das Rückzahlungsversprechen aus dem Kredit. Der Bank entsteht dabei ein Verlust in Höhe der Wertdifferenz. Will die Bank sich gegen diesen Verlust absichern, so muss sie das Gegengeschäft zu ihrer Stillhalterposition tätigen, also eine Verkaufsoption auf das Unternehmensvermögen kaufen. Die Risikokosten des Kredits entsprechen nun genau diesen Kosten der Absicherung, d.h. der Optionsprämie der Verkaufsoption. Es handelt sich mithin um diejenigen Kosten, die der Bank entstünden, wollte sie das Ausfallrisiko am Markt absichern.

---

[22] Vgl. hierzu und im Folgenden KIRMßE (1996), S. 76 - 106; GERDSMEIER (1998), S. 259 - 263; MANZ (1998), S. 138 - 148 u. 170 - 173; UFER (1998), S. 286 - 289; DÖHRING (1999), S. 290 - 293; PEIL / EGGER (2000), S. 415 - 418.

Diese Risikokosten gehen in den auf Optionspreismodellen basierenden Kreditmanagementsystemen als Kostenfaktor in die ex ante-Kalkulation der Nettokonditionsmarge ein. Da der Bank nach einer solchen (hypothetischen) Absicherung keinerlei Ausfallrisiko mehr verbleiben würde, also sowohl erwartete wie auch unerwartete Kreditausfälle abgesichert wären, enthalten die so berechneten Risikokosten implizit Prämien für beide dieser Risikobestandteile.

Im Rahmen der ex post-Erfolgszurechnung werden die Filialen im Moment des Kreditabschlusses mit diesen Risikokosten belastet. Im Gegenzug werden die Risikokosten der Kreditportfoliosteuerung gutgeschrieben, welche ja darüber zu entscheiden hat, ob die Risiken tatsächlich am Markt abgesichert werden sollen. Damit geht konsequenterweise in den neuen Modellansätzen auch das gesamte Ausfallrisiko von den Filialen auf die zentrale Portfoliosteuerung über[23]. Die Ist-Risikokosten werden also nicht mehr länger den Filialen zugerechnet, diese werden vielmehr vom Ausfallrisiko durch "Zahlung" der Risikokosten an die Portfoliosteuerung gänzlich freigestellt, können die Nettokonditionsmarge also sicher vereinnahmen.

Die auf Optionspreismodellen basierenden Kreditmanagementsysteme berücksichtigen - wie die traditionellen Ansätze mit Portfolionachsteuerung auch - Korrelationseffekte der einzelnen Kreditengagements und ermöglichen so eine Portfoliosteuerung nach Risiko-/Rendite-Gesichtspunkten.[24] Sie weisen im Gegensatz zu den traditionellen Modellen jedoch den Vorteil auf, dass für die Filialen kein Anlass mehr zu erhöhtem Betreuungsaufwand bei bereits abgesicherten Krediten besteht, da sie gänzlich vom Ausfallrisiko freigestellt werden.

Doch weisen auch die optionspreistheoretischen Modelle einige Schwachstellen auf:

- Es kann nach wie vor zu einer Fehlsteuerung der Filialen kommen: Da die Filialen ausfallrisikofrei gestellt werden, sinken die Anreize, über einen erhöhten Betreuungsaufwand das Ausfallrisiko zu reduzieren[25]. Dies ist jedoch nur im Gesamtbankinteresse, wenn die Portfoliosteuerung die entsprechenden Risiken auch tatsächlich am Markt abgesichert hat. Ist dies auf Grund der

---

[23] Vgl. KIRMßE (1996), S. 239 - 242; GERDSMEIER (1998), S. 264 - 268.
[24] Vgl. MANZ (1998), S. 264 - 303.
[25] Vgl. PEIL / EGGER (2000), S. 415f..

Marktsituation nicht möglich (wie bspw. im Privatkundengeschäft, in welchem solche einzelgeschäftsbezogenen derivativen Absicherungsinstrumente noch nicht existieren) oder vom Standpunkt der Portfoliosteuerung nicht vorteilhaft, so kann ein solcher erhöhter Betreuungsaufwand zur Ausfallrisikoreduktion durchaus im Gesamtbankinteresse sein.

- Die Modelle sind nur auf das Geschäft mit größeren Firmenkunden ausgerichtet: Die zur Risikokostenberechnung verwendeten Optionspreismodelle basieren auf Arbitrageüberlegungen und benötigen als Inputdaten daher Marktpreise des Unternehmenswerts, welche nur bei größeren Firmenkunden in Form von Börsenkursen (und Marktkapitalisierungen) vorliegen.[26] Bei Krediten an kleinere, nicht börsennotierte Firmenkunden und an Privatkunden versagen diese Modelle also. Es müssten für diese Segmente eigene Modelle aufgestellt werden und das Kreditgeschäft mit börsennotierten Firmenkunden getrennt von den anderen Segmenten kalkuliert und optimiert werden. Das Verwenden verschiedener Modelle für das Kreditgeschäft mit unterschiedlichen Kundengruppen würde die Komplexität und die Kosten des Kreditmanagements jedoch erheblich steigern, da

  1. detaillierte Regeln für die überschneidungsfreie Einordnung der Kreditnehmer in die Kundengruppen nötig wären,

  2. festgelegt werden müsste, wie kalkulatorisch mit Kreditnehmern zu verfahren ist, bei denen sich während der Kreditlaufzeit die Kundengruppenzugehörigkeit ändert (z.B. wenn eine Firma börsennotiert wird),

  3. die Bankmitarbeiter in den verschiedenen verwendeten Kalkulationsmodellen geschult werden müssten und

  4. eine Verdichtung der verschiedenen Kalkulationssysteme zu einem kohärenten Gesamtsystem nötig wäre, um der Kreditportfoliosteuerung eine Risiko-/Rendite-Steuerung des Kreditportfolios auf Gesamtbankebene zu ermöglichen.

---

[26] Vgl. LEHRBAß (1997), S. 368 - 370; ROHMANN (1998), S. 1186f..

Weitere, allen Modellen gemeinsame Kritikpunkte:

Allen bisher entwickelten Modellen ist gemeinsam, dass eine genaue Untersuchung der Auswirkungen der durch die Modelle generierten Steuerungsimpulse auf die Zielbeziehungen zwischen Gesamtbankzielen und Zielen der einzelnen Geschäftseinheiten nicht oder nur sehr grob[27] erfolgt. Die Modelle sind daher auch nicht darauf abgestimmt, in jedem Fall eine Komplementarität der Ziele der organisatorischen Einheiten der Bank mit den Gesamtbankzielen zu bewirken. Insbesondere eine Untersuchung des dezentralen Betreuungsaufwands als Einflussgröße auf die Ausfallwahrscheinlichkeit eines Kredits findet nicht statt. Dementsprechend fehlen auch Untersuchungen darüber, wie eine Zielkonformität des Betreuungsaufwands mit den Gesamtbankzielen erreicht werden kann.

Ferner ist es bisher keinem Modell gelungen, einen zufriedenstellenden Ausgleich zwischen Neukundengewinnung und Bestandspflege herzustellen: Die älteren traditionellen Modelle rechnen den Kundenbetreuern periodisch Beiträge zu und geben so einen Anreiz zur Bestandspflege, setzen aber keine ausreichenden Anreize zur Neukundengewinnung.[28] Die optionspreistheoretischen Ansätze dagegen verwenden barwertige Modelle und rechnen so den Filialen schon bei Kreditabschluss den vollen „Vorteil" zu, den die Bank aus dem Kredit zieht, geben aber keinerlei Anreize mehr zur Kreditbetreuung.[29] Dies ist insbesondere dann problematisch, wenn die zuständige betreuende organisatorische Einheit während der Kreditlaufzeit wechselt.

Schließlich ist zu kritisieren, dass in der bisherigen Literatur die organisatorische und steuerungstechnische Einbindung einer Problemkreditabteilung in das Kreditmanagementsystem vernachlässigt wird. Eine solche Einbindung ist jedoch nötig, da viele Banken mittlerweile über organisatorisch eigenständige Problemkreditabteilungen verfügen.[30]

---

[27] Vgl. PEIL / EGGER (2000), S. 415 - 418.

[28] Vgl. AKMANN (1994), S. 89 - 95.

[29] Vgl. KIRMßE (1996), S. 242; GERDSMEIER (1998), S. 264 - 268.

[30] Vgl. DROSTE / MATTERN / SAUTTER (1994), S. 207f.; MANZ (1998), S. 198 - 203; SAUTTER / DROSTE (1998), S. 227 - 229.

1.4 Problemstellung der Arbeit

Als Fazit der bisherigen Ausführungen lässt sich festhalten, dass zur Steuerung der am Kreditprozess beteiligten organisatorischen Einheiten der Bank ein Kreditmanagementsystem nötig ist, dass diesen eine Kalkulationsgrundlage für ihre Entscheidungen liefert und gleichzeitig die Ziele der organisatorischen Einheiten in Einklang mit den Gesamtbankzielen bringt. Weiterhin ist zu konstatieren, dass keines der bisher in der Literatur vorgeschlagenen Modelle dies leistet. Darauf baut die anschließend konkretisierte Problemstellung der Arbeit auf, bei der im Einzelnen zu erläutern bleibt,

- welche Anforderungen das zu entwickelnde Kreditmanagementsystem im Einzelnen erfüllen muss und
- welche Teilprobleme mittels des Kreditmanagementsystems einer Lösung zugeführt werden sollen.

1.4.1 Anforderungen an das Kreditmanagementsystem

Die Anforderungen an das zu erstellende Kreditmanagementsystem lassen sich aus den allgemeinen Anforderungen an das interne Rechnungswesen von Banken ableiten.[31] Diese sollen im Folgenden in vier Bereiche eingeteilt werden. Danach muss das Kreditmanagementsystem

- zielgerichtet,
- richtig,
- vollständig und
- praktisch anwendbar sein.

[31] Vgl. hierzu bspw. HARTMANN-WENDELS / PFINGSTEN / WEBER (2000), S. 630f..

a) Zielausrichtung

Die wichtigste Anforderung an ein Kreditmanagementsystem ist, dass es zielgerichtet ist. Ziel des Kreditmanagements ist es, dass sich die am Kreditprozess beteiligten organisatorischen Einheiten der Bank - für die vorliegende Arbeit also Filialen, Kreditportfoliosteuerung und Problemkreditabteilung - bei ihren Entscheidung an den Interessen der Gesamtbank ausrichten. Verfolgt eine Bank, wie in der Arbeit angenommen, den Shareholder Value-Ansatz, dann muss das Kreditmanagementsystem dementsprechend Steuerungsimpulse liefern, die den Abschluss von Shareholder Value-erhöhenden Geschäften positiv und den von Shareholder Value-mindernden Geschäften negativ sanktionieren.

Dieser Sanktionsmechanismus darf nicht nur für das Neugeschäft gelten, sondern muss sich auch auf die Kundenbetreuung im Altgeschäft erstrecken. Hier sind also analog Steuerungsimpulse zu generieren, die dazu führen, dass nur Betreuungsmaßnahmen durchgeführt werden, die den Shareholder Value der Bank erhöhen.

Schließlich ist bei der Ausgestaltung des Kreditmanagementsystems auf eine Zielkongruenz von ex ante-Kalkulation und ex post-Erfolgszurechnung zu achten: Die den Beteiligten ex post zugerechneten Erfolgskomponenten müssen den ex ante kalkulierten entsprechen, da die Bankmitarbeiter ansonsten möglicherweise die vom System gelieferten ex ante-Daten nicht als Grundlage ihrer Kalkulation akzeptieren werden. Dies gilt insbesondere dann, wenn die ex post zugerechneten Erfolge Grundlage einer erfolgsabhängigen Entlohnung sind.

b) Richtigkeit

Eine weitere Anforderung an ein Kreditmanagementsystem ist, dass Kalkulation und Erfolgszurechnung zu richtigen Ergebnissen gelangen. Dies bedeutet[32]:

- Das Kreditmanagementsystem muss auf objektiven oder zumindest intersubjektiv überprüfbaren Daten basieren. Dies ist deshalb besonders wichtig, weil die verschiedenen am Kreditprozess beteiligten organisatorischen Einheiten einen unterschiedlichen Informationsstand bezüglich des Ausfallrisikos ein-

---

[32] Vgl. analog SCHULZE (2001), S. 93.

zelner Kreditengagements besitzen (wie an anderer Stelle bereits erwähnt, dürften die Filialen hier in der Regel auf Grund ihrer Marktnähe einen Informationsvorsprung besitzen). Daher muss sichergestellt werden, dass die verwendeten Daten von allen beteiligten organisatorischen Einheiten überprüfbar sind, da sonst ein internes Moral Hazard Problem auftreten könnte[33]: Die Filialen könnten z.B. Daten über Kreditnehmer in für sie vorteilhafter Weise verfälschen, was dann in Folge zu verfälschten Steuerungsimpulsen führen würde.

- Das Kreditmanagementsystem muss die bestehenden Korrelationseffekte zwischen den Ausfallrisiken der Kredite berücksichtigen. Ohne eine solche Berücksichtigung ist eine Steuerung des Kreditportfolios der Bank im Sinne einer Risiko-/Rendite-Optimierung nicht möglich, da sich das gesamte Ausfallrisiko einer Bank aus den Risiken der einzelnen Kredite nur unter Berücksichtigung der Korrelationen richtig ermitteln lässt.[34]

c) Vollständigkeit

Eine weitere Anforderung an das Kreditmanagementsystem betrifft dessen Vollständigkeit. Alle im Kreditprozess zu treffenden Entscheidungen und alle Kundengruppen der Bank sollten im System berücksichtigt werden. Dies ist wie folgt zu begründen:

- Das Kreditmanagementsystem muss den zuständigen organisatorischen Einheiten eine gesamtbankzielkonforme Beurteilung aller im Kreditprozess zu treffenden Entscheidungen erlauben. Lassen sich die Auswirkungen einzelner Entscheidungen auf den Shareholder Value der Bank nicht kalkulieren, so ist nicht sichergestellt, dass sich die verantwortlichen organisatorischen Einheiten der Bank bei diesen Entscheidungen gesamtbankzielkonform verhalten.

- Das Kreditmanagementsystem sollte sich von der Systematik her auf alle Kreditkundengruppen anwenden lassen, also sowohl auf Privatkunden, wie auch auf Firmenkunden. Verschiedene Kalkulationssysteme für verschiedene

---

[33] Vgl. PEIL / EGGER (2000), S. 415.

[34] Vgl. MANZ (1998), S. 244 - 249; HUSCHENS / LOCAREK-JUNGE (2000), S. 33 - 35; HARTMANN-WENDELS / PFINGSTEN / WEBER (2000), S. 558 u. 587f.; OEHLER / UNSER (2001), S. 357f..

Kundengruppen würden, wie bereits erwähnt[35], die Komplexität und die Kosten des Kreditmanagements erheblich erhöhen.

d) praktische Anwendbarkeit

Schließlich ist von einem Kreditmanagementsystem zu verlangen, dass es praktisch anwendbar ist. Diese Forderung betrifft Handhabbarkeit und Transparenz des Systems sowie die Möglichkeit der Einbeziehung strategischer Steuerungsimpulse:

- Das Kreditmanagementsystem ist organisatorisch so auszugestalten, dass es relativ einfach handhabbar bleibt. Die Beteiligten müssen sich weiterhin auf ihre eigentlichen Aufgaben konzentrieren können. Deshalb ist das Kreditmanagementsystem so benutzerfreundlich zu konzipieren, dass zur Kalkulation der Vorteilhaftigkeit von Kredit- oder Derivateabschlüssen bzw. Betreuungsmaßnahmen möglichst wenig Zeit benötigt wird.

- Aus motivatorischen Gründen ist sicherzustellen, dass das Managementsystem für die Beteiligten durchschaubar bleibt[36]. Komplexe Regelungen sind, auch wenn sie zu einer theoretisch verursachungsgerechteren Erfolgszurechnung führen, zu vermeiden, wenn sie den Mitarbeitern nicht zu vermitteln sind. Hier ist statt dessen ein möglicherweise ungenaueres, dafür aber einfacher vermittelbares Modell vorzuziehen. Dies steigert die Akzeptanz des Kreditmanagementsystems bei den Mitarbeitern und dürfte über eine erhöhte Mitarbeitermotivation letztendlich auch zu einem höheren Shareholder Value der Bank führen, als ein zwar exaktes, aber kompliziertes System.

- Es kann in der Praxis vorkommen - z.B. bei der Einführung neuer Produkte oder der Etablierung neuer Geschäftsfelder - dass die Geschäftsleitung einer Bank vorübergehend Kreditleistungen zu nicht kostendeckenden Konditionen anbieten möchte, bspw. um ihren Marktanteil zu erhöhen.[37] Dies würde ohne Modifikationen des Kreditmanagementsystems dazu führen, dass den organisatorischen Einheiten der Bank, die diese Leistungen erbringen, negative Erfolge zugerechnet würden. Um dies und die damit verbundenen negativen

---

[35] Vgl. S. 11f..

[36] Vgl. analog SCHULZE (2001), S. 95f..

[37] Vgl. HEIN (1993), S. 243f..

motivatorischen Effekte zu vermeiden, muss das Kreditmanagementsystem eine Modifikation durch von der Geschäftsleitung vorgegebene strategische Steuerungsimpulse erlauben. Es ist jedoch sicherzustellen, dass diese strategischen Steuerungsimpulse im System als solche erkennbar bleiben, da sonst die Durchschaubarkeit des Systems und damit die Motivation der Beteiligten leiden würde.

1.4.2 Teilprobleme des Kreditmanagements

Ziel der vorliegenden Arbeit ist es, ein Kreditmanagementsystem zu entwickeln, das die im vorigen Kapitel aufgestellten Anforderungen erfüllt. Hierzu ist zu klären, welche Teilprobleme des Kreditmanagements durch dieses Kreditmanagementsystem einer Lösung zugeführt werden müssen. Wie im Folgenden erläutert werden soll, bestehen diese Teilprobleme in

- der Messung des Shareholder Value von Krediten bzw. Kreditderivaten,
- der Entwicklung eines Systems zur ex ante-Kalkulation,
- der Entwicklung eines Systems zur ex post-Erfolgszurechnung und
- der Organisation des Kreditmanagements.

a) Messung des Shareholder Value

Das erste in der Arbeit zu analysierende Teilproblem des Kreditmanagements besteht in der Messung des Shareholder Value-Beitrags von Krediten bzw. Kreditderivaten. Nur wenn bekannt ist, in welchem Ausmaß der Abschluss eines Kredits bzw. eines Kreditderivats den Shareholder Value einer Bank beeinflusst, kann beurteilt werden, ob die von den organisatorischen Einheiten diesbezüglich getroffenen Entscheidungen für die Bank vorteilhaft sind.

b) Ex ante-Kalkulation

Aufbauend auf der Messung des Shareholder Value-Beitrags von Krediten und Kreditderivaten ist ein System der ex ante-Kalkulation zu entwickeln. Dieses

System muss den organisatorischen Einheiten der Bank - in der vorliegenden Arbeit also den Filialen, der Kreditportfoliosteuerung und der Problemkreditabteilung - für alle zu treffenden Entscheidungen Kalkulationsgrundlagen liefern. Dabei ist insbesondere festzulegen, welcher organisatorischen Einheit der Bank jeweils die Risikokosten eines Kredits zuzurechnen sind, damit sich die Organisationseinheiten gesamtbankzielkonform verhalten.

c) Ex post-Erfolgszurechnung

Die Festlegung der Risikoverantwortlichkeiten stellt auch einen wichtigen Bestandteil des zu entwerfenden Systems der ex post-Erfolgszurechnung dar. Hier ist festzulegen, welchen organisatorischen Einheiten der Bank welche sich während des Kreditprozesses ergebenden Veränderungen des Shareholder Value der Bank zuzurechnen sind. Hierbei sind zwei Arten von Ursachen für diese Veränderungen denkbar, für beide müssen Regeln zur ex post-Erfolgszurechnung aufgestellt werden:

- Shareholder Value-Änderungen der Bank können sich direkt durch Entscheidungen der beteiligten organisatorischen Einheiten ergeben, also z.B. durch die Vergabe eines Kredits.
- Änderungen können aber auch auf Grund von exogenen Einflüssen resultieren, z.B. durch den Ausfall eines Kredits oder durch eine sich während der Kreditlaufzeit verschlechternde Bonität eines Kreditnehmers.

d) Organisation des Kreditmanagements

Schließlich ist im Rahmen eines Kreditmanagementsystems festzulegen, wie der Prozess des Kreditmanagements organisatorisch auszugestalten ist. Organisatorische Vorgaben sind dabei für

- die Datenbeschaffung,
- die Messung des Shareholder Value,
- die ex ante-Kalkulation und

- die ex post-Erfolgszurechnung

aufzustellen und zu einem organisatorischen Gesamtkonzept zu verdichten.

1.5 Gang der Untersuchung

Die Zielsetzung der Arbeit, ein Kreditmanagementsystem zu entwickeln, das die aufgestellten Anforderungen erfüllt, soll durch folgenden Gang der Untersuchung erreicht werden:

Nach der Einführung in die Thematik in den Kapiteln 1.1 bis 1.3 und der Abgrenzung der Problemstellung im Kapitel 1.4 sollen im Kapitel 2 die begrifflichen Grundlagen der Arbeit gelegt werden. Dazu ist zunächst im Kapitel 2.1 der Begriff des Kreditausfallrisikos zu definieren und in den Gesamtkontext der bankbetrieblichen Risiken einzuordnen. Des Weiteren soll erläutert werden, aus welchen Teilkomponenten das Kreditausfallrisiko besteht. Als zweiter für die vorliegende Arbeit grundlegender Begriff wird im Kapitel 2.2 der Begriff des Kreditmanagements erläutert. Neben der Definition des Kreditmanagementbegriffs selbst wird auch auf die für die Arbeit wichtigen Teilaspekte Steuerung und Erfolgszurechung eingegangen. Schließlich sind im Rahmen der begrifflichen Grundlagen noch die Kreditderivate abzuhandeln, da erst diese eine sinnvolle Portfolionachsteuerung ermöglichen. Dies geschieht in Kapitel 2.3. Neben der Begriffsdefinition erfolgt hier eine kurze Darstellung der wichtigsten Arten von Kreditderivaten.

Nach der Darstellung der begrifflichen Grundlagen werden im Kapitel 3 die für das Erstellen eines Kreditmanagementsystems notwendigen inhaltlichen Grundlagen gelegt. Zunächst wird im Kapitel 3.1 die in der Einleitung der Arbeit bereits erörterte Aufgabenverteilung im Kreditprozess einer Bank weiter präzisiert, da diese ja die Grundlage des Managementsystems bilden soll. Im Kapitel 3.2 wird dann der Shareholder Value-Ansatz als Zielsystem der Bank erläutert, da jedwede Entscheidung im Kreditprozess vor dem Hintergrund dieses Zielsystems zu beurteilen ist. Abschließend wird im Kapitel 3.3 dargelegt, wie Erfolg und Risiko eines Kredits bzw. Kreditderivats vor dem Hintergrund des erläuterten Zielsystems der Bank zu messen sind und wie diese in die Zielfunktion der Bank eingehen. Insbesondere soll dabei auch erläutert werden, inwieweit die für die Messung notwendigen Daten der Bank vorliegen und inwieweit sich hier Probleme ergeben.

Kapitel 4 stellt den Hauptteil der Arbeit dar, hier wird das Grundmodell des Kreditmanagementsystems schrittweise entwickelt. Dabei werden zunächst im Kapitel 4.1 die Prämissen erläutert, denen das Grundmodell unterliegt. Danach werden im Kapitel 4.2 die im Rahmen des Kreditprozesses zu treffenden Entscheidungen über den Neuabschluss von Krediten, die Absicherung von Kreditausfallrisiken durch Kreditderivate und die Übergabe von Krediten an die Problemkreditabteilung sukzessive methodisch analysiert. Für jede dieser Entscheidungen wird auf Basis der durchgeführten Analyse festgelegt, welcher organisatorischen Einheit jeweils die Verantwortung für das Ausfallrisiko zuzurechnen ist und wie dementsprechend die ex ante-Kalkulation bei diesen Entscheidungen zu erfolgen hat. Des Weiteren wird für alle Entscheidungen analysiert, welche Erfolgskomponenten den beteiligen organisatorischen Einheiten ex post zuzurechnen sind, so dass alle Beteiligten während des gesamten Kreditprozesses jederzeit eine Steigerung des Shareholder Value der Bank anstreben, insbesondere auch bei der Festlegung der zu erbringenden Kreditbetreuung.

Nach dieser Festlegung von Risikoverantwortlichkeiten und Erfolgszurechnung wird im Kapitel 4.3 erläutert, wie ein solches Kreditmanagementsystem sinnvoll organisatorisch ausgestaltet werden könnte.

Im Kapitel 5 wird das Grundmodell des Kreditmanagementsystems erweitert, indem die vorher aufgestellten Prämissen modifiziert werden. Es findet hierbei eine Einbeziehung des Risikos von Bonitätsverschlechterungen des Schuldners (Kapitel 5.1), des Risikos eines Teilausfalls von Krediten (Kapitel 5.2), des Risikos verspäteter Zahlungen (Kapitel 5.3), des Sicherheitenrisikos (Kapitel 5.4) und des Länderrisikos (Kapitel 5.5) in das Kreditmanagementsystem statt. Ferner wird diskutiert, wie eine Absicherung des Kreditausfallrisikos durch komplexere Kreditderivate im Modell zu berücksichtigen ist (Kapitel 5.6) und wie das Ausfallrisiko des Kontraktpartners von Kreditderivaten adäquat in das Modell integriert werden kann (Kapitel 5.7).

Nach diesen Modellerweiterungen erfolgt im Kapitel 6 eine kritische Würdigung des entwickelten Kreditmanagementsystems. Diese Würdigung wird im Kapitel 6.1 zunächst hinsichtlich der im Kapitel 1.4.1 aufgestellten Anforderungen vorgenommen. Im Kapitel 6.2 wird dann der Nutzen des entwickelten Kreditmanagementsystems den Kosten gegenübergestellt, die es verursacht. Kapitel

6.3 beinhaltet schließlich eine Erörterung weiterer Ansatzpunkte zur kritischen Würdigung des Modells.

Im Kapitel 7 werden die in der Arbeit gewonnenen Erkenntnisse kurz zusammengefasst, und es erfolgt ein Ausblick.

2 Begriffliche Grundlagen

2.1 Das Kreditausfallrisiko und seine Komponenten

Wie bereits erläutert, stellt die Zurechnung der Verantwortlichkeiten für das Kreditausfallrisiko zu den organisatorischen Einheiten der Bank einen wichtigen Bestandteil des zu entwerfenden Kreditmanagementsystems dar. Hierfür ist es unerlässlich, den Begriff des Kreditausfallrisikos zu definieren. Dies soll im Folgenden geschehen.

Das Kreditausfallrisiko fällt zunächst einmal unter den allgemeinen Risikobegriff. Dieser wird in der Literatur auf unterschiedlichste Weise definiert und z.T. kontrovers diskutiert.[38] Eine für diese Arbeit sinnvolle, in der bankbetrieblichen Literatur gebräuchliche Definition lautet: Risiko ist „die aus der Unsicherheit über zukünftige Entwicklungen resultierende Gefahr, dass eine finanzwirtschaftliche Zielgröße von einem Referenzwert negativ abweicht“[39]. Welche Größen hierbei als Zielgröße bzw. als Referenzwert herangezogen werden, hängt maßgeblich von den Zielen der Bank ab. Verfolgt die Bank einen Shareholder Value-Ansatz, wie in der Arbeit angenommen, so kommen als finanzwirtschaftliche Zielgrößen bspw. die Aktionärsrendite oder der Marktwert des Eigenkapitals der Bank in Frage.[40] Referenzwerte können erwartete Größen oder angestrebte Zielausprägungen sein.

Je nach Ursache der Abweichungsgefahr unterscheidet man verschiedene Arten von Risiken. Das Kreditausfallrisiko gehört dabei zu den Ausfallrisiken. Für diese finden sich in der bankbetrieblichen Literatur die unterschiedlichsten Untergliederungen und Begriffsdefinitionen.[41] Für die vorliegende Arbeit soll folgendes Schema herangezogen werden:

---

[38] Vgl. BITZ (1993), S. 642.

[39] BITZ (1993), S.642; Vgl. auch KIRMßE (1996), S. 10; MERBECKS (1996), S. 2; LISTER (1997), S. 6.

[40] Vgl. bspw. RAPPAPORT (1986), S. 1; BÜHNER (1992), S. 418.

[41] Vgl. bspw. KIRMßE (1996), S. 12; MERBECKS (1996), S. 21 - 24; SCHIERENBECK (1999b), S. 227f..

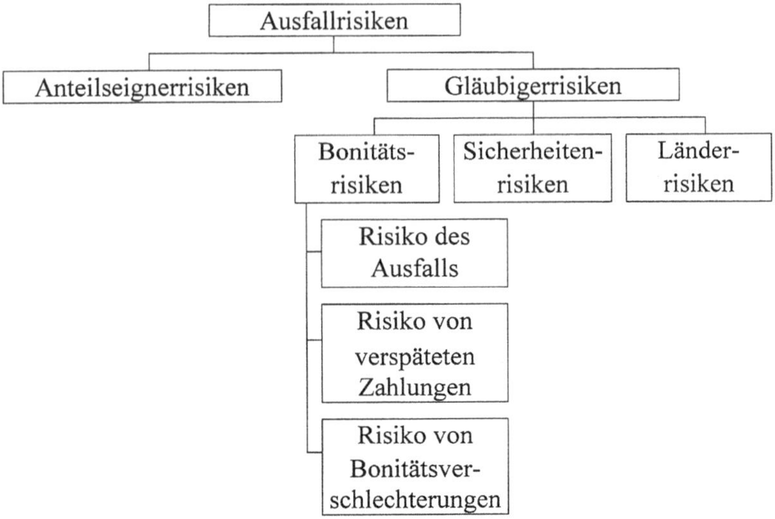

Darstellung in Anlehnung an KIRMßE (1996), S. 12.

Abb. 2: Arten von Ausfallrisiken

Anteilseignerrisiken bezeichnen die Gefahr, dass der Wert einer Beteiligung, die eine Bank an einem Unternehmen hält, sinkt bzw. auf Null fällt.[42]

Gläubigerrisiken entstehen dann, wenn eine Bank eine Forderung gegenüber einem Kontrahenten besitzt. Sie unterteilen sich in Bonitätsrisiken, Sicherheitenrisiken und Länderrisiken.[43] Bonitätsrisiken umfassen das Risiko des Ausfalls von Zins- und Tilgungszahlungen, das Risiko des verspäteten Eingangs dieser Zahlungen, sowie das Risiko, dass der Marktwert einer Forderung der Bank auf Grund von Bonitätsverschlechterungen des Schuldners sinkt[44]. Sicherheitenrisiken treten ein, wenn die Bank nach einer Insolvenz des Schuldners aus der Sicherheitenverwertung weniger als den erwarteten Erlös erzielt[45]. Länderrisiken schließlich liegen nicht in der Person der Schuldners begründet, sondern treten ein, wenn ein Schuldner seinen Zahlungsverpflichtungen nicht

[42] Vgl. KIRMßE (1996), S. 12.

[43] Vgl. KIRMßE (1996), S. 12.

[44] Vgl. SCHIERENBECK (1999b), S. 5f., dort als „(Kredit-)Ausfallrisiken" bezeichnet.

[45] Vgl. KIRMßE (1996), S. 12.

nachkommen kann, weil Transferzahlungen aus dem Land des Schuldners in das Land des Gläubigers unmöglich geworden oder nur zeitlich verzögert möglich sind (z.B. auf Grund gesetzlicher Regelungen).[46]

Das für die vorliegende Arbeit zentrale Kreditausfallrisiko stellt nun das Gläubigerrisiko dar, das einer Bank aus der Vergabe von Krediten entsteht. Zurückgreifend auf die zu Beginn dieses Kapitels erläuterte allgemeine Risikodefinition (vgl. S. 45) lässt sich das Kreditausfallrisiko also definieren als die Gefahr, dass eine finanzwirtschaftliche Zielgröße einer Bank deshalb von einem Referenzwert negativ abweicht, weil ein Kreditschuldner der Bank seinen Zahlungsverpflichtungen nicht termingerecht oder nicht in vorhergesehener Höhe nachkommt, sich seine Bonität verschlechtert oder der Wert der Kreditsicherheiten niedriger als erwartet ausfällt.[47]

2.2 Zum Begriff des Kreditmanagements

Wie in der Einleitung der Arbeit erläutert, umfasst ein System zum Kreditmanagement in Banken einerseits die ex ante-Kalkulation und andererseits die ex post-Erfolgszurechnung. Die in dieser Aussage bereits implizit enthaltene Definition des Begriffs des Kreditmanagements soll im Folgenden theoretisch fundiert und präzisiert werden.

Ausgangspunkt der Definition des Kreditmanagementbegriffs in der vorliegenden Arbeit ist der Begriff des „management by systems“. Dieser bezeichnet eine Managementmethode, bei der über „ein computergestütztes Informations- und Steuerungssystem (...) eine Selbstregulierung der Subsysteme bei einer möglichst weitgehenden Delegation der Aufgaben erreicht werden“[48] soll.

Die der vorliegende Arbeit zu Grunde liegende Definition des Kreditmanagementbegriffs baut auf diesem Managementverständnis des „management by systems“ auf. Kreditmanagement wird danach im Sinne eines Kreditmanage-

---

[46] Vgl. SCHIERENBECK (1999b), S. 227f..
[47] Vgl. hierzu bspw. HÜTTEMANN (1997), S. 6f.; JOVIC (1999), S. 33f..
[48] DICHTL / ISSING (1993), S. 89.

mentsystems interpretiert, welches wie folgt definiert werden soll: Unter einem Kreditmanagementsystem wird ein Führungssystem verstanden,

- bei dem über ein computergestütztes Informations- und Steuerungssystem den am Kreditprozess beteiligten organisatorischen Einheiten der Bank Steuerungsimpulse und Entscheidungsregeln geliefert werden, damit sie die im Kreditprozess anfallenden Entscheidungen selbständig treffen können und

- mit Hilfe dessen die im Kreditprozess erwirtschafteten Erfolge den organisatorischen Einheiten der Bank zugerechnet und mit evtl. zuvor vereinbarten Zielvorgaben verglichen werden können.

Die beiden wesentlichen Teilaspekte dieser Definition - die Steuerung und die Erfolgszurechnung - sollen im Folgenden noch näher beleuchtet und definiert werden.

Der Begriff der Steuerung stammt ursprünglich aus dem Gebiet der Technik und bezeichnet dort die „Anweisung an ein Systemelement, auftretenden Störungen unmittelbar zu begegnen“[49], wobei mit Störungen „Änderungen von Eingangsgrößen“[50] gemeint sind. Es handelt sich dabei also um eine Art Automatismus, der für einen fehlerfreien Ablauf sorgt. Übertragen auf das Kreditmanagement kann in Analogie Steuerung als vom System gelieferte Kalkulationsgrundlage für die organisatorischen Einheiten der Bank verstanden werden, anhand derer sie vor einer Entscheidung (d.h. ex ante) feststellen können, ob die Entscheidung vorteilhaft ist. Alle „Störungen“, d.h. Veränderungen von Marktparametern, werden dabei automatisch von System erfasst und führen zu einer Aktualisierung der Kalkulationsgrundlage.

Zu einem „Automatismus“ wird dieses System jedoch erst, wenn es mit der Erfolgszurechnung gekoppelt wird. Der Begriff der Erfolgszurechnung bezeichnet die Zurechnung von Erfolgsgrößen zu den organisatorischen Einheiten der Bank, nachdem diese Erfolgsgrößen der Bank entstanden sind (d.h. ex post). Ein Automatismus in der Kreditsteuerung tritt nun auf, wenn diejenige Größe, an der sich die dezentralen Einheiten als Kalkulationsgrundlage orientieren sollen, ihnen automatisch in dem Zeitpunkt gutgeschrieben wird, in dem sie eine Entscheidung im Rahmen des Kreditprozesses treffen (also z.B. wenn sie

---

[49] DICHTL / ISSING (1993), S. 647.
[50] DICHTL / ISSING (1993), S. 647.

einen Kredit vergeben, ein Derivat abschließen etc.). Diese Gutschrift sorgt dann im Sinne eines Automatismus dafür, dass die organisatorischen Einheiten ihre Entscheidung in Einklang mit den Gesamtbankzielen treffen, das „System Bank“ also fehlerfrei läuft. Neben dieser unmittelbaren Zurechnung von Erfolgsgrößen beim Treffen einer Entscheidung umfasst die Erfolgszurechnung zusätzlich noch die periodische Zurechnung von Erfolgsbeiträgen auf die organisatorischen Einheiten nach Ablauf jeder Periode.

2.3 Konstituierende Merkmale und Arten von Kreditderivaten

Wie bereits erwähnt, ist eine sinnvolle Risiko-/Rendite-Steuerung des Kreditportfolios einer Bank ohne Kreditderivate nicht möglich. Aus diesem Grund ist es nötig, den Begriff der Kreditderivate, ihre Eigenschaften sowie die Hauptvarianten zu erläutern.

Kreditderivate sind Kontrakte, durch die das Bonitätsrisiko eines abzusichernden Geschäfts gegen Zahlung einer Prämie von einer Partei (Sicherungsnehmer) auf eine andere Partei (Sicherungsgeber) übertragen wird.[51] Das abzusichernde Geschäft (im in dieser Arbeit interessierenden Fall also der Kredit) wird dabei als Referenzaktivum bezeichnet. Der Name „Kreditderivat“ ist insoweit irreführend, dass es sich bei dem Referenzaktivum nicht zwingend um einen Kredit handeln muss. Es kommen vielmehr grundsätzlich alle Instrumente in Frage, die Bonitätsrisiken tragen, wie bspw. Anleihen oder andere Derivate.[52] Kennzeichnendes Merkmal von Kreditderivaten ist, dass die Geschäftsbeziehung des Sicherungsnehmers mit dem Kontraktpartner des Referenzaktivums (bei einem Kredit z.B. wäre dies der Kreditschuldner) vom Kreditderivat nicht tangiert wird, dieser muss von dem Kreditderivat noch nicht einmal etwas erfahren.[53]

---

[51] Vgl. hierzu und im Folgenden HÜTTEMANN (1997), S. 23f.; MANZ (1998), S. 284; OEHLER / UNSER (2001), S. 378.

[52] Vgl. HEIL (1997), S. 429.

[53] Vgl. UFER (1998), S. 286.

Kreditderivate können sich auf eine Vielzahl von Kreditereignissen beziehen. So kann eine Zahlung des Sicherungsgebers an den Sicherungsnehmer vertragsgemäß fällig werden:[54]

- wenn der dem Derivat zugrundeliegende Kredit ausfällt,
- wenn Zahlungen aus dem Kredit verspätet eintreffen,
- wenn die Bonität des Kreditschuldners sich verschlechtert oder
- bei jedem anderen zwischen den Parteien vereinbarten Ereignis, das von der Bonität des Schuldners abhängt.

Da es sich bei Kreditderivaten nicht um standardisierte Produkte handelt[55], existieren die vielfältigsten Arten[56]. Die wichtigsten sind:

- Credit Default Swaps: Der Sicherungsnehmer zahlt hier eine jährliche Prämie, der Sicherungsgeber zahlt bei Eintritt des Kreditereignisses eine vertraglich vereinbarte Ausgleichszahlung.[57]
- Credit Default Options: Diese entsprechen Credit Default Swaps, nur dass hier der Sicherungsnehmer keine jährliche, sondern nur eine einmalige Prämie bei Abschluss des Kreditderivats zahlt.[58]
- Total Return Swaps: Hier zahlt der Sicherungsgeber dem Sicherungsnehmer eine jährliche Prämie und erhält dafür von diesem alle Zahlungen weitergereicht, die der Sicherungsnehmer aus dem Referenzaktivum erhält.[59]
- Credit Linked Notes: Dies sind mit einem Credit Default Swap verknüpfte Schuldverschreibungen, deren Rückzahlung und Kuponzahlungen in Abhängigkeit von der Performance des Referenzaktivums erfolgen.[60]

---

[54] Vgl. PFEIFFER (2001), S. 15 - 19.
[55] Vgl. MANZ (1998), S. 285.
[56] Vgl. bspw. PFEIFFER (2001), S. 19 - 54.
[57] Vgl. HÜTTEMANN (1997), S. 31 - 33.
[58] Vgl. OFFERMANN (2001), S. 20 - 24.
[59] Vgl. HÜTTEMANN (1997), S. 39 - 41.
[60] Vgl. HÜTTEMANN (1997), S. 33 - 34.

All diese Arten von Kreditderivaten können sowohl auf Einzelkredite wie auch auf Kreditportfolios abgeschlossen werden.[61] Derivate auf Einzelkredite sind nur bei an der Börse notierten Schuldnern und bei solchen Underlyings, die ihrerseits börsengehandelt sind, üblich.[62] Für Derivate auf Kreditportfolios werden Kredite mit ähnlichen Eigenschaften z.B. hinsichtlich Volumen, Art und Bonität des Schuldners oder Laufzeit gepoolt.[63]

Zusammenfassend lassen sich über die Merkmale von Kreditderivaten damit folgende Feststellungen treffen:

- Kreditderivate reduzieren bzw. eliminieren Kreditausfallrisiken, indem sie diese auf Dritte überwälzen.
- Wie diese Risikoüberwälzung im Detail ausgestaltet ist, hängt von der Art des Kreditderivats ab.
- Sicherungsgeber und Sicherungsnehmer können das dem Kreditderivat zu Grunde liegende Kreditereignis frei vereinbaren.
- Kreditderivate können sowohl auf Einzelkredite wie auch auf Kreditpools abgeschlossen werden. Es gibt für eine Bank jedoch keine Garantie, dass sie jeden Kredit auch absichern kann, d.h. es kann auch Kredite im Portfolio der Bank geben, die vom Volumen her zu klein sind, um sie über ein Einzelkreditderivat abzusichern, für die es z.B. auf Grund mangelnder Standardisierbarkeit aber auch nicht möglich ist, sie zu poolen und abzusichern.

---

[61] Vgl. HÜTTEMANN (1997), S. 25; VARNHOLT (1997), S. 250f..

[62] Vgl. VARNHOLT (1997), S. 250f.; BURGHOF / HENKE (2000), S. 32 - 35.

[63] Vgl. VARNHOLT (1997), S. 250f.; OEHLER / UNSER (2001), S. 378; OFFERMANN (2001), S. 25f..

3 Grundlagen des Kreditmanagementsystems

Nachdem im vorigen Kapitel die für das Verständnis der Arbeit notwendigen Begriffe erläutert wurden, sollen in diesem Kapitel die für das Erstellen eines Kreditmanagementsystems notwendigen inhaltlichen Grundlagen gelegt werden. Diese umfassen:

- die Aufgabenverteilung im Kreditprozess einer Bank (Kapitel 3.1),
- die Präzisierung des Shareholder Value-Ansatzes als Zielsystem der Bank (Kapitel 3.2) sowie
- die Messung von Erfolg und Risiko von Krediten und Kreditderivaten (Kapitel 3.3).

3.1 Aufgabenverteilung im Rahmen des Kreditprozesses

In der Einleitung der Arbeit wurde bereits erläutert, dass der Kreditprozess in Banken arbeitsteilig verläuft.[64] Die vorgenommene organisatorische Einteilung der am Kreditprozess Beteiligten in Filialen, Kreditportfoliosteuerung und Problemkreditabteilung ist dabei als idealtypisch zu betrachten, da die in der Bankpraxis anzutreffende organisatorische Ausgestaltung des Kreditprozesses sehr heterogen ist.[65] Da in der Praxis kein einheitliches und somit allgemeingültiges Organisationsschema vorzufinden ist, ist im Folgenden die in der Arbeit unterstellte idealtypische Arbeitsteilung zu präzisieren, d.h. es ist zu detaillieren, welche Aufgaben im Kreditprozess von welcher organisatorischen Einheit wahrgenommen werden sollen.

---

[64] Vgl. Kapitel 1.1, S. 2f..

[65] Vgl. DROSTE / MATTERN / SAUTTER (1994), S. 207; MANZ (1998), S. 115 f.; SAUTTER / DROSTE (1998), S. 221 - 229.

Die am Kreditprozess beteiligten organisatorischen Einheiten sollen für die vorliegende Arbeit wie folgt definiert werden:

- Die Filialen stehen stellvertretend für alle Markteinheiten der Bank, die Kreditgeschäfte abschließen.
- Unter Kreditportfoliosteuerung wird eine zentrale Abteilung der Bank verstanden, welche das gesamte Kreditportfolio der Bank nach Risiko-Rendite-Gesichtspunkten steuert und am Markt Kreditderivate abschließt.
- Die Problemkreditabteilung schließlich steht stellvertretend für alle Abteilungen und Mitarbeiter der Bank, die speziell für Problemkredite zuständig sind, d.h. für stark ausfallgefährdete oder bereits zum Teil ausgefallene Engagements.

Im Folgenden soll näher erläutert werden, welche Aufgaben und vor allem welche Entscheidungsbefugnisse diese drei organisatorischen Einheiten der Bank im Kreditprozess besitzen sollen. Dies ist für die spätere Ausgestaltung des Kreditmanagementsystems insofern wichtig, als nur die von den Beteiligten zu beeinflussenden Größen steuerungsrelevant sind.

a) Aufgaben und Entscheidungsbefugnisse der Filialen

Die Filialen besitzen folgende Aufgaben und Entscheidungsbefugnisse im Kreditprozess:

- Sie entscheiden über den Abschluss von Kreditgeschäften. Die Filialen sind in dieser Entscheidung nicht völlig autonom, sondern unterliegen den Kreditvergabe- und Kompetenzrichtlinien der Bank, die regeln, welche Kredite welcher Mitarbeiter überhaupt vergeben darf.[66] Zudem müssen sie - abhängig vom Ergebnis der Prüfung der Kreditwürdigkeit des Kunden - eventuell von zentraler Stelle Genehmigungen einholen, um ein Kredit vergeben zu dürfen.[67] Schließlich unterliegen sie einem zentral vorgegebenen Risikolimit. Ist dieses ausgeschöpft, kann die Filiale in der Regel keine weiteren Kredite vergeben, es sei denn, in der Bank ist ein System zum Limithandel zwischen den

---

[66] Vgl. SCHMOLL (1999), S. 82f..

[67] Vgl. SAUTTER / DROSTE (1998), S. 223.

Filialen eingerichtet.[68] In diesem Fall muss die Filiale bei ausgeschöpftem Risikolimit noch freie Limite von anderen Filialen erwerben, bevor sie weitere Kredite vergeben darf.[69]

- Ebenfalls unter den Abschluss von Kreditgeschäften fällt die Entscheidung der Filialen, zu welchen Konditionen ein Kredit vergeben werden soll. Auch hier sind die Filialen in ihren Entscheidungen in der Regel nicht völlig frei, da sie sich an zentrale Vorgaben oder Richtkonditionen halten müssen, wenn solche vorliegen.

- Neben dem Neuabschluss von Kreditgeschäften haben die Filialen auch die Aufgabe, laufende Kreditengagements zu betreuen, z.B. durch Beratung der Kreditkunden. Durch diese Betreuung entstehen den Filialen Kosten, v.a. Personalkosten,[70] welche von den Filialen in gewissen Grenzen beeinflussbar sind: Sie können entscheiden, wie intensiv sie die Kreditkunden betreuen wollen, müssen sich dabei allerdings evtl. an zentral vorgegebene Mindeststandards halten. Auch können sie ihre Personalkosten in der Regel nur insoweit beeinflussen, wie dies die zentrale Personalplanung der Bank erlaubt.[71]

- Des Weiteren verwalten die Filialen die abgeschlossenen Kredite, wofür ihnen Betriebskosten entstehen. Auch diese sind in gewissen Grenzen von den Filialen zu beeinflussen, z.B. indem die Filialen versuchen, die anfallenden Tätigkeiten möglichst effizient, d.h. kostensparend, durchzuführen. Allerdings existieren auch hier eventuell wieder bankinterne Verfahrensanweisungen oder Mindeststandards.

---

[68] Vgl. LISTER (1997), S. 202; HILLE / BURMESTER / OTTO (2000), S. 192 - 195; SCHIERENBECK (2001b), S. 555 - 558.

[69] Vgl. HILLE / BURMESTER / OTTO (2000), S. 192 - 195; SCHIERENBECK (2001b), S. 555 - 558.

[70] Vgl. MÜLLER-GEBEL (1994), S. 269 - 271; SCHMOLL (1997), S. 26 - 28.

[71] Vgl. SIEBETZ (2000), S. 1170f..

b) Aufgaben und Entscheidungsbefugnisse der Kreditportfoliosteuerung

Aufgabe der zentralen Kreditportfoliosteuerung ist die Steuerung des gesamten Kreditportfolios der Bank nach Rendite- und Risikogesichtspunkten.[72] Hierunter fallen folgende Entscheidungen:

- Die Kreditportfoliosteuerung vergibt zur Begrenzung des Gesamtrisikos der Bank Risikolimite an die dezentralen Einheiten und überwacht diese. Dies kommt einer Vorsteuerung des Kreditportfolios der Bank gleich und geschieht unter Beachtung der Vorgaben der Geschäftsleitung, z.B. zum gewünschten Risikogehalt des gesamten Kreditgeschäfts.[73] Die Vergabe und Überwachung der Risikolimite soll für die vorliegende Arbeit jedoch keine Rolle spielen und daher nicht weiter verfolgt werden.

- Im Rahmen der Portfolionachsteuerung schließt die Kreditportfoliosteuerung Geschäfte ab, die das Kreditausfallrisiko der Bank beeinflussen. Hierunter fallen Kreditversicherungen, Asset Backed Securities und Kreditderivate.[74] Für die vorliegende Arbeit sollen von diesen Instrumenten jedoch lediglich Kreditderivate interessieren, da nur durch sie das Kreditausfallrisiko der Bank gezielt beeinflusst werden kann, ohne dass dadurch die originären Kreditbeziehungen tangiert werden[75].

c) Aufgaben und Entscheidungsbefugnisse der Problemkreditabteilung

Die Problemkreditabteilung schließlich ist zuständig für die Betreuung stark ausfallgefährdeter Kreditengagements.[76] Die Betreuung erfolgt dabei entweder bis zur endgültigen Abwicklung des Kredits inklusive Sicherheitenverwertung oder bis zur „Normalisierung“ des Engagement, worauf dieses dann wieder der

---

[72] Vgl. SAUTTER / DROSTE (1998), S. 229.

[73] Vgl. LISTER (1997), S. 199f..

[74] Vgl. HÜFNER (1997), S. 433 f.; CHADHA (1998), S. 301; UFER (1998), S. 286 u. 290; PFINGSTEN (2000), S. 711 - 713.

[75] Vgl. UFER (1998), S. 286; KURITZKES (1999), S. 60f.; BURGHOF / HENKE / SCHIRM (2000), S. 538.

[76] Vgl. DROSTE / MATTERN / SAUTTER (1994), S. 207.

Filiale zurückübertragen wird.[77] Im Rahmen dieser Betreuung hat die Problemkreditabteilung folgende Aufgaben:

- Die Problemkreditabteilung entscheidet darüber, wie intensiv sie die Problemkredite betreuen will, also z.B. wie umfangreich die Schuldnerberatung ausfallen soll oder ob einem kreditnehmenden Unternehmen auch Hilfe beim operativen oder strategischen Management gewährt werden soll.[78] Auch die Problemkreditabteilung unterliegt dabei möglicherweise Mindeststandards der Bank und ist in der Beeinflussung ihrer Personalkosten durch die zentrale Personalplanung vordeterminiert.[79] Dies gilt umso mehr, da die Mitarbeiter oft nur auf Zeit der Problemkreditabteilung zugeteilt werden.[80]

- Die Problemkreditabteilung kann auch - wiederum innerhalb der Vorgaben der Geschäftsleitung - darüber entscheiden, ob dem Kreditschuldner ein Zahlungsaufschub gewährt werden soll oder die Bank zu sonstigen Konzessionen, wie Zins- oder Tilgungsverzichten, bereit ist.[81]

- Schließlich kann die Problemkreditabteilung festlegen, welchen Aufwand sie beim Eintreiben der Schulden selbst betreiben will, also z.B. wie oft der säumige Schuldner zu mahnen ist, ob eine Pfändung oder Zwangsversteigerung durchgeführt werden soll oder ob zur Kreditrückführung weitere Spezialisten hinzugezogen werden sollen.[82] Auch hier existieren möglicherweise wiederum zentrale Vorgaben, z.T. sogar gesetzliche Regelungen.[83]

---

[77] Vgl. DROSTE / MATTERN / SAUTTER (1994), S. 210; HARTMANN-WENDELS / PFINGSTEN / WEBER (2000), S. 222.

[78] Vgl. DROSTE / MATTERN / SAUTTER (1994), S. 212; SAUTTER / DROSTE (1998), S. 227f..

[79] Vgl. SCHÜTZ / KLEINE (2001), S. 409.

[80] Vgl. DROSTE / MATTERN / SAUTTER (1994), S. 208f..

[81] Vgl. DROSTE / MATTERN / SAUTTER (1994), S. 210 - 214; HARTMANN-WENDELS / PFINGSTEN / WEBER (2000), S. 222 - 224.

[82] Vgl. DROSTE / MATTERN / SAUTTER (1994), S. 212 - 214; HARTMANN-WENDELS / PFINGSTEN / WEBER (2000), S. 224 - 226.

[83] Vgl. HARTMANN-WENDELS / PFINGSTEN / WEBER (2000), S. 224 - 226.

3.2 Zum Zielsystem von Banken

Das Hauptziel des zu entwerfenden Kreditmanagementsystems ist es, Steuerungsimpulse zu liefern, die die Ziele der jeweiligen Entscheidungsverantwortlichen im Kreditprozess in Einklang mit den Gesamtzielen bringen.[84] Wie bereits erwähnt wird dabei der Shareholder Value-Ansatz als Zielsystem der Bank unterstellt. Dies soll im Folgeden näher erläutert und begründet werden.

In der Praxis verfolgen Banken die unterschiedlichsten Ziele.[85] Insbesondere die verschiedenen Bankengruppen weisen stark unterschiedliche Zielsysteme auf[86]:

- Privatbanken können ihr Zielsystem eigenständig festlegen. Hier dominiert als Oberziel meist die Gewinnerzielung[87]. In jüngerer Zeit wird - gerade bei Großbanken - statt des Gewinns verstärkt der Marktwert des Eigenkapitals als Zielgröße festgelegt.[88]
- Sparkassen unterliegen dagegen dem öffentlich-rechtlichen Grundauftrag. Ihr „öffentlicher Auftrag" beinhaltet als Hauptziel die kreditwirtschaftliche Versorgung der Bevölkerung, die Gewinnerzielung ist nur Nebenzweck der Geschäftstätigkeit.[89]
- Genossenschaftlich organisierte Banken verfolgen als Hauptziel die Förderung des Geschäftsbetriebs ihrer Mitglieder.[90] Dieser genossenschaftliche Grundauftrag ist aber weit weniger spezifiziert als der der Sparkassen.[91]

Auf Grund dieser Heterogenität der Zielsysteme von Banken lässt sich kein einheitliches, für alle Kreditinstitute gültiges Zielsystem formulieren[92], so dass als

---

[84] Vgl. Kapitel 1.4, S. 13.
[85] Vgl. VON STEIN / KERSTIEN / GÄRTNER (2000), S. 1111.
[86] Vgl. bspw. BÜSCHGEN (1998), S. 506f..
[87] Vgl. BÜSCHGEN (1998), S. 508f.; VON STEIN / KERSTIEN / GÄRTNER (2000), S. 1111 u. 1113.
[88] Vgl. KIRSTEN (2000), S. 2f. u. 52f.; SEIDEL (2000), S. 42 - 51.
[89] Vgl. FRISCHMUTH (1995), S. 46 - 50; BÜSCHGEN (1998), S. 507.
[90] Vgl. § 1 GenG.
[91] Vgl. BÜSCHGEN (1998), S. 507.
[92] Vgl. VON STEIN / KERSTIEN / GÄRTNER, S. 1114.

Grundlage der in der vorliegenden Arbeit vorzunehmenden Analyse ein Zielsystem festgelegt werden muss. Hierbei wird der Shareholder Value-Ansatz als Zielsystem ausgewählt, welcher im Anschluss kurz erläutert werden soll. Dieser stellt ein unter größeren Privatbanken relativ verbreitetes Zielsystem dar.[93] Die aus der Analyse abgeleiteten Aussagen der Arbeit lassen sich aber analog auf jedes andere Zielsystem von Banken übertragen, sofern es folgende Bedingungen erfüllt:

- Das Zielsystem der Bank muss Gewinnstreben als Ziel enthalten.
- Die Eigentümer der Bank müssen eine gewisse Mindestrendite auf das Eigenkapital fordern.
- Alle anderen Bankziele außer Gewinnstreben und Mindestrendite müssen sich als Nebenbedingungen formulieren lassen.

Diese Bedingungen dürften die Zielsysteme der meisten Privatbanken erfüllen. Selbst die Anforderungen des öffentlich-rechtlichen und des genossenschaftlichen Grundauftrags könnten wohl größtenteils als Nebenbedingungen des Ziels Gewinnstreben formuliert werden.[94]

Der Shareholder Value-Ansatz

Der Shareholder Value-Ansatz strebt eine Maximierung des Marktwerts des Eigenkapitals eines Unternehmens an.[95] Dieser Marktwert des Eigenkapitals errechnet sich aus prognostizierten Ein- und Auszahlungen, die auf den Betrachtungszeitpunkt diskontiert werden.[96]

Begründet wird die Verwendung des Eigenkapitalmarktwerts als Zielmaßstab aus der Principal-Agent-Theorie heraus: Die Manager eines Unternehmens sind danach nichts anderes als Statthalter der Eigentümer und haben deren Interessen in den Mittelpunkt ihres Handelns zu stellen.[97] Ist das Unternehmen börsenno-

---

[93] Vgl. KIRSTEN (2000), S. 2f. u. 52f.; SEIDEL (2000), S. 42 - 51.

[94] Vgl. hierzu auch FRISCHMUTH (1995), S. 46 - 53; MONßEN (1998), S. 288 - 297.

[95] Vgl. BÜHNER (1992), S. 418.

[96] Vgl. KÜMMEL (1995), S. 25-28.

[97] Vgl. RAPPAPORT (1986), S. 6 u. 11.

tiert - wovon der Shareholder Value-Ansatz ausgeht - so liegt das finanzielle Interesse der Aktionäre als Eigentümer des Unternehmens in der Maximierung der Summe aus Kurswertsteigerung der Aktie und Dividendenzahlung.[98] Da der Kurswert der Aktie von den Managern jedoch nicht direkt zu beeinflussen ist, wird statt dieses „äußeren" Wertes der Marktwert des Eigenkapitals als „innerer" Wert des Unternehmens angesetzt.[99] Begründet wird dies damit, dass der Kurswert auf lange Sicht den inneren Wert des Unternehmens widerspiegelt, eine Maximierung dieses inneren Werts langfristig damit zu einer Maximierung des äußeren Werts führt.[100] Die Verwendung des Marktwerts des Eigenkapitals weist als Zielgröße noch einen weiteren Vorteil gegenüber dem Kurswert auf: Er ist auch bei anderen Unternehmensformen anwendbar, so dass der Shareholder Value-Ansatz nicht auf Aktiengesellschaften beschränkt bleiben muss.[101] So lässt sich z.B. auch für Sparkassen der Marktwert des Eigenkapitals als Differenz aus der Summe der Barwerte der Aktiva und der Summe der Barwerte der Fremdkapitalpositionen errechnen.

3.3 Erfolgs- und Risikomessung von Krediten und Kreditderivaten

Um beurteilen zu können, ob die Entscheidungsverantwortlichen einer Bank jederzeit in Einklang mit den Gesamtbankzielen handeln, muss für jede im Kreditprozess mögliche Entscheidungssituation zunächst geklärt werden, welche Handlungsalternative aus Sicht der Gesamtbank die vorteilhafteste ist. Hierzu ist eine Messung von Erfolg und Risiko von Krediten bzw. Kreditderivaten eine unabdingbare Grundlage, wie folgender Gedankengang zeigt:

Da in der vorliegenden Arbeit der Shareholder Value-Ansatz als Zielsystem der Bank verwendet wird, sind die Auswirkungen aller im Kreditprozess getroffenen Entscheidungen auf den Shareholder Value der Bank zu ermitteln. Als Grundlage dieser Analyse ist zu klären, inwieweit ein Kredit bzw. Kreditderivat überhaupt den Marktwert des Eigenkapitals einer Bank - und damit den Shareholder Value - beeinflusst. Jedes Geschäft steigert laut Shareholder Value-Ansatz nur dann den Eigenkapitalmarktwert, wenn die Summe der diskontierten

[98] Vgl. RAPPAPORT (1986), S. 1.
[99] Vgl. RAPPAPORT (1986), S. 11f. u. 50; BEHM (1994), S. 52.
[100] Vgl. BEHM (1994), S. 15 - 18, 52 u. 58; MANZ (1998), S. 72.
[101] Vgl. SCHIERENBECK (1999a), S. 450.

Einzahlungsüberschüsse aus dem Geschäft einen gewissen, im Folgenden noch näher zu erläuternden Mindestwert übersteigt.[102] Es gilt also:

(1) *ΔSHV = Summe diskontierte Zahlungsüberschüsse - Mindestwert*

Der Mindestwert ergibt sich gemäß folgender Überlegungen:[103] Die Eigenkapitalgeber einer Bank fordern laut Shareholder Value-Ansatz eine bestimmte Mindestrendite auf das von ihnen zur Verfügung gestellte Eigenkapital. Wird diese jede Periode zu erbringende Mindestrendite in einen absoluten Ergebnisanspruch umgerechnet und auf die Geschäfte der Bank verteilt, so ergibt sich für jedes Geschäft ein periodisch zu erbringender Zahlungsüberschuss, der als Mindestertrag bezeichnet wird. Der Begriff „Mindestertrag" ist dabei irreführend, da es sich nicht um einen Ertrag im bilanziellen Sinne, sondern um einen mindestens zu erbringenden Zahlungsüberschuss handelt. Die Summe der auf den Zeitpunkt des Geschäftsabschlusses diskontierten Mindesterträge ergibt dann den Mindestwert:

(2) *Mindestwert = Summe diskontierte Mindesterträge*

Zur Ermittlung der durch einen Kredit bzw. ein Kreditderivat hervorgerufenen Shareholder Value-Änderung sind also die mit diesen Geschäften verbundenen jährlichen Einzahlungsüberschüsse (welche im Folgenden als Erfolgsbeiträge bezeichnet werden) und zu erwirtschaftenden Mindesterträge zu ermitteln und dann auf den Abschlusszeitpunkt zu diskontieren.

Die Ermittlung der Mindesterträge erfolgt dabei über den Risikogehalt der Geschäfte: Da das der Bank von den Aktionären zur Verfügung gestellte Eigenkapital dazu dient, das Gesamtrisiko der Bank abzusichern, besteht ein Zusammenhang zwischen dem von einem Geschäft zu erwirtschaftenden Mindesterträgen und seinem Risikogehalt. Zur Ermittlung der Mindesterträge und damit der Feststellung, ob ein Geschäft den Shareholder Value der Bank steigert, ist daher auch das Risiko eines Geschäfts zu ermitteln.

---

[102] Vgl. WICKEL-KIRSCH / MAUERER / KAISER (1998), S. 32f... Diskontiert wird dabei mit den Zinsen am Geld- und Kapitalmarkt.

[103] Vgl. hierzu und im Folgenden bspw. BÜHNER (1994), S. 22; RICHTER (1996), S. 257; SCHIERENBECK (1999a), S. 457.

Zur Ermittlung der sich aus einem Kredit oder Kreditderivat ergebenden Shareholder Value-Änderung ist im Folgenden zu klären,

- wie sich die Erfolgsbeiträge eines Kredits bzw. Kreditderivats berechnen,
- wie sich die Mindestrenditeforderung der Aktionäre ergibt,
- wie die Mindestrenditeforderung der Aktionäre auf die einzelnen Geschäfte verteilt werden kann, d.h. wie sich daraus die von einem Kredit bzw. Kreditderivat zu erwirtschaftenden Mindesterträge errechnen lassen,
- wie sich Risiko eines Kredits bzw. Kreditderivats messen lässt und
- wie sich die Erfolgsbeiträge und Mindesterträge eines Kredits bzw. Kreditderivats zu einem einzigen, auf den Abschlusszeitpunkt bezogenen Barwert verdichten lassen, anhand dessen die Vorteilhaftigkeit des Geschäftsabschlusses ersehen werden kann.

3.3.1 Messung des Erfolgsbeitrags von Krediten und Derivaten

3.3.1.1 Erfolgsmessung von Krediten

Der in einer Periode anfallende Erfolgsbeitrag eines Geschäfts, also der durch das Geschäft in der Periode ausgelöste Einzahlungsüberschuss, ergibt sich ganz allgemein als Differenz zwischen Einzahlungen und Auszahlungen. Bei Banken tritt jedoch eine Besonderheit auf: Bankgeschäfte sind nicht isoliert zu betrachten, da der Erfolg eines Kredits auch davon abhängt, wie dieser refinanziert wird bzw. der Erfolg einer Einlage davon, wie die akquirierten Mittel angelegt werden.[104] Eine direkte Zuordnung der akquirierten Gelder zu deren Anlage (etwa in der Form: „Kredit X wurde durch Einlage Y refinanziert“) ist jedoch in der Regel nicht willkürfrei möglich.[105] Versucht man dennoch, eine solche Zuordnung arbiträr durchzuführen, so kann dies zu Fehlsteuerungen führen. Aus diesem Grund wird bei Banken die sog. Marktzinsmethode zur Erfolgskalkula-

---

[104] Vgl. SCHIERENBECK (1999a), S. 43.

[105] Vgl. hierzu und im Folgenden SCHIERENBECK (1999a), S. 57f. u. 69f..

tion verwendet.[106] Diese betrachtet nicht den absoluten Erfolg eines Geschäfts, sondern den Mehrerfolg gegenüber einem vergleichbaren Geschäft am Geld- und Kapitalmarkt. Es wird also ermittelt, um wie viel höhere Zahlungen die Bank aus einem Kundenkredit erhält als aus einer fristengleichen Geldanlage am Geld- und Kapitalmarkt bzw. wie viel günstiger sie sich über eine Kundeneinlage im Vergleich zu einer Geldaufnahme am Geld- und Kapitalmarkt refinanzieren kann.[107] Dieser Mehrerfolg wird als „Konditionsbeitrag" bezeichnet.

Außer den im Konditionsbeitrag bereits enthaltenen Refinanzierungskosten treten bei Krediten mit den Standardrisikokosten und Betriebskosten noch zwei weitere Arten von Kosten auf.[108] [109] Für einen einzelnen Bankkredit gilt damit also:

(3) *Erfolgsbeitrag pro Periode = Konditionsbeitrag des Kredits pro Periode*
- Standardrisikokosten des Kredits pro Periode
- Betriebskosten des Kredits pro Periode

Die Standardrisikokosten und die Betriebskosten sollen im Folgenden kurz erläutert werden, da sie in die Berechnung der Erfolgsbeiträge eines Kredits und damit seinen Shareholder Value eingehen.

---

[106] Vgl. bspw. SCHIERENBECK (1999a), S 53.

[107] Auf die genaue Funktionsweise der Marktzinsmethode soll im Folgenden nicht eingegangen werden, vgl. hierzu bspw. SCHIERENBECK (1999a), S. 72 - 96.

[108] Wenn im Folgenden von Erlösen und Kosten die Rede ist, so sind selbstverständlich stets die Zahlungswirkungen dieser Erlöse und Kosten gemeint, da der Shareholder Value-Ansatz ja auf Zahlungsüberschüsse abstellt. Es interessiert also bspw. nicht der Verlust, der sich aus einem Kreditausfall ergibt, sondern die ausgefallenen Zahlungsströme. Analog gilt dies auch für den Betreuungsaufwand: Nicht die Personalkosten sind bspw. relevant, sondern die Zahlungen für Gehalt, Sozialabgaben etc.. Da sich in der Literatur und Praxis jedoch Begriffe wie Standardrisikokosten, Betriebskosten oder Betreuungsaufwand eingebürgert haben, sollen diese in der Arbeit verwendet werden.

[109] Vgl. hierzu und im Folgenden SCHIERENBECK (1999a), S. 290f.. Eigentlich gehören zu den Erträgen auch noch direkt zurechenbare Provisionserlöse. Diese sollen aber in der Arbeit nicht näher betrachtet werden, da sie bei Krediten selten auftreten dürften. Eigenkapitalkosten sind dagegen hier nicht zu berücksichtigen, da sie mit den von den Geschäften zu erwirtschaftenden Mindesterträgen gleichzusetzen sind.

a) Standardrisikokosten

Die Standardrisikokosten eines Kredits stellen die im Durchschnitt erwarteten Zahlungsausfälle aus dem Kredit dar.[110] [111] Natürlich erwartet eine Bank bei Vergabe eines jeden individuellen Kredits nicht, dass dieser ausfällt, sonst würde sie den Kredit gar nicht erst vergeben. Allerdings weiß man, dass auf das gesamte Kreditportfolio einer Bank bezogen in jeder Periode ein bestimmter, je nach Kreditkategorie verschieden hoher Prozentsatz der Kredite ausfällt, die Kredite also eine von Null verschiedene Ausfallwahrscheinlichkeit besitzen. Die Standardrisikokosten einer Periode ergeben sich nun als Produkt dieser Ausfallwahrscheinlichkeit und des Verlusts, welcher der Bank bei Ausfall des Kredits entsteht. Dieser Verlust ergibt sich dadurch, dass die Bank nach dem Ausfallzeitpunkt[112] keine Zins- und Tilgungszahlungen aus dem Kredit mehr erhält (bzw. bei einem Teilausfall des Kredits die fälligen Zahlungen nicht in voller Höhe). Er wird durch Zahlungen gemindert, welche die Bank aus Kreditsicherheiten erhält. Da die ausgefallenen Zins- und Tilgungszahlungen der Bank bei vertragsgemäßem Verlauf des Kredits erst in den jeweiligen Fälligkeitszeitpunkten zugeflossen wären, ist der Barwert dieser Zahlungen zu betrachten. Die Diskontierung erfolgt dabei mit den Marktzinsen, also der am Geld- und Kapitalmarkt herrschenden Zinsstruktur.

---

110 Vgl. hierzu und im Folgenden ROLFES (1998), S. 360 - 379. Dies gilt auch, wenn die erwarteten Zahlungsausfälle nicht über Durchschnittsbildung, sondern z.B. über eine optionspreistheoretische Einzelgeschäftskalkulation ermittelt werden. Vgl. hierzu ROLFES (1998), S, 379 - 402.

111 Der Begriff Standardrisikokosten ist in so weit also irreführend, als der Begriff die erwarteten Ausfälle bezeichnet, mit Risiko als von den Erwartungen abweichender Entwicklung also nichts zu tun hat.

112 Mit Ausfallzeitpunkt wird derjenige Zeitpunkt bezeichnet, zu dem der Kreditschuldner erstmals die fälligen Zins- und Tilgungszahlungen nicht in voller Höhe leistet.

Es gilt also für die Standardrisikokosten, die aus einem Kredit in einer Periode anfallen:[113]

(4) *Standardrisikokosten pro Periode*

= Ausfallwahrscheinlichkeit · Verlust bei Ausfall

= Ausfallwahrscheinlichkeit · (Barwert der ausgefallenen Zins- und Tilgungszahlungen ./. Sicherheiten)

Hierzu noch eine Anmerkung: Eine Diskontierung der Zahlungen ist nicht nur bei den ausgefallenen Zins- und Tilgungszahlungen, sondern auch bei den Kreditsicherheiten nötig, da diese sich oft nicht sofort verwerten lassen und somit erst zu späteren Zeitpunkten zu Einzahlungen führen.[114] Selbst bei sofortiger Verwertung z.B. durch Verkauf kann die Bank oft nicht den vollen Wert der Sicherheiten erzielen, sondern muss einen Abschlag hiervon hinnehmen[115], so dass in diesem Fall statt des vollen Wertes nur der Barwert der zu erzielenden Erlöse anzusetzen ist.

Die Berechnung der Standardrisikokosten eines Kredits wird anhand der folgenden Abbildung nochmals zusammenfassend verdeutlicht:

---

[113] Hierbei ist zu beachten, dass der Wert der Sicherheiten für die Bank niemals den Ausfallverlust übersteigen kann, da ein eventueller Überschuss nach der Sicherheitenverwertung dem Kreditnehmer zusteht.

[114] Vgl. STROTHE (1999), S. 5 zitiert nach OEHLER / UNSER (2001), S. 319 - 322.

[115] Vgl. LWOWSKI / GÖßMANN (1990), S. 30f..

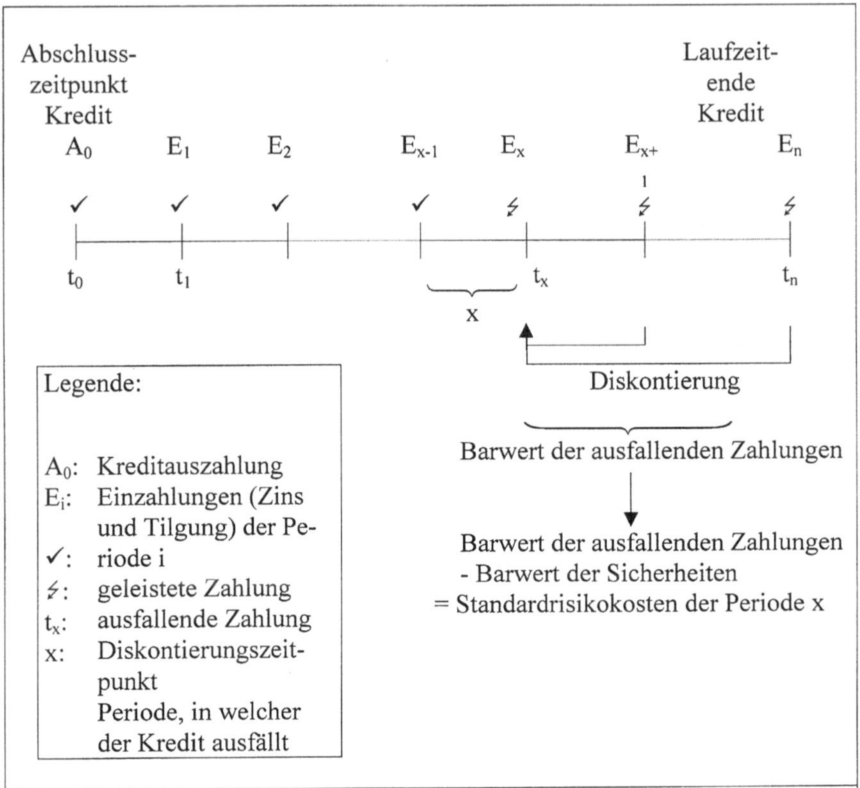

Abb. 3: Berechnung der Standardrisikokosten eines Kredits für die Periode x

b) Betriebskosten

Die Betriebskosten stellen die zweite Kostenkomponente von Bankkrediten dar. Es handelt sich hierbei um Kosten, die der Bank im technisch-organisatorischen Bereich entstehen.[116] In dieser Arbeit sollen die Betriebskosten eines Kredits weiter untergliedert werden in Betreuungsaufwand für das Kreditengagement und sonstige Betriebskosten. Die Untergliederung erfolgt dabei danach, inwieweit die Kosten die Ausfallwahrscheinlichkeit eines Kredits beeinflussen können:

---

[116] Vgl. BÜSCHGEN (1998), S. 707f..

- Unter Betreuungsaufwand werden die Kosten aller Aktivitäten der Bank verstanden, welche die Ausfallwahrscheinlichkeit eines Kredits beeinflussen können.[117] Hierbei handelt es sich hauptsächlich um variable Gemeinkosten, wie z.B. Personalkosten für die Managementberatung einer Firma. Des Weiteren werden in dieser Arbeit unter den Betreuungsaufwand auch Einzahlungsausfälle gefasst, die der Bank durch Kreditstundungen, Kreditverzichte oder Verzichte auf Verzugszinsen entstehen. All diesen Kosten ist gemeinsam, dass sie bewusst von der Bank eingegangen werden, um die Ausfallwahrscheinlichkeit eines Kredits zu senken.

- Die sonstigen Betriebskosten umfassen dementsprechend alle Kosten des Betriebsbereichs, welche die Ausfallwahrscheinlichkeit eines Kredits nicht beeinflussen, wie etwa die übrigen Personalkosten, die Formularkosten oder die EDV-Kosten.

Die Unterteilung der Betriebskosten in Betreuungsaufwand und sonstige Betriebskosten ist deshalb nötig, weil diejenigen Kosten, die einen Einfluss auf die Ausfallwahrscheinlichkeit eines Kredits besitzen, bei der Aufstellung eines Kreditmanagementsystems genauer zu analysieren sind, wie sich im Verlauf der Arbeit noch zeigen wird.

Insgesamt ergibt sich unter Berücksichtigung dieser Kostenkomponenten damit folgender Erfolgsbeitrag in einer Periode für einen Kredit:

(5) *Erfolgsbeitrag eines Kredits pro Periode*

= *Konditionsbeitrag des Kredits pro Periode*

- *Standardrisikokosten des Kredits pro Periode*

- *Betreuungsaufwand des Kredits pro Periode*

- *sonstige Betriebskosten des Kredits pro Periode*

[117] Vgl. hierzu auch PEIL / EGGER (2000), S. 415f..

3.3.1.2 Erfolgsmessung von Kreditderivaten

Der Erfolgsbeitrag eines Kreditderivats ergibt sich, wie der eines Kredits auch, als Differenz zwischen den anschließend zu erläuternden Einzahlungen und Auszahlungen:

$$(6)\quad \textit{Erfolgsbeitrag pro Periode} = \textit{Einzahlungen pro Periode} - \textit{Auszahlungen pro Periode}$$

Die Einzahlungen von Kreditderivaten ergeben sich aus den bei Vertragsabschluss vereinbarten Zahlungen, die der Kontraktpartner der Bank leisten muss, wenn das Kreditereignis eintritt. Will eine Bank das gesamte Ausfallrisiko eines Kredits absichern, so muss diese vereinbarte Zahlung genauso hoch sein, wie der Verlust, welcher der Bank durch den Kreditausfall entsteht. Analoges gilt, wenn durch das Derivat ein Pool von Krediten abgesichert wird. Die Summe der Zahlungen aus dem Derivat muss dann die Verluste aller Kredite ausgleichen. Da ein Derivat auf einen Kreditpool in diesem Fall einfach als ein Portfolio aus Kreditderivaten auf die den Pool konstituierenden Einzelkredite verstanden werden kann, soll dieser Fall im Folgenden vernachlässigt werden. Für die Einzahlungen, die aus einem Derivat zu erwarten sind, mit dem das gesamte Ausfallrisiko eines Kredits abgesichert werden soll, gilt demnach:

$$(7)\quad \textit{Einzahlungen pro Periode} = \textit{Zahlungswahrscheinlichkeit} \cdot \textit{vereinbarter Zahlungsbetrag} = \textit{Ausfallwahrscheinlichkeit Kredit} \cdot \textit{Verlust bei Kreditausfall}$$

Dies entspricht genau den Standardrisikokosten des abzusichernden Kredits.[118] Für ein Derivat, dass das gesamte Ausfallrisiko eines Kredits absichert, gilt also:

$$(8)\quad \textit{Einzahlungen pro Periode} = \textit{Standardrisikokosten des abzusichernden Kredits pro Periode}$$

---

[118] Vgl. Kapitel 3.3.1.1, Formel (4), S. 38.

Die Auszahlungen eines Kreditderivats bestehen aus zwei Komponenten. Die erste Komponente ist die Prämie, welche die Bank an den Kontraktpartner des Derivats für die Risikoübernahme zu zahlen hat. Diese richtet sich nach der Ausfallwahrscheinlichkeit des abzusichernden Kredits, nach der vereinbarten Zahlung bei Kreditausfall und nach der Korrelation, die das Ausfallrisiko des abzusichernden Kredits mit dem restlichen Portfolio des Kontraktpartners aufweist.[119] Die zweite Komponente stellen die Betriebskosten des Derivats dar, also die Kosten für Personal, EDV, Formulare etc., die der Bank für Abschluss und Verwaltung des Derivats entstehen.

Insgesamt ergibt sich damit für den Beitrag, den ein Derivat auf das gesamte Ausfallrisiko eines Einzelkredits in einer Periode zum Erfolg einer Bank leistet:

(9) *Erfolgsbeitrag eines Kreditderivats pro Periode*

= Standardrisikokosten des Kredits pro Periode

- Derivateprämie

- Betriebskosten des Kreditderivats pro Periode

3.3.2 Ermittlung des Mindestertrags eines Kreditgeschäfts

3.3.2.1 Ermittlung der von den Anteilseignern geforderten Mindestrendite

Die von einem Bankgeschäft in den einzelnen Perioden zu erwirtschaftenden Mindesterträge ergeben sich, wie bereits erwähnt, aus den Renditeforderungen der Anteilseigner der Bank. Daher ist zunächst zu klären, welche Mindestrendite die Aktionäre der Bank auf ihr investiertes Kapital fordern (Dies wird auch als Eigenkapitalkosten bezeichnet.[120]). Hierzu existieren verschiedene Methoden, wie beispielsweise:

- das Capital Asset Pricing Model (CAPM),
- die Arbitrage Pricing Theory (APT) oder

---

[119] Vgl. DAS (2000b), S. 247 - 250 u. 255 - 268.
[120] Vgl. PAUL (2001), S. 43.

- die Option Pricing Theory (OPT).[121]

Welches dieser Modelle gewählt wird, ist für die vorliegende Arbeit unerheblich, da die Eigenkapitalkosten der Bank in das zu entwickelnde Kreditmanagementsystem als Datum eingehen und von den am Kreditprozess beteiligten Akteuren nicht zu beeinflussen sind. Es ist allerdings zu erörtern, inwieweit die zur Ermittlung der Eigenkapitalkosten vorliegenden Verfahren zu exakten Ergebnissen gelangen, da die Richtigkeit und Objektivität der zu Grunde liegenden Daten wichtige Anforderungen an das zu entwickelnde Kreditmanagementsystem darstellen. Aus diesem Grund soll im Folgenden stellvertretend kurz die Ermittlung der Eigenkapitalkosten über das CAPM dargestellt werden[122]. Hierbei handelt es sich um die in der Praxis am häufigsten verwendete Methode zur Ermittlung der Eigenkapitalkosten.[123]

Ziel des CAPM ist es, theoretisch „richtige" Wertpapierpreise und -renditen im Kapitalmarktgleichgewicht zu berechnen.[124] Ausgangsdaten sind dabei der risikolose Zinssatz, die erwartete Rendite eines Marktportfolios und das systematische Risiko des Wertpapiers. Der risikolose Zinssatz stellt dabei eine Rendite dar, die von Ausfall- und Marktrisiken frei ist und die die Anleger daher sicher erzielen können. Sie ergibt sich in der Praxis z.B. aus der Rendite von Staatsanleihen. Das Marktportfolio stellt die Gesamtheit aller Investitionsmöglichkeiten dar, die dem Anleger offen stehen und besteht laut den Annahmen des Grundmodells des CAPM ausschließlich aus handelbaren Wertpapieren. Das systematische Risiko eines Wertpapiers schließlich stellt den Teil des Risikos eines Wertpapiers dar, dass durch die allgemeine Marktentwicklung (d.h. das Risiko des Marktportfolios) bestimmt wird. Es wird über den β-Faktor gemessen. Die Rendite eines Wertpapiers ergibt sich im Kapitalmarktgleichgewicht laut CAPM nach der Formel:

$$(10) \quad E(R_{WP}) = r + \beta \cdot (E(R_M) - r))$$

---

[121] Vgl. hierzu bspw. MERTON (1974); BLACK / SCHOLES (1978); COPELAND / WESTON (1988), S. 464 - 471; RICHTER (1996), S. 38 - 52; PAUL (2001), S. 49 - 72.

[122] Vgl. zum CAPM auch SHARPE (1964); LINTNER (1965); MOSSIN (1966).

[123] Vgl. PAUL (2001), S. 49 u. 62.

[124] Vgl. hierzu und im Folgenden RICHTER (1996), S. 38 - 49; PAUL (2001), S. 49 - 63.

Die Gleichgewichtsrendite eines Wertpapiers $E(R_{WP})$ entspricht also dem risikolosen Zinssatz r zuzüglich dem Produkt aus systematischem Risiko des Wertpapiers β und dem Überschuss der erwarteten Rendite des Marktportfolios $E(R_M)$ über den risikolosen Zinssatz. Handelt es sich bei dem Wertpapier um eine Aktie, so stellt die so berechnete Rendite gleichzeitig die Eigenkapitalkosten der Aktiengesellschaft dar, da sie genau der Rendite entspricht, die die Anleger im Kapitalmarktgleichgewicht fordern.

Die von den Anteilseignern einer Bank geforderte Mindestrendite lässt sich also unter Zuhilfenahme des CAPM (oder einem der anderen Modelle) ermitteln. Diese Ermittlung ist z.T. jedoch mit gravierenden Problemen behaftet:

- Alle genannten Modelle gehen von relativ restriktiven und daher unrealistischen Modellannahmen aus.[125] Das CAPM z.B. verwendet eine einperiodige Betrachtung als Grundlage der Analyse und unterstellt zudem, dass der Kapitalmarkt vollkommen ist, die Anleger homogene Erwartungen besitzen, auf dem Markt eine risikolose Verzinsung existiert und die Renditen aller Wertpapiere normalverteilt sind.[126] Alle diese Modellannahmen treffen in der Realität nicht oder nicht zwangsweise zu.[127]

- Es lässt sich nicht ermitteln, ob die Modelle nicht trotz z.T. unzutreffender Prämissen dennoch zu zutreffenden Ergebnissen bezüglich der Renditeforderungen der Anleger gelangen, da die Modelle nicht verifizierbar oder falsifizierbar sind.[128] Dies liegt daran, dass sie jeweils mehrere verbundene Hypothesen enthalten, die sich einzeln nicht testen lassen. Im Falle des CAPM besteht das Hauptproblem darin, dass sich in der Praxis nicht zweifelsfrei bestimmen lässt, welche Wertpapiere in welchen Stückzahlen das Marktportfolio genau enthält.[129] Zur Anwendung des CAPM ist es also stets nötig, ein ausgewähltes Portfolio als Marktportfolio zu postulieren. Damit ist eine empirische Überprüfung der Gültigkeit des CAPM aber unmöglich: Gelangt man durch empirische Untersuchung zu dem Schluss, dass die Vorhersagen des CAPM nicht zutreffen, so kann dies daran liegen, dass das CAPM falsch

---

125 Vgl. ULSCHMID (1994); S. 49f. u. 65 - 68.

126 Vgl. ULSCHMID (1994), S. 49f.; PAUL (2001), S. 50.

127 Vgl. COPELAND / WESTON (1988), S. 194.

128 Vgl. ROLL (1977), S. 129 - 176; ROLL / ROSS (1980), S. 1073 - 1103; SHANKEN (1982), S. 1129 - 1140.

129 Vgl. hierzu und im Folgenden ROLL (1977), S. 129f.; ULSCHMID (1994), S. 102 - 104.

ist. Genauso gut könnte das Ergebnis aber auch dadurch zu Stande kommen, dass das Marktportfolio falsch bestimmt wurde. Da nicht bekannt ist, welches das richtige Marktportfolio ist, lässt sich nicht feststellen, welche der beiden möglichen Erklärungen für die unzutreffenden Voraussagen verantwortlich ist. Gleiches gilt für die Verifizierung des CAPM: Treffen die Vorhersagen des CAPM empirisch zu, so kann dies daran liegen, dass das CAPM richtig ist. Es ist jedoch auch möglich, dass ein Portfolio als Marktportfolio gewählt wurde, das zufälligerweise zu zutreffenden Voraussagen führte.

- Trotz der theoretischen Unmöglichkeit, die Gültigkeit der Modelle zu überprüfen, wurden empirische Studien angestellt, um festzustellen, ob wenigstens die zentralen Aussagen der Modelle in der Praxis zutreffen. Auch dabei ergaben sich widersprüchliche Ergebnisse.[130] Für das CAPM kamen Fama / French z.B. zu dem Schluss, dass der Erklärungsgehalt des β-Faktors für die Wertpapierrenditen in der Praxis gering sei[131]. Andere Studien dagegen bescheinigen dem β-Faktor einen hohen Erklärungsgehalt für die Renditen, insbesondere in Phasen extremer Marktentwicklung.[132]

Insgesamt lässt sich also feststellen, dass die von den Anteilseignern einer Bank geforderte Mindestrendite zwar über theoretische Modelle ermittelt werden kann, dass die Validität der resultierenden Ergebnisse jedoch nicht zweifelsfrei feststeht.

3.3.2.2 Zusammenhang zwischen Mindestertrag und Risiko eines Geschäfts

Ist bekannt, welche Mindestrendite die Eigenkapitalgeber einer Bank fordern, so müssen daraus die von den Geschäften der Bank pro Periode jeweils zu erzielenden Mindesterträge errechnet werden. Für das Gesamtgeschäft der Bank ist dies unproblematisch: Der insgesamt von der Bank in einer Periode zu erzielende Mindestertrag ergibt sich als Produkt aus der Renditeforderung der

[130] Vgl. ULSCHMID (1994), S. 104 - 137 u. 151 - 180.
[131] Vgl. FAMA / FRENCH (1992), S. 427 - 465.
[132] Vgl. bspw. CHAN / LAKONISHOK (1993), S. 51 - 72.

Anleger und dem aktuellen Marktwert des Eigenkapitals der Bank, auf den die Anleger ja ihre Renditeforderung erheben[133]:

$$(11)\quad \textit{Mindestertrag Bank} = \textit{Mindestrendite} \cdot \textit{Eigenkapitalmarktwert Bank}$$

Soll der von einem Einzelgeschäft in einer Periode zu erwirtschaftende Mindestertrag ermittelt werden, muss hierfür der Eigenkapitalmarktwert der Bank auf die Bankgeschäfte verteilt werden, d.h. es muss ermittelt werden, wie viel Eigenkapital durch das jeweilige Geschäft gebunden wird. Dies ist jedoch problematisch, da a priori nicht bekannt ist, inwieweit ein Bankgeschäft durch Eigenkapital und inwieweit es durch Fremdkapital refinanziert wird. Daher erfolgt die Verteilung des Mindestertrags der Bank auf die Bankgeschäfte nicht direkt über den Marktwert des Eigenkapitals, sondern über den Zweck, dem das Eigenkapital in einer Bank dient: Das Eigenkapital dient der Bank zur Deckung des Gesamtrisikos aus all ihren Geschäften. Der Zusammenhang ist dabei proportional, d.h. je größer der Marktwert des Eigenkapitals einer Bank ist, desto höher ist das Gesamtrisiko, das sie bei gleicher Risikoneigung eingehen kann und desto höher ist somit auch das Risikolimit, das die Geschäftsleitung einer Bank zur Begrenzung des Gesamtrisikos vergeben kann.[134] Umgekehrt bedeutet dies: Je mehr ein Bankgeschäft zum Gesamtrisiko der Bank beiträgt, desto stärker erhöht es auch den Eigenkapitalbedarf der Bank, und desto höher ist somit der von dem Geschäft zu erwirtschaftende Mindestertrag. Der von einer Bank in einer Periode zu erwirtschaftende Mindestertrag lässt sich daher über den Beitrag, den die einzelnen Bankgeschäfte zum Gesamtrisiko der Bank leisten, auf diese verteilen:

$$(12)\quad \frac{\textit{Mindestertrag Geschäft}}{\textit{Mindestertrag Bank}} = \frac{\textit{Risikobeitrag Geschäft}}{\textit{Gesamtrisiko Bank}}$$

---

[133] Vgl. PAUL (2001), S. 38 u. 284f..

[134] Vgl. ROLFES (1998), S. 37.

Für den von einem Geschäft in einer Periode zu erwirtschaftenden Mindestertrag folgt damit durch Umformung von (12):

$$(13)\quad \text{Mindestertrag Geschäft}$$
$$= \frac{\text{Risikobeitrag Geschäft}}{\text{Gesamtrisiko Bank}} \cdot \text{Mindestertrag Bank}$$
$$= \frac{\text{Mindestertrag Bank}}{\text{Gesamtrisiko Bank}} \cdot \text{Risikobeitrag Geschäft}$$

Wird das Gesamtrisiko der Bank in Geldeinheiten gemessen (wie dies später bei der Risikomessung der Fall sein wird), so bezeichnet man das Verhältnis von Ertrag zu Risiko in der Literatur auch als RORAC.[135] Dementsprechend lässt sich der Quotient aus dem geforderten Mindestertrag der Bank und dem Gesamtrisiko der Bank auch als Mindest-RORAC oder Ziel-RORAC[136] bezeichnen.[137] Damit folgt für den Mindestertrag eines Bankgeschäfts aus (13):

$$(14)\quad \text{Mindestertrag Geschäft}$$
$$= \frac{\text{Mindestertrag Bank}}{\text{Gesamtrisiko Bank}} \cdot \text{Risikobeitrag Geschäft}$$
$$= \text{ZielRORAC Bank} \cdot \text{Risikobeitrag Geschäft}$$

Zur Bestimmung des Mindestertrags eines Bankgeschäfts ist nun noch zu klären, wie sich der Beitrag eines Geschäfts zum Gesamtrisiko der Bank berechnet. Hier hilft eine Abwandlung des schon aus dem CAPM bekannten β-Faktors[138] weiter. Im CAPM ist der β-Faktor ein Maß für das systematische, aus der Entwicklung des Marktportfolio heraus erklärbare Risiko eines Wertpapiers. Unter Verwendung der selben Inputdaten, die auch der β-Faktor verwendet, lässt sich ein Faktor β‘ aufstellen, der das Verhältnis zwischen dem Betrag, um den ein

---

[135] Vgl. SCHIERENBECK (1999b), S. 69.

[136] Um eine bessere Lesbarkeit zu gewährleisten, wird in den Formeln der Bindestrich in „Ziel-RORAC“ weggelassen, da ansonsten eine Verwechslung mit einem Minuszeichen auftreten könnte.

[137] Vgl. BURMESTER / HILLE / DEUTSCH (1999), S. 394.

[138] Vgl. Kapitel 3.3.2.1, Formel (10), S. 43.

neu zu einem Portfolio hinzutretendes Wertpapier das Risiko dieses Portfolios erhöht und dem absoluten Risiko des Wertpapiers darstellt:[139]

$$(15)\quad \beta' = \frac{\textit{Risikobeitrag eines Wertpapiers zum Gesamtrisiko eines Portfolios}}{\textit{Risiko Wertpapier}}$$

Analog kann man auch das Verhältnis zwischen dem Risikobeitrag, den ein Bankgeschäft zum Gesamtrisiko der Bank leistet und dem absoluten Risiko des Bankgeschäfts als β'-Faktor bezeichnen:

$$(16)\quad \beta' = \frac{\textit{Risikobeitrag Geschäft}}{\textit{Risiko Geschäft}}$$

Aus (16) folgt:

$$(17)\quad \textit{Risikobeitrag Geschäft} = \beta' \cdot \textit{Risiko Geschäft}$$

Für den Mindestertrag eines Geschäfts ergibt sich somit aus (14) und (17):

$$\begin{aligned}(18)\quad & \textit{Mindestertrag Geschäft pro Periode}\\ & = \textit{ZielRORAC Bank} \cdot \textit{Risikobeitrag Geschäft}\\ & = \textit{ZielRORAC Bank} \cdot \beta' \cdot \textit{Risiko Geschäft}\end{aligned}$$

Demzufolge entspricht der Mindestertrag eines Bankkredits in einer Periode als Produkt aus Ziel-RORAC der Bank, β'-Faktor des Kredits und Ausfallrisiko des Kredits.

Bei einem Kreditderivat liegt der Sachverhalt dagegen anders: Der Abschluss eines Derivats führt dazu, dass die Bank gegen das Kreditausfallrisiko des zu Grunde liegenden Kredits immunisiert wird. Damit senkt das Kreditderivat das

---

139 Vgl. Anhang A.

Gesamtrisiko der Bank im gleichen Maße, wie der Kredit dieses erhöht hat.[140] Kreditderivate weisen damit eine Ertragsgutschrift in Höhe des Mindestertrags des Kredits auf.

3.3.2.3 Risikomessung mittels Value at Risk

Nachdem im letzten Kapitel der Zusammenhang zwischen dem Mindestertrag eines Kredits und seinem Ausfallrisiko aufgezeigt worden ist, ist nun noch zu spezifizieren, wie dieses Ausfallrisiko zu messen ist.

Zur Risikomessung wird in der vorliegenden Arbeit der Value at Risk herangezogen. Hierbei handelt es sich um ein bei Banken in der Praxis relativ verbreitetes Risikomaß.[141] Der Value at Risk lässt sich allgemein definieren als minimale negative Abweichung einer Kennzahl von einem Referenzwert, die sich auf Grund des Eintritt eines bestimmten Risikos ergibt und die innerhalb eines bestimmten Zeitraums mit einer gewissen Mindestwahrscheinlichkeit nicht überschritten wird.[142] Für die Messung des Kreditausfallrisikos lässt sich diese allgemeine Definition wie folgt spezifizieren:

- Die zu betrachtende Kennzahl ist der tatsächliche Marktwert des Eigenkapitals der Bank. Dies ist sinnvoll, da dieser die Messgröße darstellt, an Hand derer der Shareholder Value der Bank gemessen wird.
- Als Referenzwert wird der erwartete Marktwert des Eigenkapitals der Bank verwendet. Die Verwendung des Erwartungswerts als Maßstab, von dem aus die Abweichung gemessen wird, stellt eine in der Praxis übliche Vorgehensweise dar.[143] Erwartete Größen weisen gegenüber den alternativ als Referenzwert möglichen geplanten oder angestrebten Werten den Vorteil auf, dass sie sich unabhängig von den Präferenzen der Entscheider ergeben und somit intersubjektiv überprüfbar sind.

---

[140] Dies gilt natürlich nur, sofern der β-Faktor des Kredits positiv ist, dieser also das Gesamtrisiko der Bank steigert und nicht senkt. Davon ist in der Praxis aber in der Regel auszugehen. Vgl. hierzu bspw. VARNHOLT (1997), S. 50f..

[141] Vgl. SCHIERENBECK (1999b), S. 16.

[142] Vgl. hierzu bspw. AUßENEGG / UHLIR (1996), S. 832.

[143] Vgl. Konzept des Unexpected Loss, z.B. bei OEHLER / UNSER (2001), S. 338 - 340.

- Der Zeitraum, für den die Value at Risk-Messung durchgeführt wird, wird wie in der Praxis auch üblich[144], auf ein Jahr festgesetzt. Dieser auch als Haltedauer oder Liquidationsperiode bezeichnete Zeitraum[145] sollte allgemein so gewählt werden, dass die Bank das Risiko innerhalb dieses Zeitraums absichern kann.[146] Bei Krediten tritt hierbei das Problem auf, dass einige Kredite über Kreditderivate innerhalb einer sehr kurzen Frist - wenige Tage bis maximal einige Wochen bei komplizierteren Konstruktionen - abgesichert werden können[147], während andere Kredite sich (derzeit) überhaupt nicht absichern lassen.[148] Da aus Gründen der Vergleich- und Aggregierbarkeit für die Risikomessung aller Kredite eine einheitliche Haltedauer verwendet werden sollte, hat sich in der Praxis als Kompromiss eine Haltedauer von einem Jahr eingebürgert.[149]

- Die Höhe der Mindestwahrscheinlichkeit, mit der die negative Abweichung den Value at Risk nicht überschreiten soll, ist vom Management der Bank festzulegen.[150] Sie wird auch als Sicherheitsniveau bezeichnet und richtet sich nach der Risikoneigung des Managements. In der Praxis übliche Sicherheitsniveaus liegen zwischen 90% und 99%.[151] So beträgt z.B. die durch die Empfehlungen des Basler Ausschusses für die regulatorische Risikomessung festgelegte Mindestwahrscheinlichkeit 99%.[152] Diese soll auch für die in der Arbeit verwendete Definition des Value at Risk gelten.

Mit diesen Spezifikationen lässt sich der Value at Risk des Kreditausfallrisikos definieren als minimale negative Abweichung des tatsächlichen Marktwerts des Eigenkapitals einer Bank vom erwarteten Marktwert des Eigenkapitals der Bank, die sich auf Grund des Eintritts des Kreditausfallrisikos ergibt und die

---

144 Vgl. Vgl. WIELANDT (1993), S. 608.

145 Vgl. bspw. GROß / KNIPPSCHILD (1996), S. 101; MERBECKS (1996), S. 162f.; GEYER / PICHLER (1998), S. 942.

146 Vgl. MERBECKS (1996), S. 162.

147 Vgl. KIRMßE (1996), S. 260.

148 Vgl. OEHLER / UNSER (2001), S. 370.

149 Vgl. WIELANDT (1993), S. 608.

150 Vgl. hierzu und im Folgenden MERBECKS (1996), S. 164 - 166; BÜSCHGEN (1998), S. 1081f..

151 Vgl. KOHLHOF / COLINA (2000), S. 34.

152 Vgl. BASLER AUSSCHUSS (1996), S. 44.

innerhalb eines Jahres mit einer Wahrscheinlichkeit von mindestens 99% nicht überschritten wird.

Der Value at Risk weist zwei Hauptvorteile gegenüber anderen Risikomaßen auf:

- Er wird im Gegensatz zur Varianz oder Standardabweichung, den „Standardrisikomaßen" der Portfoliotheorie[153], in Geldeinheiten gemessen.[154] Dies hat den Vorteil, dass eine Risikolimitierung auf Basis des Value at Risk relativ einfach möglich ist: Das Bankmanagement muss entsprechend seiner Risikoneigung lediglich festlegen, welcher Prozentsatz des Eigenkapitalmarktwerts der Bank als Risikokapital dienen soll und welcher Anteil als Sicherheitsreserve für extreme Marktentwicklung vorbehalten bleiben soll. Dieses Risikokapital entspricht dann unmittelbar dem Value at Risk-Limit für die Gesamtbank.[155]

- Der Value at Risk ist ein universelles Risikomaß, kann also für alle Arten von Bankrisiken berechnet werden.[156] Damit ist eine Aggregation der verschiedenen Risikoarten zu einer Gesamtgröße möglich.

Im Folgenden soll noch kurz erläutert werden, wie bei der Messung des Ausfallrisikos eines Kredits mit Hilfe des Value at Risk vorzugehen ist, um aufzuzeigen, welche Ausgangsdaten hierfür nötig sind. Zur Risikomessung mittels Value at Risk existieren verschiedene Verfahren.[157] Da Kreditausfallrisiken auf Grund der Charakteristika von Kreditausfällen (relativ geringe Ausfallwahrscheinlichkeit und relativ hoher Verlust bei Ausfall) nicht normalverteilt sind, werden in der Praxis meist szenariobasierte Verfahren verwendet, da diese nicht auf die Annahme einer Normalverteilung der Eingangsparameter angewiesen sind.[158] Hierbei werden auf Basis von Vergangenheitsdaten - eventuell ergänzt um Expertenschätzungen - Szenarien über die möglichen zukünftigen Zah-

---

153 Vgl. KOHLHOF / COLINA (2000), S. 55.

154 Vgl. AUßENEGG / UHLIR (1996), S. 832.

155 Vgl. HARTMANN-WENDELS / PFINGSTEN / WEBER (2000), S. 563 - 565 in Verbindung mit S. 555f..

156 Vgl. AUßENEGG / UHLIR (1996), S. 831; GROß / KNIPPSCHILD (1996), S. 917.

157 Vgl. BECKER (1997), S. 53f.; JORION (1997), S. 185 - 203; BEINKER / DEUTSCH (1999), S. 160 - 172.

158 Vgl. hierzu und im Folgenden SCHIERENBECK (1999b), S. 29 - 38.

lungseingänge bzw. Ausfälle aus dem betrachteten Kredit entwickelt. Mit Hilfe der ebenfalls ermittelten Eintrittswahrscheinlichkeiten der Szenarien und den bei Eintritt der jeweiligen Szenarien auftretenden Eigenkapitalmarktwerten der Bank lässt sich dann bestimmen, welcher Marktwert des Eigenkapitals der Bank mit einer gewissen Wahrscheinlichkeit nicht unterschritten wird. Der Value at Risk ergibt sich so als Differenz dieses Eigenkapitalmarktwerts zum über alle Szenarien berechneten Erwartungswert.

3.3.3 Das Barwertkonzept

In den bisherigen Ausführungen wurde dargelegt, wie sich die Erfolgsbeiträge und Mindesterträge von Krediten und Kreditderivaten berechnen. Dabei handelt es sich jeweils um periodische Größen:

- Die Konditionsbeiträge eines Kredits berechnen sich als jährlicher Zinsvorteil des Kreditgeschäfts gegenüber vergleichbaren Geschäften am Geld- und Kapitalmarkt.

- Im Rahmen der Berechnung der Standardrisikokosten werden zwar die potentiell ausfallenden Zins- und Tilgungszahlungen des Kredits auf den Ausfallzeitpunkt abgezinst, durch Multiplikation mit der Ausfallwahrscheinlichkeit des Kredits in einer Periode ergeben sich daraus wiederum die Standardrisikokosten einer Periode.

- Sowohl beim Betreuungsaufwand und den sonstigen Betriebskosten des Kredits als auch bei den Betriebskosten des Derivats handelt es sich um periodische Kosten.

- Da der Value at Risk für eine Haltedauer von einem Jahr berechnet und als Renditeforderung ebenfalls die von den Bankaktionären jeweils für ein Jahr geforderte Mindestrendite angesetzt wird, ergibt sich daraus der in einem Jahr zu erzielende Mindestertrag eines Kredits.

- Lediglich die von der Bank an den Kontraktpartner des Kreditderivats zu zahlende Prämie stellen keine periodische, sondern eine einmalige, zum Abschlusszeitpunkt anfallende Zahlung dar.

Um zu ermitteln, wie durch einen Kredit bzw. ein Kreditderivat der Marktwert des Eigenkapitals der Bank verändert wird, sind diese periodischen Größen auf den Abschlusszeitpunkt des Geschäfts zu diskontieren. Es sind also die Erfolgsbeiträge und Mindesterträge aller zukünftigen Perioden zu einer einzigen, auf den Entscheidungszeitpunkt bezogenen Größe zu verdichten. Der Beitrag eines Kredits zum Shareholder Value der Bank ergibt sich dann folgendermaßen:

(19) *ΔSHV* = *Konditionsbeitragsbarwert*
- *Barwert des Betreuungsaufwands*
- *Barwert der sonstigen Betriebkosten des Kredits*
- *Standardrisikokostenbarwert*
- *Barwert der zu erwirtschaftenden Mindesterträge*

Der Shareholder Value-Beitrag eines Kreditderivats errechnet sich als:

(20) *ΔSHV* = *Standardrisikokostenbarwert des abzusichernden Kredits*
- *Prämie des Derivats (an Kontraktpartner zu zahlen)*
- *Barwert der Betriebskosten des Derivats*
- *Barwert der eingesparten Mindesterträge des Kredits*

Um die durch einen Kredit bzw. ein Kreditderivat ausgelöste Änderung des Shareholder Value einer Bank zu ermitteln, sind also zu konkretisieren:

- der Konditionsbeitragsbarwert von Krediten,
- der Barwert der Standardrisikokosten von Krediten,
- die Barwerte des Betreuungsaufwands und der sonstigen Betriebskosten von Krediten sowie der Betriebskosten von Kreditderivaten sowie
- der Barwert der durch einen Kredit zu erzielenden Mindesterträge.

Die Berechnung dieser Größen soll im Folgenden erläutert werden.

3.3.3.1 Die Berechnung von Konditionsbeitragsbarwerten

Konditionsbeiträge von Krediten ergeben sich, wie bereits erläutert, durch Vergleich der Zinszahlungen, die der Bank aus einem Kredit vertragsgemäß zufließenden, mit den Zinszahlungen von Geld- und Kapitalmarktgeschäften mit gleichem Tilgungsverlauf wie der Kredit.[159] Wird nun aus den Geld- und Kapitalmarktgeschäften statt eines tilgungs-, ein dem Kredit zahlungsstromäquivalentes Portfolio konstruiert, so ergibt sich durch diese Duplizierung der Zahlungen des Kredits der Konditionsbeitragsbarwert als Differenz der Auszahlungsbeträge zwischen GKM-Portfolio und Kredit zum Abschlusszeitpunkt. Hierzu ein Beispiel:

Gegeben sei ein zweijähriger, zu pari auszahlender endfälliger Kredit über 10.000 € mit einem Nominalzins von 8%. Die Geld- und Kapitalmarktzinsen betragen 3% für ein einjähriges Kupongeschäft und 5% für ein zweijähriges Kupongeschäft.[160]

Daraus resultieren folgende vertragsgemäßen Aus- und Einzahlungen aus dem Kredit:

Zeit-punkt	t_0	t_1	t_2
Zahlung	- 10.000,00 €	+ 800,00 €	+ 10.800,00 €

[159] Vgl. hierzu und im Folgenden SCHIERENBECK (1999a), S. 179 - 181.

[160] Eigentlich müsste an dieser Stelle der Tatsache Rechnung getragen werden, dass am Geld- und Kapitalmarkt für die Bank unterschiedlich hohe Geldanlage- und -aufnahmezinssätze gelten, der GKM also gespalten ist. Dies ist jedoch für die Ausführungen der vorliegenden Arbeit nicht weiter von Bedeutung, da die genaue Methode der Berechnung der Konditionsbeitragsbarwerte keine Auswirkungen auf das Kreditmanagementsystem hat. Daher sei der interessierte Leser an dieser Stelle auf die entsprechende Literatur verwiesen. Vgl. bspw. SCHIERENBECK (1999a), S. 124 - 143 u. 193 - 198.

Diese Zahlungen lassen sich durch folgendes Portfolio aus GKM-Geschäften duplizieren:

Zeitpunkt	t_0	t_1	t_2
zweijährige GKM-Anlage	- 10.285,71 €	+ 514,29 €	+ 10.800,00 €
einjährige GKM-Anlage	- 277,39 €	+ 285,71 €	
Summe	- 10.563,10 €	+ 800,00 €	+ 10.800,00 €

Eine Geldanlage am Geld- und Kapitalmarkt mit identischen zukünftigen Rückflüssen wie der Kredit führt für die Bank also zum Abschlusszeitpunkt zu einer um 10.563,10 € - 10.0000,00 € = 563,10 € höheren Auszahlung als der Kredit. Der Konditionsbeitragsbarwert des Kredits beträgt somit 563,10 €.

Alternativ zur Duplizierung lässt sich der Konditionsbeitragsbarwert eines Kredits auch dadurch ermitteln, dass die über die Laufzeit des Kredits (n) anfallenden Konditionsbeiträge (KB_i) mit den aus den Geld- und Kapitalmarktzinsen errechneten Zerobondabzinsfaktoren (q_i) auf den Abschlusszeitpunkt diskontiert werden. Damit lässt sich der Konditionsbeitragsbarwert eines Kredits (KBB) formelmäßig darstellen:

$$(21)\quad KBB = \sum_{i=1}^{n} q_i \cdot KB_i$$

3.3.3.2 Die Berechnung von Standardrisikokostenbarwerten

Der Standardrisikokostenbarwert eines Kredits ergibt sich im Prinzip ebenfalls durch Diskontierung der Standardrisikokosten der einzelnen Perioden auf den Zeitpunkt des Kreditabschlusses. Hier tritt jedoch die Besonderheit auf, dass Ausfallereignisse Einfluss auf die Ausfallwahrscheinlichkeit der Folgeperioden haben: Ein vollständig ausgefallener Kredit kann in späteren Perioden nicht noch einmal ausfallen. Zur Berechnung des Standardrisikokostenbarwerts eines Kredits ist die Ausfallwahrscheinlichkeit einer Periode also dahingehend zu modifizieren, dass vom Ausfallrisiko nur noch Kredite betroffen sind, die in davor liegenden Perioden noch nicht ausgefallen sind.

Die Formel zur Berechnung des Standardrisikokostenbarwerts eines Kredits ergibt sich über folgende Überlegungen:

- Der Barwert der Standardrisikokosten der Periode 1 ergibt sich als Produkt aus der Ausfallwahrscheinlichkeit in der ersten Periode W_1 und dem auf den Abschlusszeitpunkt t_0 des Kredits abgezinsten Verlust bei Ausfall des Kredits. Nimmt man an, dass die Zahlungen aus den Kreditsicherheiten in voller Höhe zum Ausfallzeitpunkt fließen - hier also am Ende der Periode 1 - so errechnet sich letzterer als Differenz aus den auf den Zeitpunkt des Kreditabschlusses abgezinsten ausgefallenen Zahlungen Z_i und den um eine Periode abgezinsten Zahlungen aus den Sicherheiten S_1:

  (22) $$V_1 = \sum_{i=1}^{n} q_i \cdot Z_i - S_1 \cdot q_1$$

  Der Standardrisikokostenbarwert der Periode 1 beträgt damit:

  (23) $$SRKB_1 = W_1 \cdot \left(\sum_{i=1}^{n} q_i \cdot Z_i - S_1 \cdot q_1 \right)$$

- In Periode 2 kann der Kredit nur noch ausfallen, wenn er in Periode 1 noch nicht ausgefallen ist. Die Ausfallwahrscheinlichkeit aus Sicht von t_0 beträgt damit:

  (24) $$W_2(t_0) = W_2 \cdot (1 - W_1)$$

  Der auf den t_0 abgezinste Verlust bei Ausfall beträgt:

  (25) $$V_2 = \sum_{i=2}^{n} q_i \cdot Z_i - S_2 \cdot q_2$$

  Somit ergibt sich als Standardrisikokostenbarwert der Periode 2 aus (24) und (25):

  (26) $$\begin{aligned} SRKB_2 &= W_2(t_0) \cdot V_2 \\ &= W_2 \cdot (1 - W_1) \cdot \left(\sum_{i=2}^{n} q_i \cdot Z_i - S_2 \cdot q_2 \right) \end{aligned}$$

- Die Überlegungen zur Berechnung des Barwerts der Standardrisikokosten der Periode 3 verlaufen analog. Die Ausfallwahrscheinlichkeit aus Sicht von t_0 beträgt:

$$(27) \quad W_3(t_0) = W_3 \cdot (1 - W_2) \cdot (1 - W_1)$$

Der abgezinste Verlust bei Ausfall ergibt sich als:

$$(28) \quad V_3 = \sum_{i=3}^{n} q_i \cdot Z_i - S_3 \cdot q_3$$

Der Standardrisikokostenbarwert der Periode 3 ergibt sich somit aus (27) und (28) als:

$$(29) \quad SRKB_3 = W_3(t_0) \cdot V_3$$
$$= W_3 \cdot (1 - W_2) \cdot (1 - W_1) \cdot \left(\sum_{i=3}^{n} q_i \cdot Z_i - S_3 \cdot q_3 \right)$$

- Die für die Berechnung des Standardrisikokostenbarwerts der Perioden 1 bis 3 durchgeführten Überlegungen lassen sich fortsetzen bis zur Periode n, der letzten Periode, aus dem bei vertragsgemäßem Verlauf eine Zahlung aus dem Kredit geflossen wäre. Die Ausfallwahrscheinlichkeit dieser letzten Periode aus Sicht von t_0 beträgt:

$$(30) \quad W_n(t_0) = W_n \cdot \prod_{j=1}^{n-1} (1 - W_j)$$

Der abgezinste Verlust bei Ausfall ergibt sich als:

$$(31) \quad V_n = \sum_{i=n}^{n} q_i \cdot Z_i - S_n \cdot q_n$$

Der Standardrisikokostenbarwert der Periode n ergibt sich somit aus (30) und (31) als:

$$(32) \quad SRKB_n = W_n(t_0) \cdot V_n$$
$$= W_n \cdot \prod_{j=1}^{n-1} (1 - W_j) \cdot \left(\sum_{i=n}^{n} q_i \cdot Z_i - S_n \cdot q_n \right)$$

Der gesamte Standardrisikokostenbarwert des Kredits entspricht nun der Summe der Standardrisikokostenbarwerte der einzelnen Perioden. Aus (23), (26), (29) und (32) folgt also:

$$(33)\quad SRKB = W_1 \cdot \left(\sum_{i=1}^{n} q_i \cdot Z_i - S_1 \cdot q_1 \right) + W_2 \cdot (1 - W_1) \cdot \left(\sum_{i=2}^{n} q_i \cdot Z_i - S_2 \cdot q_2 \right) + W_3 \cdot (1 - W_2) \cdot (1 - W_1) \cdot \left(\sum_{i=3}^{n} q_i \cdot Z_i - S_3 \cdot q_3 \right) + \ldots + W_n \cdot \prod_{j=1}^{n-1} (1 - W_j) \cdot \left(\sum_{i=n}^{n} q_i \cdot Z_i - S_n \cdot q_n \right)$$

Definiert man hilfsweise W_0 als Wahrscheinlichkeit, dass der Kredit vor dem Zeitpunkt t_0 ausfällt und setzt diese auf Null[161], so lässt sich Formel (33) vereinfachen zu:

$$(34)\quad SRKB = \sum_{i=1}^{n} \left(W_i \cdot \prod_{j=0}^{i-1} (1 - W_j) \cdot \left(\sum_{k=i}^{n} q_k \cdot Z_k - S_i \cdot q_i \right) \right)$$

3.3.3.3 Die Berechnung von Betriebskostenbarwerten

Neben der Berechnung von Konditionsbeitragsbarwerten und Standardrisikokostenbarwerten interessiert zur Ermittlung der durch einen Kredit ausgelösten Shareholder Value-Änderung gemäß Gleichung (19) auch die Berechnung von Betriebskostenbarwerten. Für einen Kredit sind also der Barwert des in den einzelnen Perioden zu erwartenden Betreuungsaufwands BA_i und der Barwert der in den Perioden anfallenden sonstigen Betriebskosten BKK_i zu ermitteln. Für Kreditderivate ist gemäß Gleichung (20) der Barwert der periodisch anfallenden Betriebskosten BKD_i zu bestimmen. Die Ermittlung der Betriebskostenbarwerte soll in der vorliegenden Arbeit durch Abzinsen der periodischen Kosten auf den

---

[161] Dies ist legitim: Ist der Kredit noch nicht ausgefallen, so beträgt die Wahrscheinlichkeit, dass er vor t_0, also in der Vergangenheit ausfällt, natürlich Null. Ist der Kredit dagegen in der Vergangenheit bereits ausgefallen, macht es keinen Sinn mehr, Standardrisikokosten für diesen zu kalkulieren.

Abschlusszeitpunkt des Kredits bzw. Kreditderivats mittels der am Geld- und Kapitalmarkt geltenden Zinssätze erfolgen. Es gilt also:

(35) $$\textit{Barwert des Betreuungsaufwands eines Kredits} = \sum_{i=1}^{n} q_i \cdot BA_i$$

(36) $$\textit{Barwert der sonstigen Betriebskosten eines Kredits} = \sum_{i=1}^{n} q_i \cdot BKK_i$$

(37) $$\textit{Barwert der Betriebskosten eines Kreditderivats} = \sum_{i=1}^{n} q_i \cdot BKD_i$$

Diese Berechnungsmethodik stellt eine Vereinfachung dar und ist nicht ganz korrekt: Die Betriebskosten hängen eigentlich von den Kreditausfällen ab, denn wenn ein Kredit ausgefallen ist, so werden Kredit bzw. Kreditderivat abgewickelt. Periodische Betriebskosten fallen dann - soweit sie durch die Bank abbaubar sind - nicht mehr an, allenfalls ein Einmalaufwand für die Abwicklung. Eine Einbeziehung der Ausfallabhängigkeit der Betriebskosten würde die Analyse jedoch auf Grund von Rückkopplungseffekten (der Betreuungsaufwand beeinflusst die Ausfallwahrscheinlichkeit des Kredits, diese wiederum hat Einfluss auf den Betreuungsaufwand) erheblich verkomplizieren. Deshalb soll dieser Sachverhalt in der Arbeit vernachlässigt werden. Dies erscheint insofern gerechtfertigt, als es sich beim durch die Kreditabwicklung anfallenden Einmalaufwand und dem Wegfall der abbaubaren Betriebskosten um gegenläufige Effekte handelt: Der erste Effekt erhöht den Verlust der Bank bei Kreditausfall, der zweite Effekt senkt ihn im Vergleich zu Situation der vertragsgemäßen Zins- und Tilgungszahlung. Damit kompensieren sich die beiden Effekte zumindest tendenziell.

3.3.3.4 Die Berechnung von Mindestertragsbarwerten

Die Berechnung von Mindestertragsbarwerten ist nötig, um den Mindestwert zu ermitteln, den die diskontierten Einzahlungsüberschüsse eines Kredits übersteigen müssen, um den Shareholder Value einer Bank zu steigern. Dieser Mindestwert ergibt sich als Barwert der aus den Renditeforderungen der Eigenkapitalgeber errechneten Mindesterträge. Diese Mindesterträge werden über die Zinsstruktur des Geld- und Kapitalmarkts auf den Abschlusszeitpunkt des Kredits diskontiert. Dabei ist zu beachten, dass die Mindesterträge über die Perioden nicht konstant bleiben, sondern sich von Jahr zu Jahr ändern, da sich auch der jährliche Value at Risk VaR_i ändert, weil in der Regel sukzessive weitere Zahlungen durch den Kreditschuldner geleistet werden und aus der Berechnung des zukünftigen Risikos herausfallen. Unter Zuhilfenahme von Formel (18), S. 75, welche den Mindestertrag einer Periode spezifiziert, ergibt sich folgender Barwert der Mindesterträge für einen Kredit:

$$(38) \quad \sum_{i=1}^{n} q_i \cdot ZielRORAC \cdot \beta' \cdot VaR_i$$

Fazit zur Messung des Shareholder Value-Beitrags von Krediten bzw. Kreditderivaten

Der Beitrag eines Kredits zum Shareholder Value einer Bank ergibt sich unter Anwendung des Barwertkonzepts gemäß Formel (19) zu:

$$
\begin{aligned}
(19) \quad \Delta SHV = \; & \textit{Konditionsbeitragsbarwert} \\
& - \textit{Barwert des Betreuungsaufwands} \\
& - \textit{Barwert der sonstigen Betriebkosten des Kredits} \\
& - \textit{Standardrisikokostenbarwert} \\
& - \textit{Barwert der zu erwirtschaftenden Mindesterträge}
\end{aligned}
$$

Als Ergebnis der in den vorangegangenen Kapiteln erfolgten Berechnung der Komponenten dieser Formel, lässt sich dieser Shareholder Value-Beitrag mit Hilfe der Formeln (21), (34), (35), (36) und (38) zu folgendem Ausdruck konkretisieren:

$$(39)\quad \Delta SHV = \sum_{i=1}^{n} q_i \cdot KB_i$$

$$- \sum_{i=1}^{n} q_i \cdot BA_i$$

$$- \sum_{i=1}^{n} q_i \cdot BKK_i$$

$$- \sum_{i=1}^{n} \left(W_i \cdot \prod_{j=0}^{i-1} (1 - W_j) \cdot \left(\sum_{k=i}^{n} q_k \cdot Z_k - S_i \cdot q_i \right) \right)$$

$$- \sum_{i=1}^{n} q_i \cdot ZielRORAC \cdot \beta' \cdot VaR_i$$

Ebenso lässt sich nun Beitrag eines Kreditderivats zum Shareholder Value einer Bank konkretisieren. Ausgangspunkt ist hierbei die Formel (20) für den Shareholder Value-Beitrag eines Kreditderivats:

(20) *ΔSHV* = *Standardrisikokostenbarwert des abzusichernden Kredits*

- *Prämie des Derivats (an Kontraktpartner zu zahlen)*
- *Barwert der Betriebskosten des Derivats*
- *Barwert der eingesparten Mindesterträge des Kredits*

Dieser Ausdruck lässt sich als Ergebnis der Ausführungen des Kapitels 3.3.3 gemäß der Formeln (34), (37) und (38) berechnen als:

$$(40)\quad \Delta SHV = \sum_{i=1}^{n} \left(W_i \cdot \prod_{j=0}^{i-1} (1 - W_j) \cdot \left(\sum_{k=i}^{n} q_k \cdot Z_k - S_i \cdot q_i \right) \right)$$

$$- \textit{Prämie Derivat}$$

$$- \sum_{i=1}^{n} q_i \cdot BKD_i$$

$$- \sum_{i=1}^{n} q_i \cdot ZielRORAC \cdot \beta' \cdot VaR_i$$

3.3.4 Ermittlung der zur Erfolgs- und Risikomessung nötigen Daten

Da die Qualität des zu entwickelnden Kreditmanagementsystems gemäß den in Kapitel 1.4.1 aufgestellten Anforderungen u.a. daran gemessen werden soll, inwieweit diesem objektive bzw. intersubjektiv überprüfbare Daten als Basis zu Grunde liegen, ist zu untersuchen, welche Daten eine Bank zur Messung des Shareholder Value-Beitrags von Krediten bzw. Kreditderivaten benötigt und wie diese Daten von der Bank zu ermitteln sind. Dies soll im Folgenden geschehen. Hierbei soll zunächst ausgeführt werden, welche Daten der Bank zur Shareholder Value-Berechnung zur Verfügung stehen müssen. Darauf folgend soll dann analysiert werden, inwieweit diese benötigten Daten von einer Bank problemlos zu erheben sind.

Zur Shareholder Value-Berechnung nötige Daten

Zur Ermittlung der durch den Abschluss von Krediten bzw. Kreditderivaten ausgelösten Änderung des Shareholder Value einer Bank sind gemäß den Formeln (39) bzw. (40) folgende Daten zu ermitteln:

- Zur Berechnung des Konditionsbeitragsbarwerts eines Kredits - und zur Barwertberechnung allgemein - werden die am Geld- und Kapitalmarkt herrschenden Zinssätze benötigt.

- Zur Ermittlung des Standardrisikokostenbarwerts eines Kredits muss zusätzlich bekannt sein,

  - wie hoch die Wahrscheinlichkeit jeweils ist, dass der Kredit in den einzelnen Perioden seiner Laufzeit ausfällt,

  - wie hoch der Verlust ist, welcher der Bank bei Ausfall des Kredits in einer bestimmten Periode jeweils entsteht und

  - wie hoch der erwartete Wert der Sicherheiten ist, den die Bank bei Ausfall des Kredits in einer bestimmten Periode erzielen kann.

- Zur Berechnung der Betriebskostenbarwerte müssen ferner der in den einzelnen Perioden erwartete Betreuungsaufwand und die erwarteten sonstigen Betriebskosten eines Kredits bzw. die erwarteten periodischen Betriebskosten eines Kreditderivats vorliegen.

- Um feststellen zu können, welchen Mindestertragsbarwert ein Kredit erwirtschaften muss, um die Renditeforderungen der Eigenkapitalgeber zu erfüllen, müssen der Ziel-RORAC der Bank, der β'-Faktor des Kredits und der Value at Risk des Kredits ermittelt werden:

  ◊ Zur Ermittlung des Ziel-RORAC der Bank sind gemäß der Formeln (14) und (11) das Gesamtrisiko (bzw. das Gesamtrisikolimit) der Bank, die von den Eigenkapitalgebern geforderte Mindestrendite und der Marktwert des Eigenkapitals der Bank zu bestimmen. Soll die geforderte Mindestrendite über das CAPM bestimmt werden, so müssen hierzu gemäß Formel (10) der β-Faktor der Bankaktie, die risikolose Verzinsung, sowie die erwartete Rendite des Marktportfolios bekannt sein. Der β-Faktor wiederum ergibt sich aus den Standardabweichungen der Renditen von Bankaktie und Marktportfolio und der Korrelation der Bankaktie mit dem Marktportfolio.

  ◊ Der β'-Faktor lässt sich aus den Standardabweichungen der Renditen von Kredit und Kreditportfolio der Bank und deren Korrelationskoeffizient errechnen.

  ◊ Zur Messung des Value at Risk eines Kredits sind Szenarien über zukünftig mögliche Ausfallquoten sowie die dazugehörigen Eintrittswahrscheinlichkeiten zu erstellen.

- Die Prämie, welche die Bank an den Kontraktpartner des Derivats zu zahlen hat, ist direkt zu erheben, hierzu sind keine weiteren Daten nötig.

Ermittlung der nötigen Daten

Wie die folgenden Überlegungen zeigen, ist der Großteil dieser benötigten Daten von einer Bank entweder durch die Extrapolation von Vergangenheitsdaten - eventuell ergänzt um Expertenschätzungen - zu ermitteln oder es handelt sich hierbei um aktuelle Marktpreise bzw. -daten:

a) Ermittlung der zur Berechnung des Konditionsbeitragsbarwerts eines Kredits nötigen Daten

Die Geld- und Kapitalmarktzinsen, die zur Diskontierung der Zahlungen des Kredits und damit zur Berechnung des Konditionsbeitragsbarwerts benötigt werden, lassen sich direkt am Markt beobachten. Existieren am Markt mehrere Zinssätze für dieselbe Laufzeit, so hat die Bank auszuwählen, welche dieser Zinssätze sie für die Diskontierung verwendet. Aktivseitig werden hierbei sinnvollerweise Zinssätze verwendet, die AAA-geratete Schuldner zahlen (also z.B. Renditen von Bundesanleihen), da diese keinen Ausfallrisiken unterliegen.[162] Passivseitig werden als GKM-Vergleichszinsen diejenigen Zinssätze zur Kalkulation der Konditionsbeitragsbarwerte herangezogen, welche die Bank auf Grund ihrer Bonität am Geld- und Kapitalmarkt zahlen muss.

b) Ermittlung der zur Berechnung des Standardrisikokostenbarwerts eines Kredits nötigen Daten

Die zur Ermittlung des Standardrisikokostenbarwerts eines Kredits nötige Prognose der Ausfallfallwahrscheinlichkeit des Kredit in den einzelnen Perioden seiner Laufzeit ergibt sich aus der Bonitätsprüfung des Kreditschuldners.[163] Im Rahmen dieser Bonitätsprüfung wird der Schuldner in eine Bonitätsklasse eingeordnet. Die durchschnittliche Ausfallrate der bisher von der Bank in dieser Kategorie vergebenen Kredite stellt eine sinnvolle Schätzung der Ausfallwahrscheinlichkeit des Kredits dar. Handelt es sich bei dem Kreditschuldner um ein geratetes Unternehmen, lässt sich die Ausfallwahrscheinlichkeit alternativ aus dem Rating des Unternehmens ermitteln. Hierzu werden von den Ratingagenturen Statistiken veröffentlicht, die auf Vergangenheitsdaten basieren.[164] Problematisch an der Ermittlung der Kreditausfallwahrscheinlichkeiten aus Vergangenheitsdaten ist jedoch, dass Kreditausfälle in der Regel im Zeitablauf konjunkturbedingt schwanken.[165] Um die Wahrscheinlichkeiten zu ermitteln, mit denen ein Kredit in den einzelnen Perioden der Kreditlaufzeit jeweils ausfällt müsste die Bank daher eigentlich für jede der Phasen des Konjunkturzyklus die Ausfallwahrscheinlichkeit gesondert ermitteln und dann prognostizieren, welche Konjunkturphasen während der Kreditlaufzeit zu erwarten sind. Dies ist jedoch aus zwei Gründen problembehaftet und wird daher in Banken nicht praktiziert: Erstens liegen Banken in der Regel nicht genügend historischen Daten zu Kreditausfällen vor, um daraus nicht nur für jede Kreditkategorie son-

---

[162] Vgl. hierzu und im Folgenden SCHIERENBECK (2001a), S. 231f..

[163] Vgl. hierzu und im Folgenden MANZ (1998), S. 127f., 148f. und 158f..

[164] Vgl. POPPENSIECKER (1997), S. 104f.; MANZ (1998), S. 148f.; KASSBERGER / WENTGES (1999), S. 29 - 34.

[165] Vgl. hierzu und im Folgenden HUSCHENS / LOCAREK-JUNGE (2002), S. 107.

dern zusätzlich noch für jede Konjunkturphase separat eine valide Kreditausfallwahrscheinlichkeit ermitteln zu können und zweitens sind Konjunkturprognosen über mehrere Jahre hinweg relativ ungenau.

Der Verlust, den eine Bank erleidet, wenn ein Kredit in einer Periode ausfällt, ergibt sich aus den ihr vertragsgemäß zustehenden Zahlungen: Fällt ein Kredit aus, so erhält die Bank die vertragsgemäß noch fälligen Zins- und Tilgungszahlungen des Kreditschuldners nicht mehr (bei Vollausfall des Kredits) bzw. nur noch zum Teil (bei Teilausfall des Kredits). Es entsteht ihr dementsprechend ein Verlust in Höhe des Barwerts der ausgefallenen Zahlungen. Um diesen errechnen zu können, muss die Bank bei Kreditabschluss prognostizieren, wie viel Prozent der ihr vertragsgemäß zustehenden Zahlungen sie bei einem Kreditausfall noch zu erhalten erwartet und wie viel Prozent erwartungsgemäß ausfallen. Eine solche Prognose erfolgt in der Praxis aus Vergangenheitsdaten, d.h. die Bank ermittelt, wie viel Prozent der ausstehenden Zins- und Tilgungszahlungen in der Vergangenheit im Durchschnitt bei einem Kreditausfall uneinbringlich waren und wie viel Prozent noch bedient werden konnten.

Zur Berechnung des Standardrisikokostenbarwerts muss die Bank neben der Ausfallwahrscheinlichkeit des Kredits und dem Verlust bei Kreditausfall schließlich noch prognostizieren, welche Zahlungen sie durch die Verwertung von Sicherheiten erwarten kann, wenn der Kredit in einer Periode ausfällt. Bei Sachsicherheiten bietet es sich an, als Prognose des Barwerts dieser Zahlungen die Summe der aktuellen Marktwerte der als Sicherheit begebenen Gegenstände, Forderungen oder sonstigen Vermögenspositionen anzusetzen. Ist bei Kreditabschluss bereits eine Veränderung dieser Marktwerte absehbar - z.B. durch die zu erwartende Abnutzung einer als Sicherheit begebenen Maschine - so ist diesem Sachverhalt bei der Prognose natürlich Rechnung zu tragen. Bei Personensicherheiten besteht das Problem, dass diese nicht handelbar sind und somit keine Marktwerte existieren. Um zu ermitteln, welche Zahlungen aus Personensicherheiten zu erwarten sind, muss die Bank daher eine detaillierte Prüfung der Bonität der Sicherungsgeber dieser Personensicherheiten und ihres als Sicherheit dienenden Vermögens durchführen.

c) Ermittlung der zur Berechnung der Betriebskostenbarwerte von Krediten bzw. Kreditderivaten nötigen Daten

Zur Ermittlung der Betriebskostenbarwerte von Krediten bzw. Kreditderivaten ist, wie bereits erwähnt, für jeden Kredit bzw. jedes Kreditderivat bei Abschluss des Geschäfts zu ermitteln, welche Betriebskosten erwartungsgemäß in den einzelnen Perioden der Laufzeit anfallen. Diese erwarteten Betriebskosten lassen sich prinzipiell als Durchschnittswerte aus den Vergangenheitsdaten der Kostenrechnung schätzen. Hier ergibt sich allerdings das Problem der Gemeinkostenverrechnung: Bei den Betriebskosten von Krediten bzw. Kreditderivaten handelt es größtenteils um Personalkosten, die als Gemeinkosten auf die einzelnen Kredite bzw. Derivate verrechnet werden müssen.[166] Eine verursachungsgerechte Verteilung dieser Gemeinkosten dürfte in den meisten Fällen jedoch nicht möglich sein, so dass hier mehr oder minder willkürliche Schlüsselungen vorgenommen werden müssen.[167] Da, wie erwähnt, hauptsächlich Personalkosten anfallen, bietet es sich an, diese Kosten über die Zeit zu schlüsseln, welche die Bankmitarbeiter für die Betreuung bzw. Verwaltung der Engagements aufwenden. Wenn also bspw. ein Bankmitarbeiter mit einem Monatsgehalt von brutto 5.000 € in der Vergangenheit durchschnittlich 20% seiner monatlichen Arbeitszeit auf die Kreditbetreuung und -verwaltung verwendet hat und dabei durchschnittlich 50 Kredite bearbeitete, dann betragen die für einen Kredit zu erwartenden Betriebskosten monatlich 20 €:

$$\frac{5.000\,\text{Euro / Monat}}{50\,\text{Kredite}} \cdot 20\% = 20\,\text{Euro / Monat und Kredit}$$

Neben der Gemeinkostenschlüsselung ergibt sich bei Krediten zusätzlich das Problem, die erwarteten Betriebskosten in Betreuungsaufwand und sonstige Betriebskosten zu unterscheiden. Hierzu muss die Bank wissen,

- welche Aktivitäten der Bank die Ausfallwahrscheinlichkeit eines Kredits beeinflussen (diese führen annahmegemäß zu Betreuungsaufwand) und welche nicht (diese sind mit sonstigen Betriebskosten verbunden) und

- wie hoch die jeweils mit diesen Aktivitäten verbundenen Kosten sind.

---

166 Vgl. MÜLLER-GEBEL (1994), S. 269 - 271; SCHMOLL (1997), S. 26 - 28.

167 Vgl. WIMMER (1996), S. 214 - 216; SCHIERENBECK (2001a), S. 355.

Zu ersterem Punkt dürften Banken lediglich plausible Schätzungen anstellen können, z.B. dahingehend, dass eine Managementberatung die Kreditausfallwahrscheinlichkeit wohl beeinflussen dürfte, das Ausfüllen eines Kreditformulars dagegen wahrscheinlich nicht. Statistisch valide Daten über den Zusammenhang zwischen einzelnen Bankaktivitäten und der Ausfallwahrscheinlichkeit von Kredite dürften den Banken jedoch kaum vorliegen.

Bei der Bezifferung der mit den einzelnen Bankaktivitäten verbundenen Kosten tritt wiederum das Problem der Gemeinkostenschlüsselung auf. Zwar lassen sich die Kosten einzelner Maßnahmen (z.B. einer Managementberatung) prinzipiell wiederum aus Kostenrechnungsdaten der Vergangenheit ermitteln. Jedoch ergibt sich hier die Schwierigkeit, dass die für die Kreditbetreuung und -verwaltung in einer Periode angefallenen Gemeinkosten nicht nur auf die einzelnen Kredite, sondern zusätzlich noch auf einzelne Bankaktivitäten zu verrechnen sind.

Insgesamt ist zu konstatieren, dass sowohl die Berechnung der aus einem Kredit bzw. Kreditderivat zu erwartenden Betriebskosten, als auch die Aufteilung der Betriebskosten eines Kredits in Betreuungsaufwand und sonstige Betriebskosten nicht exakt, sondern nur schätzungsweise möglich sind.

d) Ermittlung der zur Berechnung des Barwerts der von einem Kredit zu erwirtschaftenden Mindesterträge nötigen Daten

Zur Bestimmung des Mindestertragsbarwerts eines Kredits muss, wie erwähnt, zunächst der Ziel-RORAC der Bank bekannt sein. Seine Ermittlung basiert auf der von den Eigenkapitalgebern geforderten Mindestrendite. Wird diese über das CAPM durchgeführt, so lässt sie sich aus Vergangenheitsdaten bzw. Marktdaten errechnen:

- Die zur Berechnung notwendige risikolose Verzinsung ergibt sich aus Marktkonditionen. Hier wird in der Praxis oft die Rendite von Staatsanleihen mittlerer bis langer Laufzeit angesetzt.[168]

[168] Vgl. RICHTER (1996), S. 258 - 260.

- Die ebenfalls in die Berechnung der Renditeforderung einfließende erwartete Rendite des Marktportfolios ergibt sich aus Vergangenheitsdaten: Es wird der in der Vergangenheit zu beobachtende Erwartungswert herangezogen, eventuell korrigiert um eine Trendextrapolation.[169] Problematisch ist jedoch die Bestimmung des Marktportfolios selbst.[170] Dieses besteht eigentlich aus allen weltweit verfügbaren Investitionsmöglichkeiten. Da eine Bank jedoch unmöglich die erwarteten Renditen all dieser Investitionsmöglichkeiten erheben kann, muss sie zur Berechnung im Rahmen des CAPM ein Substitut für das eigentliche Marktportfolio wählen, z.B. eine Mischung internationaler Indizes. Die Eignung des gewählten Substituts als Berechnungsgrundlage für die von den Eigenkapitalgebern geforderte Rendite muss die Bank mittels Back-Testing wiederum aus Vergangenheitsdaten ermitteln.

- Die zur Berechnung des β-Faktors nötigen Standardabweichungen der Renditen von Bankaktie und Marktportfolio und deren Korrelation lassen sich ebenfalls aus historischen Daten errechnen.[171]

Neben der von den Eignern geforderten Mindestrendite fließen in die Berechnung des Ziel-RORAC noch der Marktwert des Eigenkapitals und das Risikolimit der Gesamtbank ein. Erstere Größe lässt sich als Differenz der Marktwerte der Bankaktiva und des Fremdkapitals der Bank errechnen, ergibt sich also prinzipiell aus Marktdaten. Für einige Aktiva bzw. Fremdkapitalpositionen - bspw. Kundeneinlagen - dürften allerdings keine Marktwerte vorliegen, da sie nicht handelbar sind. Hier ist eine Berechnung der Barwerte der aus diesen Positionen zu erwartenden Zahlungen durch Diskontierung dieser Zahlungen mittels der Zinsstruktur des Geld- und Kapitalmarkts nötig.

Das Risikolimit der Gesamtbank dagegen ergibt sich weder aus Markt- noch aus Vergangenheitsdaten. Vielmehr muss hier die Geschäftsleitung der Bank gemäß ihrer Risikoneigung entscheiden, wie viel Prozent des Eigenkapitalmarktwerts der Bank als Risikokapital auf die Geschäftseinheiten der Bank verteilt werden soll und damit in die Berechnung des Ziel-RORACs eingeht und wie viel Prozent als Puffer für extreme Marktentwicklungen vorgehalten werden soll.[172]

---

[169] Vgl. RICHTER (1996), S. 258 - 260.

[170] Vgl. hierzu und im Folgenden SCHIERECK / WEBER (2000).

[171] Vgl. RICHTER (1996), S. 266f..

[172] Vgl. hierzu auch Kapitel 3.3.2.2, S. 45f..

Neben dem Ziel-RORAC sind für die Ermittlung des von einem Kredit zu erwirtschaftenden Mindestertragsbarwerts der β'-Faktor des Kredits und sein Value at Risk zu bestimmen. Zur Berechnung des β'-Faktor des Kredits sind die Standardabweichungen von Kredit und Kreditportfolio der Bank und deren Korrelation zu ermitteln. Diese können aus Vergangenheitsdaten gewonnen werden. Allerdings dürften diese Vergangenheitsdaten nicht für einen einzelnen Kredit vorliegen, da dazu die Datenhistorie in der Regel nicht ausreichen dürfte (hierzu müsste an den selben Schuldner in der Vergangenheit mehrfach ein Kredit zu den exakt selben Konditionen vergeben worden sein, was unwahrscheinlich sein dürfte). Die benötigten Daten lassen sich daher nur pauschal für ganze Kategorien von Krediten bestimmen.[173] Es ist damit eine Annahme dahingehend nötig, dass sich diese Daten für Kredite derselben Kategorie nicht oder zumindest nicht wesentlich unterscheiden.

Die zur Ermittlung des Value at Risk eines Kredits nötigen Szenarien lassen sich schließlich ebenfalls mit Hilfe von Vergangenheitsdaten aufstellen, z.B. über eine historische Simulation.[174] Hierbei ist allerdings zu erwähnen, dass in diesem Zusammenhang bei vielen Banken das Problem der Datenverfügbarkeit auftritt.[175] Für die Aufstellung der Szenarien ist umfangreiches historisches Datenmaterial über größere Zeiträume notwendig, dass bei Banken in vielen Fällen (noch) nicht vorliegt. Aus diesem Grund müssen sich Banken häufig mit relativ ungenauen Schätzungen begnügen.

e) Ermittlung der zur Berechnung der Derivateprämie nötigen Daten

Die von der Bank an den Kontraktpartner eines Kreditderivats zu zahlende Prämie ergibt sich aus den Marktkonditionen. Sie entspricht dem Betrag, den der Vertragspartner für die Risikoübernahme verlangt.

Fazit zur Ermittlung der zur Erfolgs- und Risikomessung nötigen Daten:

Bei den zur Erfolgs- und Risikomessung nötigen Daten handelt es sich größtenteils um Marktdaten oder um Größen, die aus Vergangenheitsdaten geschätzt

---

173 Vgl. hierzu bspw. OFFERMANN (2001), S. 127f..
174 Vgl. SCHIERENBECK (1999b), S. 29 - 38.
175 Vgl. hierzu und im Folgenden SCHULZE (2001), S. 88f..

werden können. Allerdings tritt dabei häufig das Problem auf, dass auf Grund einer unzureichenden Datenhistorie bzw. auf Grund statistisch nicht gesicherter Zusammenhänge keine exakte Datenermittlung, sondern nur mehr oder minder genaue Schätzungen möglich sind, so z.B. bei der Bestimmung der Ausfallwahrscheinlichkeit eines Kredit, der Prognose des Werts von Personensicherheiten, der Ermittlung der Betriebskosten eines Kredits bzw. Derivats oder der Value at Risk-Berechnung eines Kredits.

4 Das Grundmodell eines anforderungsgerechten Kreditmanagementsystems

In den vorangegangenen Kapiteln wurden die für die Aufstellung eines Kreditmanagementsystems notwendigen begrifflichen und inhaltlichen Grundlagen gelegt und wurde insbesondere erläutert, wie die durch den Abschluss eines Kredits bzw. eines Kreditderivats hervorgerufene Änderung des Shareholder Value einer Bank zu messen ist. Auf dieser Basis soll nun ein aus ex ante-Kalkulation und ex post-Erfolgszurechnung bestehendes Kreditmanagementsystem entworfen werden, das den in Kapitel 1.4.1 aufgestellten Anforderungen genügt.

Die Aufstellung dieses Kreditmanagementsystems soll dabei in zwei Stufen geschehen:

- In diesem Kapitel der Arbeit (Kapitel 4) soll aus didaktischen Gründen zunächst ein Grundmodell entwickelt werden. Dieses Grundmodell bildet den Kern des Kreditmanagementsystems.
- Im nächsten Hauptkapitel (Kapitel 5) werden die Prämissen des Grundmodells dann so modifiziert, dass das Modell zu einem kompletten Kreditmanagementsystem erweitert wird.

Bei der Aufstellung des Grundmodells des Kreditmanagementsystems soll wie folgt verfahren werden:

- Zunächst sollen in Kapitel 4.1 die Prämissen erläutert werden, denen das Grundmodell unterliegt.
- Auf Basis dieser Prämissen soll dann in Kapitel 4.2 das Grundmodell entwickelt werden.
- In Kapitel 4.3 soll schließlich erläutert werden, wie das entwickelte Konzept sinnvoll organisatorisch auszugestalten ist.

4.1 Prämissen des Grundmodells

Die Prämissen, denen das zu entwerfende Grundmodell des Kreditmanagementsystems unterliegen soll, betreffen zum Einen die Teilrisiken des Kreditausfallrisikos, die in das Modell inkorporiert werden und zum Anderen die Kreditderivate, die zur Risikoabsicherung eingesetzt werden.

a) Prämissen bezüglich der betrachteten Teilrisiken

Im Grundmodell sollen nicht alle Teilrisiken des Kreditausfallrisikos berücksichtigt werden, die im Kapitel 2.1 erläutert wurden.[176] Es gelten vielmehr folgende Prämissen:

- Alle vom Kreditschuldner zu leistenden Zahlungen erfolgen entweder zum vertragsgemäß fälligen Zeitpunkt oder - bei Kreditausfall - gar nicht. Ein Risiko verspäteter Zahlungen existiert im Grundmodell also nicht.
- Kredite fallen immer nur vollständig aus, die Bank erhält neben den Kreditsicherheiten bei Kreditausfall keine weiteren Zahlungen vom Kreditschuldner. Es besteht also annahmegemäß kein Risiko eines Teilausfalls des Kredits.
- Der Bank ist bereits bei Kreditabschluss bekannt, welchen Barwert sie aus der Sicherheitenverwertung erzielen wird, wenn der Kredit in einer Periode ausfällt. Es ist damit zwar möglich, dass der Wert der Kreditsicherheiten sich während der Kreditlaufzeit verändert - etwa in Form eines inflationsbedingten Wertzuwachses einer Immobilie. Diese Wertentwicklung sei der Bank jedoch bereits bei Kreditabschluss mit Sicherheit bekannt. Ein Sicherheitenrisiko besteht also nicht.
- Die Bank hat bei Kreditabschluss nur Informationen über die aktuelle Bonität des Kreditnehmers, nicht jedoch über mögliche Bonitätsänderungen während der Kreditlaufzeit. Damit kann die Bank zwar ex post reagieren, wenn sich der Wert eines Kredits während der Laufzeit bonitätsbedingt ändert. Die Einbeziehung des Risikos einer Bonitätsänderung des Kreditschuldners in die ex ante-Kalkulation erfolgt jedoch nicht.

---

[176] Vgl. S. 46f..

b) Prämissen bezüglich der zur Risikoabsicherung eingesetzten Kreditderivate

Die zweite Gruppe von Annahmen, denen das im Folgenden zu entwickelnde Grundmodell unterliegt, betrifft die Kreditderivate, die zur Absicherung gegen das Kreditausfallrisiko von der Kreditportfoliosteuerung eingesetzt werden.[177] Hier gelten folgende Prämissen:

- Will die Bank das Ausfallrisiko eines Kredits absichern, so setzt sie hierfür Credit Default Options ein, die nur bei Kreditausfall eine Zahlung leisten. Dies bedeutet, dass die Bank einem Kontraktpartner bei Derivateabschluss einmalig eine Derivateprämie zahlt und von diesem dann bei Kreditausfall eine im Derivatevertrag vereinbarte, ebenfalls einmalige Zahlung erhält.

- Die Bank schließt lediglich Kreditderivate auf Einzelkredite, nicht jedoch auf Kreditpools ab. Da Derivate auf Kreditpools jedoch einfach als ein Portfolio von Derivaten auf die den Kreditpool konstituierenden Einzelkredite aufgefasst werden können, stellt diese Prämisse keine einschränkende Annahme des Grundmodells dar.

- Schließlich wird im Grundmodell postuliert, dass durch Kreditderivate das Kreditausfallrisiko eines Kredits vollständig abgesichert wird. Dies bedeutet zum Einen, dass die vom Kontraktpartner bei Kreditausfall an die Bank zu leistende Zahlung exakt dem Verlust entspricht, den die Bank durch den Kreditausfall erleidet. Zum Anderen wird damit unterstellt, dass die Kreditderivate selbst keinem Ausfallrisiko unterliegen, der Kontraktpartner des Derivats also bei Kreditausfall seine fällige Leistung mit Sicherheit erbringt.

4.2 Entwicklung des Grundmodells

Im Folgenden soll das Grundmodell des Kreditmanagementsystems entwickelt werden. Hierbei ist zum Einen ein ex ante-Kalkulationssystem zu entwerfen, das den organisatorischen Einheiten der Bank – in der vorliegenden Arbeit also den Filialen, der Kreditportfoliosteuerung und der Problemkreditabteilung – Kalkulationsgrundlagen für ihre Entscheidungen im Kreditprozess liefert. Zum

---

[177] Vgl. zu den Arten von Kreditderivaten Kapitel 2.3, S. 50f..

Anderen ist darauf aufbauend ein System zur Erfolgszurechnung aufzustellen, mit dem den Akteuren die angefallenen Erfolge – seien diese nun positiv oder negativ - zugerechnet werden können. Hauptanforderung an diese beiden zu entwickelnden Teilsysteme ist, dass sie den am Kreditprozess beteiligten organisatorischen Einheiten der Bank Steuerungsimpulse dahingehend liefern, dass diese nur Entscheidungen treffen, die den Shareholder Value der Bank erhöhen. Dabei wird für die vorliegende Arbeit angenommen,

- dass die jeweils zuständigen organisatorischen Einheiten immer dann bereit sind, die Verantwortung für die Betreuung und / oder das Ausfallrisiko eines Kredits bzw. für die Zahlungen aus einem Kreditderivat zu übernehmen, wenn sie erwarten, dass daraus positive Erfolgszurechnungen für sie resultieren und

- dass die Akteure sich für die Verringerung ihrer Verantwortung entscheiden – also bereit sind, die Ausfallrisiko- und / oder Betreuungsverantwortung an eine andere Organisationseinheit abzugeben – wenn sie sich dadurch nicht schlechter stellen, sie also per Saldo damit rechnen, dass sich die ihnen zukünftig zugerechneten Erfolge nicht verringern.

Bei der Entscheidung, ob bspw. die Betreuungsverantwortung für einen Problemkredit von der kreditabschließenden Filiale auf die Problemkreditabteilung übergehen soll, wird die Problemkreditabteilung dieser Betreuungsübergabe also zustimmen, wenn sie sich davon positive Erfolgszurechnungen verspricht, während die Filiale lediglich fordern wird, dass die ihr per Saldo zugerechneten Erfolge durch den Verlust der Betreuungsverantwortung nicht geringer werden.

Damit sind zur Entwicklung des Kreditmanagementsystems all jene Entscheidungen im Kreditprozess zu analysieren, bei denen sich eventuell eine Veränderung der Verantwortlichkeiten bei einer oder mehreren organisatorischen Einheiten der Bank ergibt. Dieses sind[178]:

1. Die Entscheidung über die Neuabschluss eines Kreditgeschäfts

2. Die Entscheidung über den Abschluss eines Kreditderivats

---

[178] Vgl. hierzu Abb. 1, S. 24.

3. Die Entscheidung über die Übergabe von Problemkrediten an die Problemkreditabteilung, wobei hier – wie sich im Verlauf der Arbeit noch zeigen wird – zwischen unbesicherten und über Kreditderivate abgesicherten Krediten zu unterscheiden ist

Bei diesen Entscheidungen ist jeweils zu untersuchen, wie die ex ante-Kalkulation und die ex post-Erfolgszurechnung steuerungsadäquat auszugestalten sind. Die zu untersuchenden Teilbereiche sind in der folgenden Abbildung zusammengefasst:

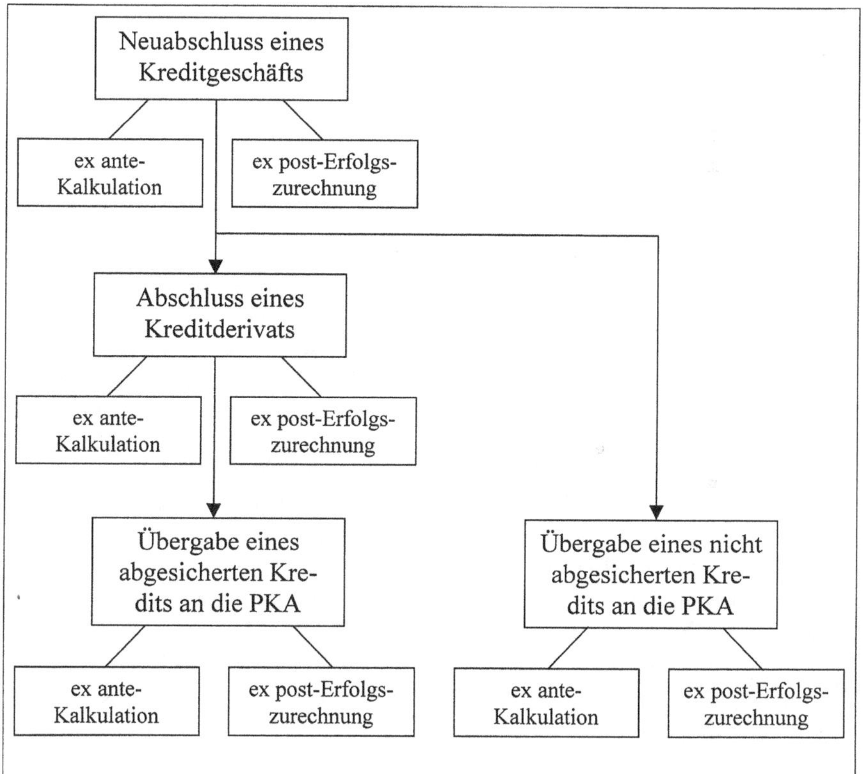

Abb. 4: Zur Entwicklung des Kreditmanagementsystems zu untersuchende Teilbereiche

Zur Entwicklung des ex ante-Kalkulationssystems werden im Folgenden sukzessive diese im Kreditprozess zu treffenden Entscheidungen analysiert. Es werden dabei jeweils folgende Fragestellungen untersucht:

1. Welches Entscheidungsergebnis ist für die Gesamtbank vorteilhaft, erhöht also den Shareholder Value der Bank?

   Diese Fragestellung ist deshalb zu untersuchen, weil die Qualität des Kalkulationssystems ja daran gemessen werden soll, ob die in der jeweiligen Entscheidungssituation Verantwortlichen aus Sicht der Gesamtbank vorteilhafte Entscheidungen treffen, wenn sie sich an den vom Kalkulationssystem gelieferten Daten orientieren. Dazu muss aber bekannt sein, welches das in der jeweiligen Situation für die Gesamtbank vorteilhafte Entscheidungsergebnis ist.

2. Welche organisatorischen Einheiten der Bank sind an der jeweiligen Entscheidung beteiligt bzw. von ihr betroffen?

   Die an der jeweiligen Entscheidung beteiligten organisatorischen Einheiten der Bank sind zu identifizieren, da sie es sind, denen das Kalkulationssystem Kalkulationsdaten liefern soll. Zusätzlich ist festzustellen, welche Organisationseinheiten der Bank noch von der jeweiligen Entscheidung betroffen sind, um sicherzustellen, dass diese von einer Entscheidung nicht negativ tangiert werden. So sind an der Entscheidung, die Betreuung eines Problemkredits von einer Filiale an die Problemkreditabteilung zu übertragen, direkt nur die Filiale und die Problemkreditabteilung beteiligt. Diese Entscheidung könnte jedoch zusätzlich Auswirkungen auf den Erfolg der Kreditportfoliosteuerung haben, wenn diese den fraglichen Kredit über ein Kreditderivat abgesichert hat. Deshalb sind in diesem Fall auch die Interessen der Kreditportfoliosteuerung bei der Aufstellung des Kalkulationssystems zu berücksichtigen.

3. Welche prinzipiellen Zurechnungsmöglichkeiten gibt es für das Kreditausfallrisiko in der jeweiligen Entscheidungssituation?

   Dieses ist festzustellen, da die Verantwortlichkeit für das Kreditausfallrisiko einen entscheidenden Einfluss auf das Entscheidungsverhalten der an der jeweiligen Entscheidung beteiligten organisatorischen Einheiten haben kann: Ein nicht für das Ausfallrisiko verantwortlicher Entscheider wird dieses beim Treffen einer Entscheidung nicht berücksichtigen, während ein Akteur, dem die Verantwortlichkeit für das Kreditausfallrisiko zugerechnet wird, dieses in sein Entscheidungskalkül einbeziehen wird. Deshalb ist zunächst festzustellen, welche Zurechnungsvarianten für das Ausfallrisiko überhaupt denkbar und daher zu analysieren sind.

4. Welche der Zurechnungsmöglichkeiten für das Kreditausfallrisiko führt dazu, dass sich die Akteure im Interesse der Gesamtbank verhalten werden, also autonom Entscheidungen treffen, die den Shareholder Value der Bank steigern?

   Die möglichen Zurechnungsvarianten für das Kreditausfallrisiko sind dahingehend zu analysieren, zu welchem Entscheidungsverhalten sie die Entscheider jeweils veranlassen und ob das Entscheidungsergebnis, zu dem die Entscheider gelangen, aus Sicht der Gesamtbank vorteilhaft ist, also den Shareholder Value der Bank erhöht. Es ist jeweils diejenige Zurechnungsvariante auszuwählen, die unabhängig von den konkreten Daten der Entscheidungssituation stets zu aus Sicht der Bank vorteilhaften Entscheidungen führt.

Im Rahmen der Entwicklung der ex post-Erfolgszurechnung soll analysiert werden,

- welche Erfolge den organisatorischen Einheiten sofort nach dem Treffen einer Entscheidung (d.h. z.B. der Vergabe eines Kredits) zuzurechnen sind,
- welche Erfolge periodisch anfallen und daher nach jeder Periode zu verrechnen sind und
- welche Erfolge sich durch bankexterne Ereignisse ergeben (z.B. durch eine Bonitätsverschlechterung des Kreditnehmers) und wem diese jeweils anzurechnen sind.

4.2.1 Die Entscheidung über den Neuabschluss eines Kredits

4.2.1.1 Ex ante-Kalkulation des Kreditabschlusses

a) Interesse der Gesamtbank

Der Neuabschluss eines Kredits ist aus Sicht der Gesamtbank genau dann vorteilhaft, wenn dadurch der Shareholder Value der Bank steigt. Es muss also gemäß Formel (39), S. 88, gelten:

$$(41)\quad \Delta SHV = \sum_{i=1}^{n} q_i \cdot KB_i - \sum_{i=1}^{n} q_i \cdot BA_i - \sum_{i=1}^{n} q_i \cdot BKK_i - \sum_{i=1}^{n}\left(W_i \cdot \prod_{j=0}^{i-1}(1-W_j) \cdot \left(\sum_{k=i}^{n} q_k \cdot Z_k - S_i \cdot q_i \right)\right) - \sum_{i=1}^{n} q_i \cdot ZielRORAC \cdot \beta' \cdot VaR_i \overset{!}{>} 0$$

Umgeformt ergibt dies:

$$(42)\quad \sum_{i=1}^{n} q_i \cdot KB_i - \sum_{i=1}^{n}\left(W_i \cdot \prod_{j=0}^{i-1}(1-W_j) \cdot \left(\sum_{k=i}^{n} q_k \cdot Z_k - S_i \cdot q_i \right)\right) \overset{!}{>} \sum_{i=1}^{n} q_i \cdot BA_i + \sum_{i=1}^{n} q_i \cdot BKK_i + \sum_{i=1}^{n} q_i \cdot ZielRORAC \cdot \beta' \cdot VaR_i$$

Der Kredit ist, gemessen am Shareholder Value, für die Bank also vorteilhaft, wenn der Wert der aus dem Kredit erwarteten Zahlungen (d.h. der Konditionsbeitragsbarwert abzüglich des Standardrisikokostenbarwerts) höher ist als der

Barwert der Kreditkosten (d.h. die Summe aus dem Barwert des Betreuungsaufwands, dem Barwert der sonstigen Betriebskosten und dem sich aus den Eigenkapitalkosten ergebenden Barwert der Mindesterträge).

b) Am Kreditabschluss beteiligte organisatorische Einheiten

Die Entscheidung über den Neuabschluss eines Kredits wird annahmegemäß von der zuständigen Filiale getroffen.[179] Außer der Filiale könnte je nach Festlegung der Risikoverantwortlichkeit eventuell noch die Kreditportfoliosteuerung von der Entscheidung betroffen sein. Im Rahmen der ex ante-Kalkulation des Kreditabschlusses sind also die Interessen der Filiale und evtl. der Kreditportfoliosteuerung zu berücksichtigen.

c) Zurechnungsmöglichkeiten für das Kreditausfallrisiko

Es kommen im Rahmen der Entscheidung über den Kreditabschluss prinzipiell zwei Möglichkeiten in Betracht, die Verantwortlichkeit für das Kreditausfallrisiko zu regeln:

1. Das Kreditausfallrisiko liegt bei der den Kredit abschließenden Filiale.
2. Das Kreditausfallrisiko geht im Moment der Kreditvergabe sofort (gegen Zahlung einer Prämie) auf die Kreditportfoliosteuerung über.

d) Analyse der Zurechnungsmöglichkeiten

1. Fall: Kreditausfallrisiko liegt bei der Filiale

Liegt das Kreditausfallrisiko bei der Filiale, so ist dieser der Barwert der vom Kredit zu erwirtschaftenden Mindesterträge anzulasten (dieser bemisst sich ja nach dem Risiko eines Geschäfts). Die Filiale wird den Kredit also nur dann abschließen, wenn der erwartete Erfolg aus dem Kredit größer als der Barwert der Mindesterträge ausfällt.

---

[179] Vgl. Kapitel 3.1, S. 54f.

Der erwartete Erfolg aus dem Kredit ergibt sich für die Filiale aus folgenden Komponenten:

- Die Filiale erwartet künftig Zahlungen aus dem Kredit. Der erwartete Wert dieser Zahlungen ergibt sich als Differenz aus Konditionsbeitragsbarwert (= Wert der Zahlungen bei vertragsgemäßem Kreditverlauf) und Standardrisikokostenbarwert (= Wert der erwarteten Ausfälle). Zur Standardrisikokostenberechnung wird die Filiale hierbei die „normale“ Ausfallwahrscheinlichkeit eines Kredits der entsprechenden Kategorie ansetzen, also die Wahrscheinlichkeit, die sich ergibt, wenn die Bank den üblichen Betreuungsaufwand leistet. Dies liegt daran, dass die Filiale bei Kreditabschluss wohl kaum bereits eine Notwendigkeit sehen dürfte, den Kreditnehmer verstärkt zu betreuen. Sind nämlich bereits bei Kreditabschluss Probleme bei der Kreditrückzahlung durch den Schuldner erkennbar, die einen erhöhten Betreuungsaufwand rechtfertigen würden, dann wird die Filiale den Kredit auf Grund der augenscheinlich mangelhaften Bonität des Schuldners gar nicht erst vergeben.

- Den erwarteten Zahlungen aus dem Kredit stehen die Kosten gegenüber, die der Filiale anfallen, wenn sie den Kredit vergibt. Diese erwarteten Kosten der Filiale ergeben sich als Barwert aus dem von ihr zu leistenden Betreuungsaufwand und den ihr anfallenden sonstigen Betriebskosten.

Die Filiale wird den Kredit also abschließen, wenn gilt:

(43) *Konditionsbeitragsbarwert*

- Standardrisikokostenbarwert

- Barwert des Betreuungsaufwands

- Barwert der sonstigen Betriebskosten

> Barwert der Mindesterträge

Die Komponenten dieser Ungleichung berechnen sich nach den Formeln (21), (34), (35), (36) und (38).[180] Damit es zum Kreditabschluss kommt muss also gelten:

[180] Vgl. S. 82 u. 85 - 87.

$$(44)\quad \sum_{i=1}^{n} q_i \cdot KB_i$$
$$-\sum_{i=1}^{n}\left(W_i \cdot \prod_{j=0}^{i-1}(1-W_j)\cdot\left(\sum_{k=i}^{n} q_k \cdot Z_k - S_i \cdot q_i\right)\right)$$
$$-\sum_{i=1}^{n} q_i \cdot BA_i$$
$$-\sum_{i=1}^{n} q_i \cdot BKK_i$$
$$>$$
$$\sum_{i=1}^{n} q_i \cdot ZielRORAC \cdot \beta' \cdot VaR_i$$

Dies ergibt umgeformt die Bedingung:

$$(45)\quad \sum_{i=1}^{n} q_i \cdot KB_i - \sum_{i=1}^{n}\left(W_i \cdot \prod_{j=0}^{i-1}(1-W_j)\cdot\left(\sum_{k=i}^{n} q_k \cdot Z_k - S_i \cdot q_i\right)\right)$$
$$\overset{!}{>}\sum_{i=1}^{n} q_i \cdot BA_i + \sum_{i=1}^{n} q_i \cdot BKK_i + \sum_{i=1}^{n} q_i \cdot ZielRORAC \cdot \beta' \cdot VaR_i$$

Diese Bedingung stimmt mit der Vorteilhaftigkeitsbedingung der Gesamtbank in Formel (42), S. 106, überein. Die Filiale wird den Kredit also dann und nur dann abschließen, wenn dies im Gesamtbankinteresse liegt.

2. Fall: Kreditausfallrisiko geht bei Kreditabschluss auf die Kreditportfoliosteuerung über

In diesem Fall geht das Kreditausfallrisiko sofort bei Kreditabschluss von der Filiale auf die Kreditportfoliosteuerung über. Praktisch bedeutet dies, dass die Kreditportfoliosteuerung der Filiale eine Einmalzahlung leistet und dafür alle zukünftigen Zahlungen aus dem Kredit direkt an die Kreditportfoliosteuerung fließen.[181] Da die Filiale nun nicht mehr für das Kreditausfallrisiko verantwortlich ist, wird auch nicht ihr, sondern der Kreditportfoliosteuerung der Barwert der vom Kredit zu erwirtschaftenden Mindesterträge angelastet.

Da die Mindesterträge für die Überlegungen der Filiale also keine Rolle mehr spielen, wird sie den Kredit abschließen, wenn die erwarteten Erträge des Kreditabschlusses die erwarteten Kosten übersteigen:

- Als erwarteten Ertrag erhält die Filiale nun nur noch die Einmalzahlung von der Kreditportfoliosteuerung. Zahlungen aus dem Kredit selbst fallen nicht mehr an, da diese direkt an die Kreditportfoliosteuerung gehen. Die Höhe der Einmalzahlung, die die Filiale von der Kreditportfoliosteuerung erhält, bemisst sich nach dem „objektiven" Wert des Kredits (also der Differenz aus Konditionsbeitragsbarwert und Standardrisikokostenbarwert). Die Kreditportfoliosteuerung wird jedoch nicht den vollen Wert des Kredits zahlen wollen, sondern hiervon eine (wie auch immer geartete) Prämie für die Übernahme des Ausfallrisikos abziehen.

- Da die Filiale den Kredit gegenüber dem Kunden weiterhin betreut, fallen für sie auch in diesem Fall Betreuungsaufwand und sonstige Betriebskosten an. Die Filiale wird hierbei allerdings nicht den üblichen, sondern einen wesentlich geringeren Betreuungsaufwand erbringen wollen: Die Gefahr eines Kreditausfalls spielt für ihre Überlegungen keine Rolle mehr, da sie das Kreditausfallrisiko nicht mehr trägt. Allein Überlegungen, das eventuell mögliche zukünftige Geschäft mit dem Kreditkunden nicht zu gefährden sowie Mindeststandards der Bank bestimmen daher den Betreuungsaufwand. Im Ergebnis wird die Filiale statt des normalen Betreuungsaufwands BA den geringeren Aufwand BA^0 erbringen, korrespondierend steigt die Ausfallwahrscheinlichkeit des Kredits[182] von der normal von einem Kredit der entsprechenden Kategorie zu erwartenden Wahrscheinlichkeit W auf W^0.

---

[181] Alternativ dazu erhält die Filiale nach wie vor alle Zahlungen aus dem Kredit und bekommt bei Kreditausfall eine Ausgleichszahlung von der Kreditportfoliosteuerung, die den Ausfallverlust kompensiert. In diesem Fall muss dann natürlich die Filiale bei Kreditabschluss eine Prämie an die Kreditportfoliosteuerung für die Risikoübernahme zahlen. Im Endeffekt führen beide Möglichkeiten des Risikoübergangs zum gleichen Ergebnis: Die Filiale wird effektiv vom Ausfallrisiko freigestellt.

[182] Annahmegemäß beeinflusst der Betreuungsaufwand (zumindest potentiell) die Ausfallwahrscheinlichkeit. Vgl. Kapitel 3.3.1.1, S. 67.

Da die Kreditportfoliosteuerung natürlich weiß, dass die Filiale nur noch den Betreuungsaufwand BA^0 erbringen wird und daher eine Ausfallwahrscheinlichkeit des Kredits in Höhe von W^0 zu erwarten ist, wird sie bei der Berechnung des objektiven Werts des Kredits darauf bestehen, dass W^0 zur Berechnung der Standardrisikokosten verwendet wird.

Mit diesen Überlegungen wird die Filiale den Kredit abschließen, wenn gilt:

(46) *Konditionsbeitragsbarwert*

- Standardrisikokostenbarwert (auf Basis von W^0)

- zu leistenden Prämie für die Übernahme des Ausfallrisikos

\>

Barwert des Betreuungsaufwands (auf Basis von BA^0)

+ Barwert der sonstigen Betriebskosten

Unter Anwendung der Formeln (21), (34), (35) und (36)[183] folgt also, dass der Kreditabschluss zu Stande kommt, wenn gilt:

$$(47)\quad \sum_{i=1}^{n} q_i \cdot KB_i - \sum_{i=1}^{n}\left(W_i^0 \cdot \prod_{j=0}^{i-1}(1-W_j^0)\cdot\left(\sum_{k=i}^{n} q_k \cdot Z_k - S_i \cdot q_i\right)\right) - \mathit{Ausfallrisikoprämie} > \sum_{i=1}^{n} q_i \cdot BA_i^0 + \sum_{i=1}^{n} q_i \cdot BKK_i$$

[183] Vgl. S. 82 u. 86f..

Dies ergibt umgeformt die Bedingung:

$$(48)\quad \sum_{i=1}^{n} q_i \cdot KB_i - \sum_{i=1}^{n}\left(W_i^0 \cdot \prod_{j=0}^{i-1}(1-W_j^0) \cdot \left(\sum_{k=i}^{n} q_k \cdot Z_k - S_i \cdot q_i \right)\right)$$
$$> \sum_{i=1}^{n} q_i \cdot BA_i^0 + \sum_{i=1}^{n} q_i \cdot BKK_i + Ausfallrisikoprämie$$

Dies stimmt nicht mit dem in Formel (42), S. 106, dokumentierten Gesamtbankinteresse überein, selbst wenn die Ausfallrisikoprämie, die die Kreditportfoliosteuerung verlangt, dem Barwert der Mindesterträge des Kredits entsprechen sollte. Dies liegt daran, dass die Filiale den reduzierten Betreuungsaufwand BA^0 und die erhöhte Ausfallwahrscheinlichkeit W^0 in ihren Vorteilhaftigkeitsüberlegungen verwendet, wohingegen aus Gesamtbanksicht eine Kalkulation mit den „normalen" Größen BA und W notwendig ist. Eine Übereinstimmung ergibt sich höchstens zufällig, was de facto nur dann der Fall sein dürfte, wenn $BA = BA^0$ und $W = W^0$ gilt, der „übliche" Betreuungsaufwand also bereits dem minimal möglichen entspricht.

Fazit zur ex ante-Kalkulation des Kreditabschlusses:

Bei Kreditabschluss handeln die Beteiligten nur dann sicher im Interesse der Gesamtbank, wenn die Risikoverantwortung bei der kreditabschließenden Filiale liegt. Geht das Risiko bei Kreditabschluss dagegen sofort auf die Kreditportfoliosteuerung über, so ist eine solche Interessenübereinstimmung nicht zwangsläufig gegeben. Das Kreditmanagementsystem ist also so zu konzipieren, dass das Ausfallrisiko bei Kreditabschluss bei den Filialen liegt.

4.2.1.2 Ex post-Erfolgszurechnung nach Kreditabschluss

Die nach Kreditabschluss erfolgende ex post-Zurechnung des Erfolgs aus dem Kredit muss so ausgestaltet sein, dass sie

1. kompatibel zur ex ante-Kalkulation ist und

2. die Filialen dazu veranlasst, sich auch nach Abschluss des Kredits im Interesse der Gesamtbank zu verhalten.

Diese beiden Anforderungen lassen sich wie folgt präzisieren:

ad 1) Kompatibilität zur ex ante-Kalkulation

- Im Rahmen der ex ante-Kalkulation wurde festgelegt, dass die Verantwortung für das Ausfallrisiko bei Kreditabschluss bei der Filiale liegen soll, die den Kredit abgeschlossen hat. Daher sind tatsächlich eintretende Kreditausfälle auch erfolgsrechnerisch der Filiale anzulasten.

- Die Filiale soll sich bei der Entscheidung über den Kreditabschluss an den vom Kalkulationssystem gelieferten Daten orientieren, also das in Formel (45), S. 109, zum Ausdruck gebrachte Kalkül verwenden und somit nur solche Kreditgeschäfte abschließen, die den Shareholder Value der Bank steigern. Um dies zu gewährleisten, ist der mit dem Kreditabschluss einhergehende Anstieg des Shareholder Value der Filiale unmittelbar nach dem Kreditabschluss erfolgsrechnerisch gutzuschreiben.

- Außer dieser Erfolgszurechnung in Höhe des Shareholder Value-Anstiegs darf die Filiale keine weitere Erfolgszurechnung erwarten, da sie diese sonst in ihre Entscheidung zum Kreditabschluss einbeziehen und somit nicht mehr gemäß dem Kalkül nach Formel (45) entscheiden würde. Andererseits ist jedoch nötig, während der gesamten Kreditlaufzeit eine Zurechnung von Erfolgen zur Filiale zuzulassen, da der Filiale ja z.B. auftretende Kreditausfälle angelastet werden sollen. Um diesen scheinbaren Widerspruch aufzulösen, ist zu fordern, dass der gesamte Erwartungswert aller der Filiale in den Perioden nach dem Kreditabschluss zugerechneten Erfolge Null beträgt. Damit können der Filiale dann einerseits Erfolge zugerechnet werden, die sich auf Grund von während der Kreditlaufzeit eintretenden Ereignissen (wie z.B. einem

Kreditausfall) ergeben, andererseits entscheidet die Filiale bei Kreditabschluss, wie gewünscht, nur nach dem Shareholder Value der Bank.

ad 2) Interessenkongruenz mit der Gesamtbank nach Kreditabschluss

- Der Filiale müssen Anreize verbleiben, in allen Perioden jeweils den „optimalen" Betreuungsaufwand zu erbringen, d.h. es muss im Interesse der Filiale liegen, ihren Betreuungsaufwand zu erhöhen, wenn durch die erhöhte Betreuung eine so starke Reduktion der Ausfallwahrscheinlichkeit des Kredits zu erwarten ist, dass durch die verminderten Kreditausfälle die Mehrkosten der erhöhten Betreuung überkompensiert werden.
- Der Filiale müssen Anreize zum wirtschaftlichen Handeln, d.h. zur Senkung der sonstigen Betriebskosten, verbleiben.

Zur Konstruktion einer ex post-Erfolgszurechnung, die diese Anforderungen erfüllt, ist eine Beantwortung der folgenden Fragen nötig:

- Welcher Betrag ist der Filiale bei Ausfall des Kredits anzulasten? Welcher Betrag muss der Filiale bei Nichtausfall des Kredits zur Kompensation dieser Verlustanrechnung gutgeschrieben werden, damit der Erwartungswert aus Belastung bei Ausfall und Gutschrift bei Nichtausfall, wie gefordert, Null beträgt?
- Sind der Filiale zusätzliche Erfolge gutzuschreiben bzw. zu belasten, wenn sich die Bonität des Kreditschuldners während der Kreditlaufzeit verändert?
- Wie lässt sich der während der Kreditlaufzeit von der Filiale erbrachte Betreuungsaufwand steuerungsadäquat zurechnen, d.h. so, dass die Filiale während der gesamten Kreditlaufzeit ihren Betreuungsaufwand am Interesse der Gesamtbank ausrichtet?
- Wie muss die Zurechnung der sonstigen Betriebskosten erfolgen, damit der Filiale Anreize zur Kostenersparnis verbleiben?

Diese Fragen sollen im Folgenden beantwortet werden.

a) Erfolgszurechnung bei Ausfall bzw. Nichtausfall des Kredits

Fällt ein nicht über ein Derivat abgesicherter Kredit während der Kreditlaufzeit aus, so ist dies der Filiale anzulasten, da diese das Ausfallrisiko trägt. Der Ausfallverlust für die Bank entspricht dem Barwert der ausgefallenen Zins- und Tilgungszahlungen des Kredits abzüglich dem Barwert eventueller Kreditsicherheiten, welche die Bank bei Kreditabschluss vereinbart hat. Der Filiale ist jedoch nicht der volle Ausfallverlust anzulasten, da ihr ein Teil dieses Verlusts bereits bei Kreditabschluss in Form des Standardrisikokostenbarwerts abgezogen wurde. Dadurch sind die durchschnittlich aus dem Kredit zu erwartenden Ausfallverluste bereits abdeckt. Somit sind der Filiale bei Kreditausfall lediglich die Ausfallverluste anzurechnen, die über die kalkulierten Standardrisikokosten hinausgehen. Hierzu ist der bei Kreditabschluss kalkulierte Standardrisikokostenbarwert auf den Ausfallzeitpunkt aufzuzinsen und vom Ausfallverlust der Bank abzuziehen. Der Filiale wird damit bei Kreditausfall folgender Betrag belastet:

(49) *Belastung der Filiale bei Kreditausfall*

= *Barwert der ausgefallenen Zins- und Tilgungszahlungen des Kredits*

- *Barwert der Sicherheiten*

- *auf den Ausfallzeitpunkt aufgezinster Standardrisikokostenbarwert*

Zum Ausgleich der Belastung der Filiale bei Kreditausfall muss dieser ein gewisser Erfolg gutgeschrieben werden, wenn der Kredit in einer Periode nicht ausgefallen ist. Würde dies nicht geschehen, so herrschte bei Kreditabschluss keine Erwartungswertneutralität. Die Filiale würde dann die ihr bei Kreditausfall angelasteten Ausfallverluste zusätzlich in ihre Überlegungen bei der Kreditvergabe einbeziehen. Die Kreditvergabeentscheidung der Filiale würde damit nicht mehr gemäß dem Kalkül nach Formel (45), S. 109, erfolgen, die Filiale bei der Kreditvergabe also nicht mehr im Interesse der Gesamtbank entscheiden. Es lässt sich zeigen[184], dass der der Filiale bei Nichtausfall gutzuschreibende Betrag genau der „Abschmelzung" des Standardrisikokostenbarwerts während der abgelaufenen Periode entspricht. Unter dieser „Abschmelzung" ist zu verstehen, dass - kalkuliert man den Standardrisikokostenbarwert eines Kredits nach jeder Periode neu - dieser am Ende einer Periode in der Regel kleiner ist, als am An-

[184] Vgl. Anhang B.

fang der Periode[185]. Dies liegt daran, dass zum einen durch die in der Periode geleisteten Zins- und Tilgungszahlungen aus dem Kredit der ausfallgefährdete Betrag abnimmt und zum anderen mit sinkender Restlaufzeit die Zahl der Perioden abnimmt, in denen der Kredit ausfallen kann. Der Filiale ist damit bei Nichtausfall des Kredits in einer Periode folgender Betrag gutzuschreiben:

(50) *Gutschrift der Filiale bei Nichtausfall des Kredits*

= *Standardrisikokostenbarwert am Ende der Periode*

- *auf das Periodenende aufgezinster Standardrisikokostenbarwert am Anfang der Periode*

Diese periodische Gutschrift bei Nichtausfall des Kredits führt dazu, dass der Standardrisikokostenbarwert eines Kredits nach jeder Periode „aktualisiert" wird. Um dieser Aktualisierung Rechnung zu tragen, ist die in Formel (49) angegebene Berechnung des anzulastenden Ausfallverlusts bei Kreditausfall leicht zu modifizieren: Der der Filiale bereits vor Kreditausfall angelastete Betrag entspricht nun nicht mehr dem bei Kreditabschluss kalkulierten Standardrisikokostenbarwert. Da dieser ja nach jeder Periode neu berechnet und die Differenz der Filiale bei Nichtausfall gutgeschrieben wird, ist vielmehr statt dessen der zu Periodenbeginn gültige Standardrisikokostenbarwert des Kredits anzusetzen. Mit dieser Modifizierung ergibt sich folgender Belastungsbetrag der Filiale bei Kreditausfall:[186]

(51) *Belastung der Filiale bei Kreditausfall*

= *Barwert der ausgefallenen Zins- und Tilgungszahlungen des Kredits*

- *Barwert der Sicherheiten*

- *auf das Periodenende aufgezinster Standardrisikokostenbarwert vom Anfang der Periode*

---

[185] Vgl. zu Ausnahmen hiervon die im Anschluss folgenden Ausführungen zum Vorgehen bei Bonitätsänderung des Kreditschuldners während der Kreditlaufzeit.

[186] Beim Nachweis der Erwartungswertneutralität des geschilderten Vorgehens in Anhang B wurde selbstverständlich bereits dieser Modifizierung Rechnung getragen.

b) Erfolgszurechnung bei Bonitätsänderung des Schuldners

Ändert sich die Bonität eines Schuldners während der Kreditlaufzeit, so hat dies auf die Zahlungen aus dem Kredit zunächst keine direkten Auswirkungen. Die Bonitätsveränderung wirkt sich jedoch auf den Wert des Kredits aus Sicht der Bank aus:

- Die Standardrisikokosten der noch ausstehenden Zahlungen ändern sich durch die veränderte Ausfallwahrscheinlichkeit des Kredits. Damit ändert sich auch der Standardrisikokostenbarwert des Kredits.

- Eventuell ändern sich auch β'-Faktor und Value at Risk des Kredits und damit der in der Restlaufzeit zu erwirtschaftende Mindestertrag. Dies ist dann der Fall, wenn die Bank den β'-Faktor und den Value at Risk von Krediten für jede Bonitätsklasse getrennt kalkuliert und der Kredit durch die Bonitätsänderung in eine andere Risikoklasse fällt.

Die Änderung des Standardrisikokostenbarwerts lässt sich relativ leicht berücksichtigen: Sie wird bei Nichtausfall des Kredits der Filiale ja sowieso zugerechnet. Der einzige Unterschied zum Fall ohne Bonitätsänderung besteht darin, dass die Änderung des Standardrisikokostenbarwerts nun nicht mehr allein auf den Nichtausfall des Kredits in der Periode zurückzuführen ist, sondern auch auf die Bonitätsveränderung des Schuldners: Verschlechtert sich die Bonität des Schuldners, so steigt ceteris paribus der Standardrisikokostenbarwert des Kredits und die Filiale wird belastet. Verbessert sich dagegen die Bonität, so sinkt der Standardrisikokostenbarwert und führt zu einer Gutschrift für die Filiale.

Genauso kann auch bezüglich der Mindesterträge vorgegangen werden: Erhöhen sich β'-Faktor oder Value at Risk des Kredits, so wird die Differenz zwischen dem neuen, höheren Barwert der Mindesterträge und dem ursprünglich geplanten Barwert der Mindesterträge der Filiale belastet bzw. im umgekehrten Fall gutgeschrieben. Hier ist natürlich darauf zu achten, nur die Mindesterträge auf die noch ausstehenden Zahlungen anzusetzen und nicht die gesamten, bei Vertragsabschluss errechneten Mindesterträge.

Schließlich stellt sich auch beim Thema Bonitätsänderung noch die Frage der Erwartungswertneutralität der zugerechneten Erfolge: Streng genommen werden die Filialen ja mögliche zukünftige Bonitätsänderungen des Schuldners während der Kreditlaufzeit und die damit verbundenen Belastungen bzw. Gutschriften in ihr Kalkül bei Vertragsabschluss einbeziehen. Es müsste also dafür gesorgt werden, dass der Erwartungswert dieser Belastungen bzw. Gutschriften gleich Null ist. Hierzu ist zweierlei anzumerken:

- Das Rating bzw. die Bonitätseinstufung eines Schuldners sollte eigentlich so erfolgen, dass mögliche zukünftige Entwicklungen darin eingehen, d.h. dass das Rating schon den Erwartungswert der zukünftigen Entwicklungen enthält. Die zukünftig zu erwartenden Belastungen und Gutschriften müssten sich also (zumindest in etwa) ausgleichen.

- Soll die Erwartungswertneutralität der Erfolgszurechnung bei Bonitätsänderungen explizit nachgewiesen werden, so lässt sich dies nur sinnvoll erreichen, wenn das Bonitätsrisiko auch schon in die Überlegungen zur ex ante-Kalkulation einbezogen wird. Dies wurde in dem Grundmodell dieser Arbeit jedoch ausgeklammert.

c) steuerungsadäquate Zurechnung des Betreuungsaufwands

Ziel der Zurechnung des Betreuungsaufwands ist es - wie gesagt - dass sich die Filialen bei der Entscheidung über Betreuungsmaßnahmen jederzeit am Interesse der Gesamtbank ausrichten. Der laufende Betreuungsaufwand verursacht für die Bank Kosten, beeinflusst gleichzeitig aber die Ausfallwahrscheinlichkeit des Kredits positiv. Beide Effekte müssen den Filialen spürbar gemacht werden, wenn sie im Gesamtbankinteresse handeln sollen. Dies ist im vorgestellten System wie folgt möglich:

- Die Ausfallwahrscheinlichkeit des Kredits ist für die Filialen nach dem bisher vorgestellten System auch während der Kreditlaufzeit wichtig. Denn je nachdem, ob ein Kredit in einer Periode ausfällt oder nicht, erhält die Filiale am Ende der Periode entweder eine Belastung in Höhe des über das Erwartete hinausgehenden Ausfallverlusts oder eine Gutschrift in Höhe der „abgeschmolzenen" Standardrisikokosten. Somit berücksichtigen die Filialen die durch verstärkte Betreuung erzielbaren „Erträge" im vorgestellten System automatisch.

- Damit die Filialen auch während der Kreditlaufzeit im Sinne der Gesamtbank handeln, müssen ihnen damit lediglich noch die Kosten einer verstärkten Betreuung spürbar gemacht werden. Hierzu wird den Filialen die Abweichung des tatsächlich in einer Periode erbrachten Betreuungsaufwands vom bei Abschluss geplanten Aufwand angerechnet, sie werden also bei verstärkten Betreuungsmaßnahmen belastet und erhalten bei Reduzierung der Betreuung eine Gutschrift.

Bei einer solchen Regelung der Zurechnung des Betreuungsaufwands entscheiden die Filialen dann automatisch im Sinne der Gesamtbank:

- Wenn die durch eine Erhöhung des Betreuungsaufwands und die damit einhergehende Senkung der Ausfallwahrscheinlichkeit des Kredits zu erwartende Steigerung der erwarteten Zahlungen aus dem Kredit die mit dieser Erhöhung verbundenen Mehrkosten übersteigen, so wird die Filiale ihren Betreuungsaufwand erhöhen, ansonsten nicht. Dies ist auch im Sinne der Gesamtbank.
- Umgekehrt wird die Filiale den Aufwand senken, wenn damit nur eine unterproportionale Senkung der erwarteten Zahlungen auf Grund höherer Ausfallwahrscheinlichkeit einhergeht, welche den eingesparten Betreuungsaufwand nicht übersteigt. Auch dies ist im Sinne der Gesamtbank.

d) Zurechnung der sonstigen Betriebskosten

Die sonstigen Betriebskosten haben annahmegemäß keinen Einfluss auf die Ausfallwahrscheinlichkeit eines Kredits. Die Bank hat somit ein Interesse, dass diese Kosten (bei gegebenen zu erbringenden Verwaltungsaufgaben im Zusammenhang mit dem Kredit) möglichst gering ausfallen. Um den Filialen Anreize zur Kostenersparnis während der Kreditlaufzeit zu geben, ist es daher sinnvoll, den Filialen laufend die Differenz zwischen den bei Abschluss geplanten Betriebskosten und den tatsächlich von der Filiale verursachten Betriebskosten gutzuschreiben bzw. ihnen die Differenz anzulasten, wenn eine Kostenüberschreitung auftritt. Dann werden die Filialen den Vorteil, den die Bank durch geringere Betriebskosten hat, in ihre Überlegungen einbeziehen und somit versuchen, die sonstigen Betriebskosten zu reduzieren, wenn dies möglich ist.

Fazit zur ex post-Erfolgszurechnung nach Kreditabschluss:

Im Rahmen einer anforderungsgerechten Erfolgszurechnung sind den Filialen folgende Erfolge zuzurechnen:

- Unmittelbar nach einem Kreditabschluss ist den Filialen die durch den Kredit verursachte Steigerung des Shareholder Value der Bank gutzuschreiben.
- Ist nach Ablauf einer Periode der Kredit nicht ausgefallen, so ist den Filialen die „Abschmelzung" des Standardrisikokostenbarwerts gutzuschreiben, d.h. die Differenz aus dem aufgezinsten Standardrisikokostenbarwert zu Beginn der Periode und dem Standardrisikokostenbarwert am Ende der Periode.
- Fällt der Kredit dagegen in einer Periode aus, so sind die Filialen mit den über die bereits in den Standardrisikokosten berücksichtigen Ausfälle hinausgehenden Ausfallverlusten zu belasten.
- Schließlich ist den Filialen laufend die Differenz zwischen ursprünglich geplantem Betreuungsaufwand und tatsächlich erbrachtem Betreuungsaufwand bzw. geplanten sonstigen Betriebskosten und tatsächlich angefallenen sonstigen Betriebskosten zuzurechnen.

4.2.1.3 Beispiel zu Kalkulation und Erfolgszurechnung des Kreditabschlusses

Zur Verdeutlichung der in der Arbeit gewählten Systematik der ex ante-Kalkulation und ex-post Erfolgszurechnung eines Kreditabschlusses soll folgendes Beispiel dienen:

Daten zur ex ante-Kalkulation

Eine Bankfiliale erwägt, einen endfälligen, zweijährigen Kredit über 100.000 € mit einer jährlichen Zinszahlung in Höhe von 8% an einen Kunden zu vergeben. Es liegen der Filiale folgende weitere Daten vor:

- Die Ausfallwahrscheinlichkeit des Kredits beträgt 2% p.a., bei Ausfall des Kredits kann die Bank auf Sicherheiten im Wert von 50.000 € zurückgreifen.

- Die Filiale plant einen jährlichen Betreuungsaufwand von 200 € zu erbringen und nimmt an, dass pro Jahr sonstige Betriebskosten in Höhe von 50 € anfallen.
- Der Value at Risk des Kredits wurde für das erste Jahr mit 3.750 € und für das zweite Jahr mit 2.850 € errechnet, der β'-Faktor des Kredits beträgt 0,8, der Ziel-RORAC der Bank 10%.
- Die Renditen von Zerobonds am Geld- und Kapitalmarkt betragen über alle Laufzeiten 5%.

Ex ante-Kalkulation des Kreditabschlusses

Die Filiale führt die ex ante-Kalkulation des Kreditabschlusses gemäß Formel (44), S. 109, folgendermaßen durch:

- Konditionsbeitragsbarwert des Kredits

  $= - 100.000 € + 1{,}05^{-1} * 8.000 € + 1{,}05^{-2} * 108.000 € = 5.578{,}23 €$

- Standardrisikokostenbarwert des Kredits

  $= 2\% * (1{,}05^{-1} * 8.000 + 1{,}05^{-2} * 108.000 - 50.000 * 1{,}05^{-1})$

  $+ 2\% * (1 - 2\%) * (1{,}05^{-2} * 108.000 - 50.000 * 1{,}05^{-2})$

  $= 2.190{,}29 €$

- Barwert des Betreuungsaufwands

  $= 1{,}05^{-1} * 200 € + 1{,}05^{-2} * 200 € = 371{,}88 €$

- Barwert der sonstigen Betriebskosten

  $= 1{,}05^{-1} * 50 € + 1{,}05^{-2} * 50 € = 92{,}97 €$

- Barwert der vom Kredit zu erwirtschaftenden Mindesterträge

  $= 1{,}05^{-1} * 10\% * 0{,}8 * 3.750 € + 1{,}05^{-2} * 10\% * 0{,}8 * 2.850 € = 492{,}52 €$

Der von der Filiale erwartete Erfolg aus dem Kredit beträgt also 5.578,23 € - 2.190,29 € - 371,88 € - 92,97 € = 2.923,09 € und übersteigt damit den Mindestertragsbarwert von 492,52 €. Die Filiale wird den Kredit also abschließen.

Daten zur ex post-Erfolgszurechnung

Im Verlauf der Kreditlaufzeit mögen sich folgende Daten ergeben:

- Im ersten Jahr ergeben sich ein Betreuungsaufwand von 200 € und sonstige Betriebskosten in Höhe von 40 €. Der Kreditnehmer leistet seine Zahlungen vertragsgemäß.
- Im zweiten Jahr fallen ein Betreuungsaufwand von 200 € und sonstige Betriebskosten von 60 € an. Der Kreditnehmer geht in Konkurs und leistet keine Zahlungen mehr.

Ex post-Erfolgszurechnung nach Kreditabschluss

Bei der ex post-Erfolgszurechnung muss unterschieden werden in

- Erfolgszurechnung direkt nach Kreditabschluss,
- Erfolgszurechnung nach einem Jahr und
- Erfolgszurechnung nach zwei Jahren.

a) Erfolgszurechnung direkt nach Kreditabschluss

Direkt nach Kreditabschluss erhält die Filiale die durch den Kredit ausgelöste Steigerung des Shareholder Value der Bank gutgeschrieben. Dieser beträgt gemäß Formel (41), S. 106:

ΔSHV = Konditionsbeitragsbarwert
- Standardrisikokostenbarwert
- Barwert des Betreuungsaufwands
- Barwert der sonstigen Betriebskosten
- Barwert der Mindesterträge

= 5.578,23 € - 2.190,29 € - 371,88 € - 92,97 € - 492,52 €.

= 2.430,57 €

b) Erfolgszurechnung nach einem Jahr

Nach einem Jahr werden der Filiale folgende Erfolge zugerechnet[187]:

- Differenz zwischen geplantem und tatsächlichem Betreuungsaufwand

  = 200 € - 200 € = 0 €

- Differenz zwischen geplanten und tatsächlichen sonstigen Betriebskosten

  = 50 € - 40 € = 10 €

- Abschmelzung des Standardrisikokostenbarwerts

  = aufgezinster Standardrisikokostenbarwert vom Beginn des Jahres 1

  - Standardrisikokostenbarwert zum Ende des Jahres 1

  = 1,05 * 2.190,29 €

  - 2% * ($1,05^{-1}$ * 108.000 € - 50.000 € * $1,05^{-1}$)

  = 2.299,80 € - 1.104,76 €

  = 1.195,04 €

Die Filiale erhält damit nach einem Jahr eine Erfolgsgutschrift in Höhe von 0 € + 10 € + 1.195,04 € = 1.204,04 €

c) Erfolgszurechnung nach zwei Jahren

Nach zwei Jahren werden der Filiale folgende Erfolge zugerechnet:

- Differenz zwischen geplantem und tatsächlichem Betreuungsaufwand

  = 200 € - 200 € = 0 €

- Differenz zwischen geplanten und tatsächlichen sonstigen Betriebskosten

  = 50 € - 60 € = -10 €

---

[187] Vgl. zu b) und c) S. 120.

- über das Erwartete hinausgehender Verlust durch Kreditausfall (Belastung)

  = Verlust durch Kreditausfall

  - aufgezinster Standardrisikokostenbarwert vom Beginn des Jahres 2

  = 108.000 € - 50.000 €

  - 1,05 * 1.104,76 €

  = 58.000 € - 1.160 €

  = 56.400 €

Der Filiale werden damit nach zwei Jahren Erfolge in Höhe von 0 € - 10 € - 56.400 € = -56.410 € zugerechnet, ihr wird also ein Betrag von 56.410 € belastet.

4.2.2 Die Entscheidung über den Abschluss eines Kreditderivats

4.2.2.1 Ex ante-Kalkulation des Derivateabschlusses

a) Interesse der Gesamtbank

Die Absicherung des Kreditausfallrisikos aus einem Kredit durch ein Kreditderivat ist für die Gesamtbank genau dann vorteilhaft, wenn durch den Abschluss des Derivats der Shareholder Value der Bank steigt. Zu vergleichen sind also die Situation vor Abschluss des Kreditderivats, bei der die Bank den unbesicherten Kredit in ihrem Portfolio hat, und die Situation nach Derivateabschluss, bei der das Ausfallrisiko des Kredits für die Bank durch Hinzutreten des Derivats zum Bankportfolio wegfällt.

Der Wert des unbesicherten Kredits für die Bank ergibt sich aus den noch ausstehenden Zins- und Tilgungszahlungen aus dem Kredit, den für die Restlaufzeit des Kredits noch anfallenden Betriebskosten sowie den vom Kredit noch zu erwirtschaftenden Mindesterträgen. Der Shareholder Value-Beitrag des Kredits ergibt sich damit analog Formel (19), S. 80 als:

(52) *SHV (vor Derivat)*

= Konditionsbeitragsbarwert der noch ausstehenden Zins- und Tilgungszahlungen aus dem Kredit

- Barwert des noch zu leistenden Betreuungsaufwands

- Barwert der aus dem Kredit noch anfallenden sonstigen Betriebskosten

- Barwert der Standardrisikokosten der noch ausstehenden Zahlungen

- Barwert der Mindesterträge auf Grund des Ausfallrisikos der noch ausstehenden Zahlungen

Dieser Ausdruck lässt sich gemäß Formel (39), S. 88 beziffern als:

(53) $$SHV\ (vor\ Derivat) = \sum_{i=1}^{n} q_i \cdot KB_i - \sum_{i=1}^{n} q_i \cdot BA_i - \sum_{i=1}^{n} q_i \cdot BKK_i - \sum_{i=1}^{n}\left(W_i \cdot \prod_{j=0}^{i-1}(1-W_j)\cdot\left(\sum_{k=i}^{n} q_k \cdot Z_k - S_i \cdot q_i\right)\right) - \sum_{i=1}^{n} q_i \cdot ZielRORAC \cdot \beta' \cdot VaR_i$$

Durch den Abschluss eines Derivats auf den Kredit ergeben sich folgende Änderungen für die Bank:

- Sobald die Bank das Derivat abschließt, sind die Zahlungen aus dem Kredit für die Bank sicher, da eventuelle Ausfälle aus dem Kredit durch die Zahlungen aus dem Derivat ausgeglichen werden. Es besteht also kein Ausfallrisiko mehr. Sowohl die Standardrisikokosten als Quantifizierung der erwarteten Ausfälle als auch die Mindesterträge, die sich aus dem Risiko über das erwartete hinausgehender Ausfälle ergeben, fallen für die Bank somit weg.

- Mit dem Wegfall des Ausfallrisikos ist es für die Bank ökonomisch sinnvoll, ihren Betreuungsaufwand zu reduzieren. Da der Ausfall des Kredits für die Bank durch den Derivateabschluss nun nicht mehr unmittelbar zu Zahlungsausfällen führt, ist eine Kreditbetreuung nur noch insoweit notwendig, wie bankinterne Mindeststandards bzw. die Hoffnung auf zukünftiges Geschäft mit dem Kreditkunden dies fordern. Aus Sicht der Gesamtbank sollte der Betreuungsaufwand damit auf BA^0 reduziert werden, was zur Folge hat, das die Ausfallwahrscheinlichkeit des Kredits auf W^0 ansteigt.

- Der Konditionsbeitragsbarwert und die sonstigen Betriebskosten des Kredits sind durch den Derivateabschluss nicht tangiert.

- Aus dem Kreditderivat selbst entstehen der Bank allerdings zusätzliche Betriebskosten für den Vertragsabschluss und die Abwicklung des Derivats. Außerdem muss die Bank an den Kontraktpartner des Derivats eine Prämie für die Risikoübernahme zahlen.

Insgesamt hat die Gesamtposition aus Kredit und Derivat damit für die Bank folgenden Wert:

(54) *SHV (mit Derivat)*

= Konditionsbeitragsbarwert der noch ausstehenden Zins- und Tilgungszahlungen aus dem Kredit

- Barwert des noch zu leistenden Betreuungsaufwands (auf Basis von BA^0*)*

- Barwert der aus dem Kredit noch anfallenden sonstigen Betriebskosten

- Barwert der aus dem Derivat anfallenden Betriebskosten

- an den Kontraktpartner des Derivats zu zahlende Prämie

Damit ergibt sich unter Anwendung der Formeln (21), (35), (36) und (37)[188] als Shareholder Value-Beitrag der Gesamtposition aus Kredit und Derivat für die Bank:

[188] Vgl. S. 82 u. 86.

$$(55) \quad SHV\,(mit\ Derivat) = \sum_{i=1}^{n} q_i \cdot KB_i - \sum_{i=1}^{n} q_i \cdot BA_i^0 - \sum_{i=1}^{n} q_i \cdot BKK_i - \sum_{i=1}^{n} q_i \cdot BKD_i - Prämie\ Derivat$$

Der Derivateabschluss ist für die Bank vorteilhaft, wenn der Shareholder Value der Bank nach Abschluss des Derivats höher ist, als vorher, wenn also gilt:

$$(56) \quad SHV\,(mit\ Derivat) > SHV\,(vor\ Derivat)$$

Setzt man die Formeln (53) und (55) in die Formel (56) ein und formt um, so ergibt sich folgende Vorteilhaftigkeitsbedingung für den Abschluss des Kreditderivats aus Gesamtbanksicht:

$$(57) \quad \sum_{i=1}^{n} q_i \cdot ZielRORAC \cdot \beta' \cdot VaR_i + \sum_{i=1}^{n} \left(W_i \cdot \prod_{j=0}^{i-1} (1 - W_j) \cdot \left(\sum_{k=i}^{n} q_k \cdot Z_k - S_i \cdot q_i \right) \right) + \sum_{i=1}^{n} q_i \cdot (BA_i - BA_i^0) \overset{!}{>} \sum_{i=1}^{n} q_i \cdot BKD_i + Prämie\ Derivat$$

Der Abschluss des Kreditderivats ist also aus Sicht der Bank vorteilhaft, wenn gilt:

(58) *Barwert der eingesparten Mindesterträge*

+ Barwert der eingesparten Standardrisikokosten

+ Barwert des eingesparten Betreuungsaufwands

\>

Barwert der durch Derivateabschluss zusätzlich entstehenden Betriebskosten

+ an den Kontraktpartner des Derivats zu zahlende Prämie für Risiko übernahme

b) Am Derivateabschluss beteiligte organisatorische Einheiten

Die Entscheidung über den Abschluss eines Kreditderivats wird annahmegemäß von der Kreditportfoliosteuerung getroffen.[189] Weiterhin ist aus folgenden Gründen noch die Filiale, die den Kredit abgeschlossen hat, von der Entscheidung betroffen:

- Erstens ist sie nach Kreditabschluss für das Ausfallrisiko verantwortlich,[190] welches der Bank mit Derivateabschluss wegfällt und
- zweitens betreut sie weiterhin den Kredit.

Im Rahmen der ex ante-Kalkulation des Derivateabschlusses sind also sowohl die Interessen der Kreditportfoliosteuerung als auch der Filiale zu berücksichtigen.

---

[189] Vgl. Kapitel 3.1, S. 56.

[190] Vgl. Kapitel 4.2.1.2, S. 120.

c) Zurechnungsmöglichkeiten für das Kreditausfallrisiko

Ausgangspunkt für die Zurechnung des Kreditausfallrisikos ist die Situation vor Derivateabschluss (d.h. nach Abschluss des Kredits). Hier ist die Filiale für das Ausfallrisiko des Kredits verantwortlich. Ausgehend hiervon, kommen prinzipiell zwei Möglichkeiten in Betracht, die Verantwortlichkeit für das Kreditausfallrisiko bei Abschluss eines Kreditderivats zu regeln:

1. Das Kreditausfallrisiko verbleibt bei der kreditabschließenden Filiale.

2. Das Kreditausfallrisiko geht gegen Zahlung einer Prämie im Moment des Derivateabschlusses von der Filiale auf die Kreditportfoliosteuerung über.

d) Analyse der Zurechnungsmöglichkeiten

1. Fall: Kreditausfallrisiko bleibt bei der Filiale

Die Entscheidung über den Abschluss eines Kreditderivats liegt zwar bei der Kreditportfoliosteuerung, diese muss jedoch das Kalkül der den Kredit betreuenden Filiale in ihre Überlegungen einbeziehen, da die Filiale über ihren Betreuungsaufwand die Ausfallwahrscheinlichkeit des Kredits und damit auch den Wert des Kreditderivats beeinflussen kann.

Ausgangspunkt der Überlegungen der Filiale ist die Situation vor Abschluss des Derivats, d.h. die Erfolgszurechnung nach Abschluss des Kredits. Gemäß den Ausführungen von Kapitel 4.2.1.2 erhält die Filiale laufend die Differenz zwischen dem bei Kreditabschluss geplanten und dem tatsächlich von ihr in einer Periode erbrachten Betreuungsaufwand zugerechnet. Analog gilt dies für die sonstigen Betriebskosten. Ferner wird der Filiale der über das Erwartete hinausgehende Verlust bei Ausfall des Kredits angelastet, bei Nichtausfall des Kredits dagegen die Abschmelzung des Standardrisikokostenbarwerts gutgeschrieben.

Da die Filiale annahmegemäß auch nach Abschluss des Kreditderivats das Ausfallrisiko trägt, ändert sich an dieser Situation nichts. Die Gutschriften und Belastungen verändern sich für die Filiale nicht, sie ist damit indifferent gegenüber dem Abschluss des Kreditderivats. Dies bedeutet allerdings auch, dass für die Filiale kein Anlass besteht, ihren Betreuungsaufwand zu ändern. Die Überlegung der Filiale, welchen Betreuungsaufwand sie erbringen sollte, wird immer noch von der Abwägung zwischen Ausfallwahrscheinlichkeit des Kredits (und damit der Wahrscheinlichkeit, dass die Filiale nach Ablauf der Periode eine Belastung bzw. Gutschrift erhält) und den Kosten für die Betreuung geprägt: Erwartet die Filiale Mehrerträge durch eine verminderte Ausfallwahrscheinlichkeit des Kredits, welche die Mehrkosten eines erhöhten Betreuungsaufwands übersteigen, so wird sie ihren Betreuungsaufwand erhöhen. Umgekehrt wird die Filiale den Aufwand senken, wenn damit nur eine vergleichsweise geringere Senkung der erwarteten Erträge einhergeht. Es besteht damit für die Filiale kein Anlass, ihren Betreuungsaufwand auf BA^0 zu senken, wie dies ja aus Sicht der Gesamtbank auf Grund des mit dem Derivateabschluss weggefallenen Ausfallrisikos sinnvoll wäre.

Da erstens die Filiale indifferent gegenüber einem Derivateabschluss ist - also weder bereit ist, der Kreditportfoliosteuerung dafür etwas zu zahlen, noch ihrerseits eine Zahlung verlangt - und zweitens das Kreditausfallrisiko nach wie vor bei der Filiale liegt, muss die Kreditportfoliosteuerung nur die mit dem Derivat direkt verbundenen Zahlungen in ihren Überlegungen berücksichtigen, ob sie ein Kreditderivat abschließen soll. Aus dem Derivat entstehen der Kreditportfoliosteuerung folgende Ein- und Auszahlungen:

- Die Kreditportfoliosteuerung muss dem Kontraktpartner des Derivats eine einmalige Prämie für die Risikoübernahme zahlen.

- Für die Zahlung dieser Prämie erhält die Kreditportfoliosteuerung bei Ausfall des Kredits eine Ausgleichszahlung vom Kontraktpartner des Derivats, die den Ausfallverlust des Kredits ausgleicht. Da diese Zahlung genau so hoch ist, wie der Verlust aus dem Kredit und die Wahrscheinlichkeit, dass die Zahlung stattfindet, der Ausfallwahrscheinlichkeit des Kredits entspricht, ist der Barwert der aus dem Derivat erwarteten Zahlungen exakt genau so hoch, wie der Barwert der Standardrisikokosten des Kredits.

- Der Kreditportfoliosteuerung entstehen Betriebskosten aus dem Derivat.

- Schließlich muss die Bank nach Abschluss des Kreditderivats aus dem abgesicherten Kredit keine Mindesterträge mehr erwirtschaften, da sie das Ausfallrisiko des Kredits nicht mehr trägt. Demzufolge erhält die Kreditportfoliosteuerung eine Gutschrift in Höhe des Barwerts der eingesparten Mindesterträge.

Die Kreditportfoliosteuerung wird das Kreditderivat abschließen, wenn der Barwert der erwarteten Einzahlungen den Barwert der erwarteten Auszahlungen übersteigt, wenn also gilt:

(59) *Barwert der eingesparten Mindesterträge*

\+ *Barwert der erwarteten Zahlungen aus dem Derivat (entspricht dem aktuellen Standardrisikokostenbarwert des Kredits)*

\>

Barwert der durch Derivateabschluss zusätzlich entstehenden Betriebskosten

\+ *an den Kontraktpartner des Derivats zu zahlende Prämie für die Risikoübernahme*

Die ersten drei Komponenten dieser Ungleichung lassen sich durch die Formeln (38), (34) und (37)[191] berechnen. Damit das Kreditderivat abgeschlossen wird, muss damit gelten:

$$(60)\quad \sum_{i=1}^{n} q_i \cdot ZielRORAC \cdot \beta' \cdot VaR_i$$

$$+\sum_{i=1}^{n}\left(W_i \cdot \prod_{j=0}^{i-1}(1-W_j) \cdot \left(\sum_{k=i}^{n} q_k \cdot Z_k - S_i \cdot q_i\right)\right)$$

$$>$$

$$\sum_{i=1}^{n} q_i \cdot BKD_i$$

$$+\ \textit{Prämie Derivat}$$

Dies stimmt nicht mit dem Interesse der Gesamtbank gemäß Formel (57), S. 127, überein. Die Kreditportfoliosteuerung vernachlässigt in ihren Überlegungen, dass es aus Sicht der Gesamtbank vorteilhaft ist, den Betreuungsaufwand auf BA^0 zu senken und somit hier Einsparungen zu erzielen (Dies ist im vorliegenden Szenario allerdings auch nur konsequent, da die Filiale ja auch keinen

---

191 Vgl. S. 85 - 87.

Anlass hat, den Betreuungsaufwand, wie von der Gesamtbank gefordert, auf BA^0 zu senken).

Insgesamt gibt sich bei dieser Variante der Risikozurechnung also keine Übereinstimmung der Interessen der organisatorischen Einheiten mit dem Interesse der Gesamtbank, da

- die Filiale ihren Betreuungsaufwand nicht auf BA^0 reduzieren wird und
- die Kreditportfoliosteuerung die mögliche Reduzierung des Betreuungsaufwands nicht in ihre Überlegungen zur Vorteilhaftigkeit eines Derivateabschlusses einbeziehen wird.

2. Fall: Kreditausfallrisiko geht bei Derivateabschluss von der Filiale gegen Zahlung einer Prämie auf die Kreditportfoliosteuerung über

Soll das Kreditausfallrisiko bei Abschluss eines Kreditderivats von der Filiale auf die Kreditportfoliosteuerung übergehen, so ist zu fragen,

- welche Prämie die Filiale für das Abwälzen des Risikos auf die Kreditportfoliosteuerung maximal zu zahlen bereit ist,
- welche Prämie die Kreditportfoliosteuerung für die Risikoübernahme mindestens verlangt und
- unter welchen Umständen sich Filiale und Kreditportfoliosteuerung auf eine Höhe für die Prämie einigen werden und wann nicht.

Maximalprämie aus Sicht der Filiale

Die Filiale wird der Risikoübergabe nur dann zustimmen, wenn trotz Zahlung der Risikoübergabeprämie der Barwert der erwarteten Zahlungen nach Abwälzung des Risikos für sie mindestens so groß ist wie der Barwert der erwarteten Zahlungen vorher, sie sich durch die Risikoübergabe also nicht schlechter stellt. Sie wird daher folgende Überlegungen anstellen:

- Vor Risikoübergabe erhält die Filiale laufend die Differenz zwischen dem bei Kreditabschluss geplanten und dem tatsächlich von ihr in einer Periode erbrachten Betreuungsaufwand, die Differenz zwischen den geplanten und den tatsächlichen Betriebskosten und bei Nichtausfall des Kredits die Abschmelzung des Standardrisikokostenbarwerts. Dagegen wird ihr bei Kreditausfall der über den aktuellen Standardrisikokostenbarwert hinausgehende Verlust angelastet. Die letzten beiden Positionen heben sich im Erwartungswert auf (so wurden sie ja gerade konstruiert).[192] Es verbleiben der Filiale also als erwartete Zahlungen aus dem Kredit die ersten beiden Positionen, die sich unter Zuhilfenahme der Formeln (35) und (36), S. 86, aufsummieren zu:

(61) Barwert der erwarteten Zahlungen vor Risikoübergabe

$$= \sum_{i=1}^{n} q_i \cdot (BA_i^{Plan} - BA_i) + \sum_{i=1}^{n} q_i \cdot (BKK_i^{Plan} - BKK_i)$$

- Nach Risikoübergabe fallen der Ausfallverlust und die Abschmelzung des Standardrisikokostenbarwerts für die Filiale weg, da sie das Ausfallrisiko nicht mehr zu tragen hat. Deshalb kann die Filiale ihren Betreuungsaufwand auf BA^0 reduzieren, ohne Einbußen durch eine erhöhte Ausfallwahrscheinlichkeit des Kredits befürchten zu müssen. An den Betriebskosten ändert sich nichts. Unter Einbeziehung der zu zahlenden Risikoübergabeprämie RP erwartet die Filiale also nun folgenden Barwert:

(62) Barwert der erwarteten Zahlungen nach Risikoübergabe

$$= \sum_{i=1}^{n} q_i \cdot (BA_i^{Plan} - BA_i^0) + \sum_{i=1}^{n} q_i \cdot (BKK_i^{Plan} - BKK_i) - RP$$

- Als Differenz der erwarteten Zahlungen nach und vor Risikoübergabe ergibt sich somit aus den Formeln (62) und (61):

[192] Vgl. Kapitel 4.2.1.2, S. 115-116.

(63) *Barwert der erwarteten Zahlungen nach Risikoübergabe*
- Barwert der erwarteten Zahlungen vor Risikoübergabe

$$= \sum_{i=1}^{n} q_i \cdot (BA_i^{Plan} - BA_i^0) + \sum_{i=1}^{n} q_i \cdot (BKK_i^{Plan} - BKK_i) - RP$$

$$- \left(\sum_{i=1}^{n} q_i \cdot (BA_i^{Plan} - BA_i) + \sum_{i=1}^{n} q_i \cdot (BKK_i^{Plan} - BKK_i) \right)$$

$$= \sum_{i=1}^{n} q_i \cdot (BA_i - BA_i^0) - RP$$

- Die Filiale wird der Risikoübertragung zustimmen, wenn diese Differenz mindestens Null beträgt, die Risikoübergabeprämie also maximal so hoch ist, wie der Vorteil, den die Filiale durch die möglich gewordene Reduzierung ihres Betreuungsaufwands hat:

(64) $$RP \overset{!}{\leq} \sum_{i=1}^{n} q_i \cdot (BA_i - BA_i^0)$$

Mindestprämie aus Sicht der Kreditportfoliosteuerung

Die Kreditportfoliosteuerung ist vor Abschluss des Kreditsderivats und der damit annahmegemäß verbundenen Übernahme des Ausfallrisikos aus dem Kredit nicht in den Kreditprozess involviert. Sie wird das Kreditderivat daher abschließen und das Kreditausfallrisiko übernehmen, wenn ihre Gesamtposition aus mit dem Ausfallrisiko des Kredits verbundenen Zahlungen, Zahlungen aus dem Derivat selbst und Risikoübernahmeprämie einen positiven Erwartungswert aufweist. Hiermit sind folgende Überlegungen verbunden:

- Im Zeitpunkt, zu dem die Kreditportfoliosteuerung das Risiko übernimmt, wird die Filiale ihren Betreuungsaufwand von BA auf BA^0 senken, die Ausfallwahrscheinlichkeit des Kredits steigt damit von W auf W^0.

- Dadurch findet eine einmalige Zunahme des Standardrisikokostenbarwerts des Kredits statt. Diese Zunahme ist der Kreditportfoliosteuerung anzulasten, da diese durch ihre Risikoübernahme die Senkung des Betreuungsaufwands und damit die Zunahme des Standardrisikokostenbarwerts erst ausgelöst hat.

- Nach der Risikoübernahme hat die Kreditportfoliosteuerung das Ausfallrisiko zu tragen, d.h. sie erhält periodisch die Abschmelzung des Standardrisikokostenbarwerts gutgeschrieben, falls der Kredit nicht ausfällt bzw. bei Kreditausfall wird ihr der über den Standardrisikokostenbarwert hinausgehende Verlust belastet. Im Erwartungswert sind beide Zahlungen konstruktionsbedingt wieder gleich groß. Die erwartete Differenz wird damit wieder Null, beide Positionen können aus den Überlegungen herausgelassen werden.

- Neben den mit dem Ausfallrisiko des Kredits zusammenhängenden Zahlungen erhält die Kreditportfoliosteuerung bei Kreditausfall Zahlungen aus dem Derivat. Der Erwartungswert dieser Zahlungen entspricht dem aktuellen Standardrisikokostenbarwert des Kredits (d.h. auf Basis von W^0). Dieser Erwartungswert der Zahlungen aus dem Derivat wird der Kreditportfoliosteuerung bei Abschluss des Derivats gutgeschrieben.

- Weiterhin wird der Kreditportfoliosteuerung, wie auch in Fall 1, der eingesparte Mindestertragsbarwert des Kredits gutgeschrieben, sie muss den Derivatpreis zahlen und die Betriebskosten des Derivats tragen

- Schließlich erhält die Kreditportfoliosteuerung von der Filiale eine Prämie für die Übernahme des Ausfallrisikos.

Auf Basis dieser Überlegungen wird die Kreditportfoliosteuerung das Kreditderivat abschließen und damit das Kreditausfallrisiko übernehmen, wenn gilt:

(65) *Barwert der aus dem Kreditderivat erwarteten Zahlungen*

- *einmalige Zunahme des Standardrisikokostenbarwerts*

+ *Barwert der ersparten Mindesterträge aus dem Kredit*

- *Barwert der durch Derivateabschluss zusätzlich entstehenden Betriebskosten*

- *an den Kontraktpartner des Derivats zu zahlende Prämie für Risikoübernahme*

> *0*

Mathematisch lassen sich die Komponenten dieser Ungleichung mittels der Formeln (34), (37) und (38)[193] berechnen. Es ergibt sich damit folgende Bedingung für den Abschluss des Kreditderivats aus Sicht der Kreditportfoliosteuerung:

$$(66)\quad \sum_{i=1}^{n}\left(W_i^0\cdot\prod_{j=0}^{i-1}(1-W_j^0)\cdot\left(\sum_{k=i}^{n}q_k\cdot Z_k-S_i\cdot q_i\right)\right)$$
$$-[\sum_{i=1}^{n}\left(W_i^0\cdot\prod_{j=0}^{i-1}(1-W_j^0)\cdot\left(\sum_{k=i}^{n}q_k\cdot Z_k-S_i\cdot q_i\right)\right)$$
$$-\sum_{i=1}^{n}\left(W_i\cdot\prod_{j=0}^{i-1}(1-W_j)\cdot\left(\sum_{k=i}^{n}q_k\cdot Z_k-S_i\cdot q_i\right)\right)]$$
$$+\sum_{i=1}^{n}q_i\cdot ZielRORAC\cdot\beta'\cdot VaR_i$$
$$-\sum_{i=1}^{n}q_i\cdot BKD_i$$
$$-\,Prämie\ Derivat$$
$$+RP$$
$$\overset{!}{>}0$$

Dies bedeutet also, dass die Risikoprämie, welche die Kreditportfoliosteuerung von der Filiale erhält, mindestens folgenden Betrag ausmachen muss, damit das Derivat für die Kreditportfoliosteuerung vorteilhaft ist:

$$(67)\quad RP\overset{!}{>}-\sum_{i=1}^{n}\left(W_i\cdot\prod_{j=0}^{i-1}(1-W_j)\cdot\left(\sum_{k=i}^{n}q_k\cdot Z_k-S_i\cdot q_i\right)\right)$$
$$-\sum_{i=1}^{n}q_i\cdot ZielRORAC\cdot\beta'\cdot VaR_i$$
$$+\sum_{i=1}^{n}q_i\cdot BKD_i$$
$$+\,Prämie\ Derivat$$

---

193 Vgl. S. 85-87.

Zustandekommen des Derivateabschlusses

Damit die Risikoübergabe zu Stande kommen und die Kreditportfoliosteuerung das Kreditderivat abschließen kann, müssen sich Kreditportfoliosteuerung und Filiale auf eine Risikoprämie einigen. Eine für beide Seiten vorteilhafte Einigung ist immer dann (und nur dann) möglich, wenn die Höchstsumme, die die Filiale für die Abwälzung des Ausfallrisikos bereit ist zu zahlen (Formel (64)) über der von der Kreditportfoliosteuerung für die Risikoübernahme geforderte Mindestsumme liegt (Formel (67)). Es muss also gelten:

$$(68)\quad \begin{aligned} &\sum_{i=1}^{n} q_i \cdot (BA_i - BA_i^0) \\ &> \\ &-\sum_{i=1}^{n}\left(W_i \cdot \prod_{j=0}^{i-1}(1-W_j)\cdot\left(\sum_{k=i}^{n} q_k \cdot Z_k - S_i \cdot q_i\right)\right) \\ &-\sum_{i=1}^{n} q_i \cdot ZielRORAC \cdot \beta' \cdot VaR_i \\ &+\sum_{i=1}^{n} q_i \cdot BKD_i \\ &+ \textit{Prämie Derivat} \end{aligned}$$

Dies ergibt umgeformt die Bedingung:

$$(69)\quad \begin{aligned} &\sum_{i=1}^{n} q_i \cdot ZielRORAC \cdot \beta' \cdot VaR_i \\ &+\sum_{i=1}^{n}\left(W_i \cdot \prod_{j=0}^{i-1}(1-W_j)\cdot\left(\sum_{k=i}^{n} q_k \cdot Z_k - S_i \cdot q_i\right)\right) \\ &+\sum_{i=1}^{n} q_i \cdot (BA_i - BA_i^0) \\ &> \\ &\sum_{i=1}^{n} q_i \cdot BKD_i \\ &+ \textit{Prämie Derivat} \end{aligned}$$

Dies entspricht genau der Vorteilhaftigkeitsbedingung für den Abschluss des Kreditderivats aus Sicht der Gesamtbank gemäß Formel (57), S. 127. Mit anderen Worten:

- Immer wenn sich Filiale und Kreditportfoliosteuerung über die Höhe der Prämie für die Risikoübernahme einigen können, dann erhöht der Abschluss eines Derivats den Shareholder Value der Bank und ist somit auch aus Gesamtbanksicht vorteilhaft. Die Kreditportfoliosteuerung wird das Derivat abschließen und die Verantwortung für das Kreditausfallrisiko übernehmen, die Filiale nach der Risikoübergabe ihren Betreuungsaufwand auf BA^0 senken.

- Wenn diese Einigung nicht möglich ist, dann ist es aus Sicht der Kreditportfoliosteuerung nicht vorteilhaft, das Kreditderivat abzuschließen. Auch dies ist im Interesse der Gesamtbank, da in diesem Fall ein Derivateabschluss zu einer Verringerung des Shareholder Value der Bank führen würde und somit aus Gesamtbanksicht unvorteilhaft wäre.

Fazit zur ex ante-Kalkulation des Derivateabschlusses:

Insgesamt lässt sich also feststellen, dass sich alle beteiligten organisatorischen Einheiten bei der Frage des Derivateabschlusses (und der damit verbundenen Reduzierung des Betreuungsaufwands) dann und nur dann im Sinne der Gesamtbank verhalten, wenn das Ausfallrisiko bei Derivateabschluss von der Filiale auf die Kreditportfoliosteuerung übergeht und sowohl Kreditportfoliosteuerung als auch Filiale die dazu ausgehandelte Prämie für die Risikoübernahme akzeptieren. Dieser Risikoübergang bei Derivateabschluss und die dazu nötige Prämienaushandlung sind also in das Kreditmanagementsystem zu inkorporieren.

4.2.2.2 Ex post-Erfolgszurechnung nach Derivateabschluss

Die Anforderungen an die periodische Erfolgszurechnung nach Absicherung eines Kredits durch ein Kreditderivat entsprechen in ihrem Wesen denen der ex post-Erfolgszurechnung nach Kreditabschluss: Die Erfolgszurechnung muss den Verantwortlichen Anreize zu wirtschaftlichem Verhalten geben und darf nicht in Konflikt zu den ex ante-Steuerungsimpulsen geraten. In diesem Fall bedeutet das insbesondere, dass die Verantwortung für das Kreditausfallrisiko bei der Portfoliosteuerung liegen muss, da sie bei Derivateabschluss ja auf diese überging.

Für die Filiale hat dies die Konsequenz, dass ihr nun der Verlust bei Kreditausfall nicht mehr angelastet wird, sie andererseits aber bei Nichtausfall des Kredits auch keine Gutschrift mehr über die Abschmelzung des Standardrisikokostenbarwerts erhält. Auch Bonitätsänderungen des Kreditschuldners während der Kreditlaufzeit tangieren die Filiale nicht mehr. Bei der Zurechnung von Betreuungsaufwand und sonstigen Betriebskosten ändert sich dagegen nichts: Die Filiale erhält nach wie vor die Differenz zwischen ursprünglich geplantem und tatsächlich erbrachtem Betreuungsaufwand gutgeschrieben, wodurch sie den (von der Bank auch so gewünschten) Anreiz erhält, ihren Betreuungsaufwand auf BA^0 zu reduzieren. Ebenso bleibt der Filiale mit der Zurechnung der Differenz aus geplanten und tatsächlich anfallenden sonstigen Betriebskosten ein Anreiz zur Kostenersparnis. Schließlich muss der Filiale noch bei Derivateabschluss einmalig die Risikoübergabeprämie belastet werden, um sicherzustellen, dass sie diese in ihre ex ante-Kalkulation auch einbezieht.

Für die Kreditportfoliosteuerung stellt sich die Erfolgszurechnung nach Abschluss des Kreditderivats wie folgt dar:

- Mit Abschluss des Derivats erhält die Kreditportfoliosteuerung sofort die Größen zugerechnet, mit denen sie bei Derivateabschluss gemäß Formel (66), S. 136, kalkuliert hat:
    - ◊ Ihr werden der Barwert der erwarteten Zahlungen aus dem Derivat, der weggefallene Mindestertrag aus dem Kredit und die von der Filiale zu zahlende Prämie für die Risikoübernahme gutgeschrieben.
    - ◊ Gleichzeitig wird ihr die einmalige Zunahme des Standardrisikokostenbarwerts des Kredits, der Barwert der durch Derivateabschluss zusätzlich entstehenden Betriebskosten sowie die an den Kontraktpartner des Derivats zu zahlende Prämie belastet.
- Da die Kreditportfoliosteuerung nach Derivateabschluss für das Ausfallrisiko des Kredits verantwortlich ist, werden ihr bei Kreditausfall die über das Erwartete hinausgehenden Verluste belastet. Gleichzeitig fließen bei Kreditausfall jedoch aus dem Kreditderivat Zahlungen an die Kreditportfoliosteuerung. Analog zum Ausfallverlust des Kredits sind der Kreditportfoliosteuerung auch hier nur die über das Erwartete hinausgehenden Zahlungen zuzurechnen

(die erwarteten Zahlungen aus dem Derivat wurden ja schon bei Abschluss zugerechnet). Da der Barwert der erwarteten Zahlungen aus dem Derivat bei Derivateabschluss genau dem Standardrisikokostenbarwert des Kredits entspricht, entsprechen sich bei Kreditausfall auch die über das Erwartete hinausgehenden Zahlungen aus dem Derivat und der über das Erwartete hinausgehende Verlust aus dem Kredit. Netto findet für die Kreditportfoliosteuerung bei Kreditausfall also weder eine Belastung noch eine Gutschrift statt.

- Das selbe gilt bei Nichtausfall des Kredits: Hier wird der Kreditportfoliosteuerung aus dem Kredit die Abschmelzung des Standardrisikokostenbarwerts gutgeschrieben. Durch den Nichtausfall sinkt jedoch gleichzeitig der Barwert der aus dem Derivat erwarteten Zahlungen. Beide Größen kompensieren sich wiederum, die Nettozurechnung an die Kreditportfoliosteuerung beträgt Null.

- Die Kompensation der Wertveränderungen von Kredit und Derivat gilt schließlich auch für den Fall der Bonitätsänderung des Kreditschuldners. Jede durch Bonitätsverschlechterung verursachte Senkung des Werts des Kredits wird durch eine gleich hohe Steigerung des Derivatewerts ausgeglichen, jede Wertsteigerung des Kredits bei verbesserter Bonität des Schuldners durch ein Absinken des Werts des Derivats exakt kompensiert.

- Als einzige Zurechnung nach Derivateabschluss verbleibt für die Kreditportfoliosteuerung somit - analog zur Filiale - die Differenz zwischen geplanten und tatsächlich anfallenden Betriebskosten aus dem Kreditderivat. Auf diese Weise wird auch der Kreditportfoliosteuerung ein Anreiz zur Kostenersparnis gegeben.

Fazit zur ex post-Erfolgszurechnung nach Derivateabschluss:

Nach Derivateabschluss werden der Filiale periodisch nur noch die Differenzen aus geplantem und tatsächlich anfallendem Betreuungsaufwand und aus geplanten und tatsächlichen sonstigen Betriebskosten zugerechnet. Der einzige Zurechnungsposten für die Kreditportfoliosteuerung ist die Differenz zwischen geplanten und tatsächlichen Betriebskosten des Derivats. Alle Zahlungen und Wertveränderungen von Kredit und Kreditderivat kompensieren sich dagegen stets.

4.2.2.3 Beispiel zu Kalkulation und Erfolgszurechnung des Derivateabschlusses

Im Folgenden soll die in der Arbeit gewählte Systematik der ex ante-Kalkulation und ex-post Erfolgszurechnung eines Derivateabschlusses wiederum an Hand eines Beispiels verdeutlicht werden.

Daten zur ex ante-Kalkulation

Eine Bank habe den im Beispiel zum Kreditabschluss auf S. 120f. angeführten Kredit abgeschlossen. Die Kreditportfoliosteuerung überlegt nun unmittelbar nach Kreditabschluss, diesen Kredit durch ein Kreditderivat abzusichern. Dabei liegen ihr folgende Daten vor:

- an den Kontraktpartner des Derivats zu zahlende Prämie für die Risikoübernahme: 2.500 €
- jährliche Betriebskosten des Derivats: 30 €

Die Kreditportfoliosteuerung weiß ferner, dass die Filiale nach Absicherung des Kredits ihren Betreuungsaufwand auf 100 € reduzieren wird, die Ausfallwahrscheinlichkeit des Kredits steigt dadurch auf 3%.

Ex ante-Kalkulation des Derivateabschlusses

Die Maximalprämie, welche die Filiale für die Übernahme des Kreditausfallrisikos durch die Kreditportfoliosteuerung zu zahlen bereit ist, beträgt gemäß Formel (64), S. 134:

$$RP \leq 1{,}05^{-1} * (200\text{ €} - 100\text{ €}) + 1{,}05^{-2} * (200\text{ €} - 100\text{ €}) = 185{,}94\text{ €}$$

Die Kreditportfoliosteuerung möchte dagegen gemäß Formel 67, S. 136, folgende Minimalprämie von der Filiale:

RP > - Standardrisikokostenbarwert des Kredits vor Absicherung

- Barwert der Mindesterträge des Kredits

+ Betriebskostenbarwert des Derivats

+ an den Kontraktpartner des Derivats zu zahlende Prämie

Mit den bereits im Beispiel zum Kreditabschluss berechneten Größen ergibt sich daraus:

RP > - 2.190,29 €

- 492,52 €

+ $1{,}05^{-1}$ * 30 € + $1{,}05^{-2}$ * 30 €

+ 2.500 €

> - 127,03 €

Der Derivateabschluss kommt damit zu Stande, da die von der Kreditportfoliosteuerung geforderte Mindestprämie mit –127,03 € unter der Maximalprämie in Höhe von 185,94 € liegt, welche die Filiale zu zahlen bereit ist.

Daten zur ex post-Erfolgszurechnung

Die Daten zur ex post-Erfolgszurechnung entsprechen wiederum denen des Beispiels zum Kreditabschluss auf S. 122. Insbesondere bedeutet dies, dass der Kredit annahmegemäß in der zweiten Periode ausfällt. Zusätzlich ergeben sich noch folgende Daten für die tatsächlich angefallenen Betriebskosten des Derivats:

- Betriebskosten des Derivats im ersten Jahr: 40 €
- Betriebskosten des Derivats im zweiten Jahr: 50 €

Ex post-Erfolgszurechnung nach Derivateabschluss

Bei der ex post-Erfolgszurechnung ist wiederum eine Unterscheidung nötig in

- Erfolgszurechnung direkt nach Derivateabschluss,
- Erfolgszurechnung nach einem Jahr und
- Erfolgszurechnung nach zwei Jahren.

a) Erfolgszurechnung direkt nach Derivateabschluss

Direkt nach Derivateabschluss erhält die Kreditportfoliosteuerung gemäß den Ausführungen auf S. 140 direkt die Größen zugerechnet, mit denen sie gemäß Formel (66), S. 136, kalkuliert hat. Nimmt man an, dass die Filiale dabei die Maximalprämie zahlt, so bedeutet dies:

Erfolgszurechnung an Kreditportfoliosteuerung nach Derivateabschluss

= Standardrisikokostenbarwert des Kredits vor Absicherung

+ Barwert der Mindesterträge des Kredits

- Betriebskostenbarwert des Derivats

- an den Kontraktpartner des Derivats zu zahlende Prämie

+ von der Filiale zu zahlende Prämie für die Risikoübergabe

$= 2.190{,}29\ € + 492{,}52\ € - (1{,}05^{-1} * 30\ € + 1{,}05^{-2} * 30\ €) - 2.500\ € + 185{,}94\ €$

$= 312{,}97\ €$

Der Filiale wird entsprechend die Risikoübergabeprämie in Höhe von 185,94 € belastet.

b) Erfolgszurechnung nach einem Jahr

Nach einem Jahr werden der Filiale folgende Erfolge zugerechnet[194]:

- Differenz zwischen geplantem und tatsächlichem Betreuungsaufwand

  = 200 € - 100 € = 100 €

- Differenz zwischen geplanten und tatsächlichen sonstigen Betriebskosten

  = 50 € - 40 € = 10 €

Die Filiale erhält damit nach einem Jahr eine Erfolgsgutschrift in Höhe von 100 € + 10 € = 110 €.

Der Kreditportfoliosteuerung wird die Differenz zwischen tatsächlichen und geplanten Betriebskosten des Derivats zugerechnet, sie wird also mit 40 € - 30 € = 10 € belastet.

c) Erfolgszurechnung nach zwei Jahren

Nach zwei Jahren werden der Filiale folgende Erfolge zugerechnet:

- Differenz zwischen geplantem und tatsächlichem Betreuungsaufwand

  = 200 € - 100 € = 100 €

- Differenz zwischen geplanten und tatsächlichen sonstigen Betriebskosten

  = 50 € - 60 € = -10 €

Der Filiale werden damit nach zwei Jahren Erfolge in Höhe von 100 € - 10 € = 90 € zugerechnet.

Der Kreditportfoliosteuerung wird wiederum nur die bei den Betriebskosten des Derivats aufgetretene Differenz zugerechnet, sie wird also mit 50 € - 30 € = 20 € belastet. Aus dem Kreditausfall ergeben sich dagegen keine Belastungen, da der Kreditausfall durch die Zahlungen aus dem Derivat ausgeglichen wird.

---

[194] Vgl. zu b) und c) S. 140.

4.2.3 Die Entscheidung über die Übergabe von Problemkrediten an die Problemkreditabteilung

Problemkredite sind solche Kredite, bei denen sich die Bonität des Kreditnehmers stark verschlechtert, die akut ausfallgefährdet sind oder bei denen bereits ein Teilausfall oder eine Zahlungsverzögerung stattgefunden hat.[195] Diese Kredite werden in der Praxis häufig von einer darauf spezialisierten Problemkreditabteilung betreut. Die Betreuung erfolgt dabei entweder bis zur endgültigen Abwicklung des Kredits inklusive Sicherheitenverwertung oder bis zur „Normalisierung" des Engagements, worauf dieses dann wieder der Filiale zurückübertragen wird.[196] Die Problemkreditabteilung erbringt im Rahmen ihrer Kreditbetreuung einen höheren Aufwand als eine „normale" kreditbetreuende Filiale - z.B. indem sie eine Managementberatung für die konkursgefährdeten Unternehmen durchführt - dafür erwartet die Bank aus dem Problemkredit aber auch höhere Rückflüsse, als sie ohne diese „Spezialbetreuung" geflossen wären.[197] Es ist also zu fragen, wann diese erhöhten erwarteten Rückflüsse den erhöhten Aufwand rechtfertigen, eine Übergabe eines Kredits an die Problemkreditabteilung für die Bank also sinnvoll erscheint. Insbesondere ist zu analysieren, wie die ex ante-Kalkulation und die ex post Erfolgszurechnung auszugestalten sind, so dass automatisch nur solche Kredite an die Problemkreditabteilung übergeben werden, bei denen dies im Gesamtbankinteresse liegt.

Diese Analyse gewinnt dadurch noch an Komplexität, dass sich die Kreditübergabe an die Problemkreditabteilung nicht nur auf den einzelnen Problemkredit selbst, sondern darüber hinaus auch auf das zukünftige Bankgeschäft auswirken kann: Eine Spezialbetreuung durch die Problemkreditabteilung kann evtl. den Konkurs des Schuldners (bei Firmen) bzw. dessen Privatinsolvenz (bei Privatkunden) verhindern. Dadurch bleibt es für die Bank auch weiterhin möglich, Geschäfte mit diesem Kunden durchzuführen, was ansonsten bei Konkurs des Schuldners nicht bzw. bei Privatinsolvenz zumindest eine Zeit lang nicht mehr möglich gewesen wäre. Diese Möglichkeit des zukünftigen Geschäfts ist bei Problemkrediten in die Analyse einzubeziehen, da hier Kosten und Ertrag der Betreuung auseinanderfallen: Die Filiale, bei welcher der Kunde den Kredit ab-

---

[195] Vgl. DROSTE / MATTERN / SAUTTER (1994), S. 211; SCHÜTZ / KLEINE (2001), S. 399f. u. 405f..

[196] Vgl. DROSTE / MATTERN / SAUTTER (1994), S. 210; HARTMANN-WENDELS / PFINGSTEN / WEBER (2000), S. 222.

[197] Vgl. SCHÜTZ / KLEINE (2001), S. 403.

geschlossen hat, profitiert vom Erfolg des zukünftigen Geschäfts, der Betreuungsaufwand liegt aber bei der Problemkreditabteilung. Letztere wird das zukünftige Geschäft also nicht automatisch in ihre Überlegungen zur Kreditbetreuung einbeziehen, da sie von diesem ja nicht direkt profitiert. Um zu gewährleisten, dass die Problemkreditabteilung bei der Kreditbetreuung im Gesamtbankinteresse handelt, ist eine explizite Einbeziehung des zukünftigen Geschäfts in die Analyse der ex ante-Kalkulation und ex post-Erfolgszurechnung von Problemkrediten daher notwendig.

Für diese Analyse sollen im Folgenden zwei Fälle unterschieden und getrennt untersucht werden:

1. Ein Kredit, der nicht über ein Kreditderivat abgesichert ist, wird zum Problemkredit. Hier trägt die Bank das volle Ausfallrisiko des Kredits.

2. Ein über ein Derivat abgesicherter Kredit wird zum Problemkredit. In diesem Fall sind die Zins- und Tilgungszahlungen für die Bank nicht risikobehaftet, da die Kreditausfälle über Zahlungen aus dem Derivat ausgeglichen werden. Lediglich das Risiko, zukünftiges Geschäft zu verlieren, verbleibt der Bank.

4.2.3.1 Nicht abgesicherte Problemkredite

4.2.3.1.1 Ex ante-Kalkulation nicht abgesicherter Problemkredite

Vor der Analyse, ob ein nicht durch ein Kreditderivat abgesicherter Kredit aus Gesamtbankinteresse der Problemkreditabteilung übergeben werden sollte und wie dies steuerungstechnisch auszugestalten ist, soll zunächst die Ausgangssituation präzisiert werden. Diese stellt sich wie folgt dar:

Sobald ein Kredit durch Zahlungsverzug des Schuldners, Teilausfall von Zins- oder Tilgungszahlungen oder durch ein sonstiges Ereignis, wie z.B. eine starke Bonitätsverschlechterung des Schuldners, zum Problemkredit wird, ist davon zunächst einmal die kreditbetreuende Filiale betroffen, da diese das Kreditausfallrisiko bei nicht durch Derivate abgesicherten Krediten trägt.[198] Dies bedeutet:

1. Der Filiale ist ein aufgetretener Teilausfall anzulasten. Allerdings darf wiederum nur der über das Erwartete hinausgehende Ausfall belastet werden, da der erwartete Teil bereits im Standardrisikokostenbarwert enthalten ist.

2. Ebenso ist die Filiale mit dem aufgetretenen Anstieg des Standardrisikokostenbarwerts zu belasten, der sich durch die automatisch auftretende Verschlechterung der Bonitätseinschätzung des Schuldners und der damit verbundenen gestiegenen Ausfallwahrscheinlichkeit der noch ausstehenden Zahlungen ergibt.

3. Schließlich ist der Filiale auch eine eventuell auftretende Veränderung der durch den Kredit in der Restlaufzeit zu erwirtschaftenden Mindesterträge anzulasten.

All diese Belastungen treten in jedem Fall für die Filiale auf, egal ob sie den Kredit an die Problemkreditabteilung abgibt oder nicht. Sie sind deshalb für die Übergabeentscheidung nicht entscheidungsrelevant und damit nicht weiter zu verfolgen. Betrachtet wird als Ausgangspunkt vielmehr die Situation nach diesen Belastungen, d.h. nachdem der Kredit zum Problemkredit geworden ist. Damit bezeichnen im Folgenden W, VaR bzw. β' die Ausfallwahrscheinlichkeit, den Value at Risk bzw. den β'-Faktor des Kredits, nachdem dieser zum Problemkredit geworden ist, allerdings noch bevor eine eventuelle Übergabe an die Problemkreditabteilung stattgefunden hat.

a) Interesse der Gesamtbank

Die Spezialbetreuung eines stark ausfallgefährdeten Kredits durch die Problemkreditabteilung ist für die Gesamtbank genau dann vorteilhaft, wenn dadurch der Shareholder Value der Bank steigt. Zu vergleichen sind also die Situation, bei der der Kredit nicht durch die Problemkreditabteilung, sondern weiterhin von der Filiale betreut wird, und die Situation, in der die Problemkreditabteilung die Kreditbetreuung übernimmt.

---

[198] Vgl. Kapitel 4.2.1.2, S. 120.

In dem Fall, dass die Problemkreditabteilung nicht mit der Kreditbetreuung beauftrag wird, lässt sich der Wert des Kredits für die Bank - also sein Beitrag zum Shareholder Value der Bank - gemäß Formel (52), S. 125 wie folgt errechnen:

(70) *SHV (ohne PKA)*

= Konditionsbeitragsbarwert der noch ausstehenden Zins- und Tilgungszahlungen aus dem Kredit

- Barwert des noch zu leistenden Betreuungsaufwands

- Barwert der aus dem Kredit noch anfallenden sonstigen Betriebskosten

- Barwert der Standardrisikokosten der noch ausstehenden Zahlungen

- Barwert der Mindesterträge auf Grund des Ausfallrisikos der noch ausstehenden Zahlungen

Mathematisch ausgedrückt ergibt dies gemäß Formel (53), S. 125:

$$(71)\quad SHV\,(ohne\,PKA) = \sum_{i=1}^{n} q_i \cdot KB_i - \sum_{i=1}^{n} q_i \cdot BA_i - \sum_{i=1}^{n} q_i \cdot BKK_i - \sum_{i=1}^{n}\left(W_i \cdot \prod_{j=0}^{i-1}(1-W_j)\cdot\left(\sum_{k=i}^{n} q_k \cdot Z_k - S_i \cdot q_i\right)\right) - \sum_{i=1}^{n} q_i \cdot ZielRORAC \cdot \beta' \cdot VaR_i$$

Zusätzlich zum Kredit selbst ist noch das zukünftige Geschäft mit dem Kreditkunden gefährdet. Zur Vereinfachung der Analyse soll dabei die Annahme getroffen werden, dass ein Kreditausfall des Kunden gleichbedeutend mit seinem Konkurs ist, zukünftiges Geschäft mit dem Kunden in diesem Fall also nicht mehr stattfindet. Bezeichnet man mit $E(ZG_i)$ den erwarteten Shareholder Value-

Beitrag der in der (zukünftigen) Periode i mit dem Kunden erwartungsgemäß stattfindenden Geschäfte, so ergibt sich aus allen mit dem Kunden zu erwartenden zukünftigen Geschäften insgesamt ein Beitrag zum Shareholder Value der Bank in Höhe von (die Herleitung dieser Formel findet sich in Anhang C):

(72) $$SHV\,(zukünftige\ Geschäfte)$$

$$= \sum_{i=1}^{n}\left(E(ZG_i)\cdot q_i \cdot (1-W_i)\cdot \prod_{j=0}^{i-1}(1-W_j)\right) + \sum_{i=n+1}^{\infty} E(ZG_i)\cdot q_i \cdot \prod_{k=1}^{n}(1-W_k)$$

Der erste Term bezeichnet dabei die Summe der mit den Diskontierungsfaktoren q_i auf den Betrachtungszeitpunkt diskontierten Shareholder Value-Beiträge $E(ZG_i)$, die bis zum Laufzeitende des Kredit erwartet werden und daher nur dann eintreten, wenn der Kredit bis zur jeweiligen Periode noch nicht ausgefallen ist (was mit einer Wahrscheinlichkeit von $(1-W_i)\cdot \prod_{j=0}^{i-1}(1-W_j)$ der Fall ist).

Der zweite Term bezeichnet die diskontierten erwarteten Shareholder Value-Beiträge, die aus nach der Kreditlaufzeit abgeschlossenen Geschäften resultieren und daher nur dann auftreten, wenn der Kredit während der gesamten Kreditlaufzeit nicht ausfällt (die Wahrscheinlichkeit hierfür beträgt $\prod_{k=1}^{n}(1-W_k)$.)

Insgesamt ergibt sich in der Situation ohne Problemkreditabteilung damit aus den Formeln (71) und (72) folgender Shareholder Value aus dem gesamten Geschäft mit dem Kreditkunden:

(73) *gesamter SHV (ohne PKA)*

$$
\begin{aligned}
&= SHV\ (ohne\ PKA) + SHV\ (zukünftige\ Geschäfte) \\
&= \sum_{i=1}^{n} q_i \cdot KB_i \\
&- \sum_{i=1}^{n} q_i \cdot BA_i \\
&- \sum_{i=1}^{n} q_i \cdot BKK_i \\
&- \sum_{i=1}^{n} \left(W_i \cdot \prod_{j=0}^{i-1} (1 - W_j) \cdot \left(\sum_{k=i}^{n} q_k \cdot Z_k - S_i \cdot q_i \right) \right) \\
&- \sum_{i=1}^{n} q_i \cdot ZielRORAC \cdot \beta' \cdot VaR_i \\
&+ \sum_{i=1}^{n} \left(E(ZG_i) \cdot q_i \cdot (1 - W_i) \cdot \prod_{j=0}^{i-1} (1 - W_j) \right) \\
&+ \sum_{i=n+1}^{\infty} E(ZG_i) \cdot q_i \cdot \prod_{k=1}^{n} (1 - W_k)
\end{aligned}
$$

Wird der Kredit dagegen der Problemkreditabteilung übergeben, so ergeben sich folgende Änderungen gegenüber der Situation, in der die Problemkreditabteilung nicht involviert ist:

- Die Kreditbetreuung wird nun von der Problemkreditabteilung und nicht mehr durch die Filiale durchgeführt. Dadurch steigt der erbrachte Betreuungsaufwand (bzw. ändert sich zumindest, da nun eine andere Abteilung den Kredit betreut) von BA auf BA^P.

- Gleichzeitig mit der veränderten Zuständigkeit für die Kreditbetreuung steigt auch die Wahrscheinlichkeit der Kreditrückzahlung, d.h. die Ausfallwahrscheinlichkeit des Kredits sinkt auf Grund der Expertise der Problemkreditbetreuung von W auf W^P.

- Diese Verringerung der Ausfallwahrscheinlichkeit des Kredits wirkt sich nicht nur auf den Wert des Kredits, sondern auch auf den Wert des zukünftigen Geschäfts mit dem Kreditkunden aus. Auch hier wird nun mit W^P statt mit W gerechnet.

- Schließlich ändern sich evtl. auch Value at Risk und β'-Faktor des Kredits durch die intensivere Betreuung. Dies ist immer dann der Fall, wenn die Bank eine oder mehrere spezielle Kreditkategorien in ihrer Risikoanalyse gebildet hat, die allein Krediten vorbehalten sind, die an die Problemkreditabteilung übergeben wurden. Ein solches Vorgehen erscheint sinnvoll, weil auf Grund der Expertise der Problemkreditabteilung die Rückflüsse aus den betreuten Problemkrediten höchstwahrscheinlich genauer zu prognostizieren sind als die von „normalen" Krediten. Eine solche verbesserte Prognose führt zu einer geringeren Schwankungsbreite der Rückzahlungen und verändert damit den Value at Risk und über veränderte Korrelationen mit dem übrigen Bankgeschäft auch den β'-Faktor dieser Kredite. In diesem Fall sind dann entsprechend die neuen Parameter VaR^P und β'^P statt VaR und β' zu verwenden.

Mit diesen Überlegungen ergibt sich insgesamt folgender Beitrag des Gesamtgeschäfts mit dem Kreditkunden zum Shareholder Value der Bank, wenn die Kreditbetreuung durch die Problemkreditabteilung erfolgt (der einzige Unterschied zu Formel (73) liegt darin, dass die Größen BA, W, β' und VaR durch BA^P, W^P, β'^P und VaR^P ersetzt wurden):

(74) *gesamter SHV (mit PKA)*

$$
\begin{aligned}
&= \sum_{i=1}^{n} q_i \cdot KB_i \\
&- \sum_{i=1}^{n} q_i \cdot BA_i^P \\
&- \sum_{i=1}^{n} q_i \cdot BKK_i \\
&- \sum_{i=1}^{n} \left(W_i^P \cdot \prod_{j=0}^{i-1} (1 - W_j^P) \cdot \left(\sum_{k=i}^{n} q_k \cdot Z_k - S_i \cdot q_i \right) \right) \\
&- \sum_{i=1}^{n} q_i \cdot ZielRORAC \cdot \beta'^P \cdot VaR_i^P \\
&+ \sum_{i=1}^{n} \left(E(ZG_i) \cdot q_i \cdot (1 - W_i^P) \cdot \prod_{j=0}^{i-1} (1 - W_j^P) \right) \\
&+ \sum_{i=n+1}^{\infty} E(ZG_i) \cdot q_i \cdot \prod_{k=1}^{n} (1 - W_k^P)
\end{aligned}
$$

Die Übergabe des Kredits an die Problemkreditabteilung ist für die Bank dann vorteilhaft, wenn der Shareholder Value der Bank bei Übergabe des Kredits an die Problemkreditabteilung höher ist als ohne diese Übergabe, wenn also gilt:

(75) *gesamter SHV (mit PKA) > gesamter SHV (ohne PKA)*

Setzt man die Gleichungen (73) und (74) in die Ungleichung (75) ein und formt um, so ergibt sich als Vorteilhaftigkeitsbedingung für die Kreditübergabe:

$$(76)\quad \begin{aligned}
&\sum_{i=1}^{n}\left(W_i\cdot\prod_{j=0}^{i-1}(1-W_j)\cdot\left(\sum_{k=i}^{n}q_k\cdot Z_k-S_i\cdot q_i\right)\right)\\
&-\sum_{i=1}^{n}\left(W_i^P\cdot\prod_{j=0}^{i-1}(1-W_j^P)\cdot\left(\sum_{k=i}^{n}q_k\cdot Z_k-S_i\cdot q_i\right)\right)\\
&+\sum_{i=1}^{n}q_i\cdot ZielRORAC\cdot\left(\beta'\cdot VaR_i-\beta'^P\cdot VaR_i^P\right)\\
&+\sum_{i=1}^{n}\left(E(ZG_i)\cdot q_i\cdot\left((1-W_i^P)\cdot\prod_{j=0}^{i-1}(1-W_j^P)-(1-W_i)\cdot\prod_{j=0}^{i-1}(1-W_j)\right)\right)\\
&+\sum_{i=n+1}^{\infty}E(ZG_i)\cdot q_i\cdot\left(\prod_{k=1}^{n}(1-W_k^P)-\prod_{k=1}^{n}(1-W_k)\right)\\
&>\\
&\sum_{i=1}^{n}q_i\cdot(BA_i^P-BA_i)
\end{aligned}$$

Dies bedeutet ökonomisch, dass die Übergabe an die Problemkreditabteilung genau dann vorteilhaft ist, wenn gilt:

(77) *Barwertsteigerung des Kredits durch geringe Ausfallwahrscheinlichkeit*

+ Absenkung des Barwerts des durch den Kredit in der Restlaufzeit zu erwirtschaftenden Mindesterträge

+ Barwertsteigerung des zukünftigen Geschäfts durch geringere Ausfallwahrscheinlichkeit

> Steigerung des Barwerts des Betreuungsaufwands

b) Beteiligte organisatorische Einheiten

An der Entscheidung über die Übergabe eines Kredits an die Problemkreditabteilung sind naturgemäß die Filiale als die die Betreuung übergebende und die Problemkreditabteilung als die übernehmende Organisationseinheit beteiligt. Im Rahmen der ex ante-Kalkulation der Übergabeentscheidung sind also die Interessen dieser beiden organisatorischen Einheiten zu berücksichtigen. Die Kreditportfoliosteuerung spielt dagegen keine Rolle, da sie nicht am Kreditprozess beteiligt ist, wenn ein Kredit nicht durch ein Derivat abgesichert wird.

c) Zurechnungsmöglichkeiten für das Kreditausfallrisiko

Ausgangspunkt für die Zurechnung des Kreditausfallrisikos ist die Situation vor Übergabe der Kreditbetreuung. Da es sich bei dem betrachteten Problemkredit annahmegemäß um einen nicht durch ein Derivat abgesicherten Kredit handelt, ist vor Übergabe die Filiale für das Ausfallrisiko des Kredits verantwortlich.[199] Ausgehend hiervon kommen prinzipiell zwei Möglichkeiten in Betracht, die Verantwortlichkeit für das Kreditausfallrisiko zu regeln:

1. Das Kreditausfallrisiko verbleibt bei der den Kredit vergebenden Filiale.

2. Das Kreditausfallrisiko geht mit der Übergabe der Kreditbetreuung von der Filiale auf die Problemkreditabteilung über.

d) Analyse der Zurechnungsmöglichkeiten

1. Fall: Kreditausfallrisiko bleibt bei der Filiale

Bleibt das Kreditausfallrisiko bei der Filiale, obwohl die Problemkreditabteilung die Kreditbetreuung übernimmt, so wird die Filiale bereit sein, der Problemkreditabteilung eine Prämie für die Kreditbetreuung zu zahlen, da sie ja über eine geringere Ausfallwahrscheinlichkeit des Kredits direkt von einer verbesserten Kreditbetreuung profitiert, die Kosten dafür aber bei der Problemkreditabteilung liegen. Diese Prämienzahlung kann entweder einmalig bei Betreu-

---

[199] Vgl. Kapitel 4.2.1.2, S. 120.

ungsübergabe oder laufend vor oder nach jeder Periode erfolgen. Für die folgende Analyse soll zunächst von einer einmaligen Prämienzahlung ausgegangen werden. Es ist daher zu fragen,

- welche Prämie die Filiale für die Übernahme der Kreditbetreuung durch die Problemkreditabteilung maximal zu zahlen bereit ist,
- welche Prämie die Problemkreditabteilung für die Betreuungsübernahme mindestens verlangt und
- unter welchen Umständen sich Filiale und Problemkreditabteilung auf eine Höhe für die Prämie einigen werden und wann nicht.

Maximalprämie aus Sicht der Filiale

Die Filiale wird der Betreuungsübergabe immer dann zustimmen, wenn trotz Zahlung der Betreuungsprämie der Barwert der erwarteten Zahlungen nach Übergabe der Betreuung für sie mindestens so groß ist wie der Barwert der erwarteten Zahlungen vorher, sie sich also dadurch nicht schlechter stellt, dass der Kredit nun von der Problemkreditabteilung betreut wird. Um diese Abwägung zu treffen, sind folgende Überlegungen der Filiale nötig:

- Bleibt die Kreditbetreuung bei der Filiale, so entspricht ihre Position der nach Kreditabschluss[200], d.h. im Rahmen der ex post-Erfolgszurechnung wird ihr
    - ◊ die Differenz zwischen dem bei Kreditabschluss geplanten und dem tatsächlich von ihr in einer Periode erbrachten Betreuungsaufwand zugerechnet,
    - ◊ die Differenz zwischen den geplanten und den tatsächlichen sonstigen Betriebskosten zugerechnet,
    - ◊ bei Nichtausfall des Kredits die Abschmelzung des Standardrisikokostenbarwerts gutgeschrieben und
    - ◊ bei Kreditausfall der über den aktuellen Standardrisikokostenbarwert hinausgehende Verlust belastet.

[200] Vgl. Kapitel 4.2.1.2, S. 120.

Die letzten beiden Positionen heben sich wiederum im Erwartungswert auf. Es verbleiben der Filiale also als erwartete Zahlungen aus dem Kredit die ersten beiden Positionen. Zusätzlich kommen noch die erwarteten Zahlungen aus den zukünftigen Geschäften mit dem Kreditnehmer hinzu. Es ergibt sich also als Erwartungswert der Gesamtposition gemäß den Formeln (35), (36) und (73)[201]:

(78) *Barwert der erwarteten Zahlungen (ohne Betreuungsübergabe)*

$$= \sum_{i=1}^{n} q_i \cdot (BA_i^{Plan} - BA_i)$$

$$+ \sum_{i=1}^{n} q_i \cdot (BKK_i^{Plan} - BKK_i)$$

$$+ \sum_{i=1}^{n} \left(E(ZG_i) \cdot q_i \cdot (1 - W_i) \cdot \prod_{j=0}^{i-1} (1 - W_j) \right)$$

$$+ \sum_{i=n+1}^{\infty} E(ZG_i) \cdot q_i \cdot \prod_{k=1}^{n} (1 - W_k)$$

- Geht die Betreuung auf die Problemkreditabteilung über, so ist die Filiale nicht mehr für Betreuung und Verwaltung des Kreditengagements verantwortlich, weder der Betreuungsaufwand noch die Betriebskosten liegen dann in ihrem Verantwortungsbereich. Dafür muss sie jedoch der Problemkreditabteilung eine einmalige Betreuungsprämie BP zahlen. Der Filiale verbleibt weiterhin annahmegemäß das Kreditausfallrisiko. Daher erhält sie die einmalige Abschmelzung des Standardrisikokostenbarwerts gutgeschrieben, die durch die Übergabe der Kreditbetreuung und dem damit einhergehenden Absinken der Ausfallwahrscheinlichkeit des Kredits von W auf W^P verursacht wird. Auch die laufende Abschmelzung des Standardrisikokostenbarwerts bei Nichtausfall des Kredits in den Folgeperioden und der über das Erwartete hinausgehende Verlust bei Kreditausfall werden der Filiale angerechnet, heben sich im Erwartungswert jedoch wiederum auf. Schließlich profitiert die Filiale von zukünftigen Geschäften mit dem Kreditnehmer, der Barwert derselben wird nun allerdings mit der neuen Ausfallwahrscheinlichkeit des Kredits W^P errechnet. Für die Filiale ergibt sich nach Betreuungsübergabe damit insgesamt folgende Position:

---

201 Vgl. S. 86 u. 150.

(79) *Barwert der erwarteten Zahlungen (mit Betreuungsübergabe)*

= - *Betreuungsprämie*

+ *Standardrisikokostenabschmelzung durch Betreuungsübergabe*

+ *erwarteter Shareholder Value aus zukünftigen Geschäften*

Unter Zuhilfenahme der Formeln (34) und (73)[202] lässt sich dieser Barwert berechnen als:

(80) *Barwert der erwarteten Zahlungen (mit Betreuungsübergabe)*

$$= -BP$$

$$+ [\sum_{i=1}^{n}\left(W_i \cdot \prod_{j=0}^{i-1}(1-W_j)\cdot\left(\sum_{k=i}^{n} q_k \cdot Z_k - S_i \cdot q_i\right)\right)$$

$$-\sum_{i=1}^{n}\left(W_i^P \cdot \prod_{j=0}^{i-1}(1-W_j^P)\cdot\left(\sum_{k=i}^{n} q_k \cdot Z_k - S_i \cdot q_i\right)\right)]$$

$$+\sum_{i=1}^{n}\left(E(ZG_i)\cdot q_i \cdot (1-W_i^P)\cdot \prod_{j=0}^{i-1}(1-W_j^P)\right)$$

$$+\sum_{i=n+1}^{\infty} E(ZG_i)\cdot q_i \cdot \prod_{k=1}^{n}(1-W_k^P)$$

- Die Filiale wird der Betreuungsübergabe an die Problemkreditabteilung zustimmen, wenn sie sich dadurch nicht schlechter stellt, wenn also gilt:

(81) *Barwert der erwarteten Zahlungen (mit Betreuungsübergabe)*

$\geq$ *Barwert der erwarteten Zahlungen (ohne Betreuungsübergabe)*

---

[202] Vgl. S. 85 u. 150.

- Setzt man die Gleichungen (78) und (80) in die Ungleichung (81) ein, so ergibt sich umgeformt als Bedingung für die Betreuungsprämie:

$$(82) \quad BP \leq$$

$$\sum_{i=1}^{n}\left(W_i \cdot \prod_{j=0}^{i-1}(1-W_j)\cdot\left(\sum_{k=i}^{n} q_k \cdot Z_k - S_i \cdot q_i\right)\right)$$

$$-\sum_{i=1}^{n}\left(W_i^P \cdot \prod_{j=0}^{i-1}(1-W_j^P)\cdot\left(\sum_{k=i}^{n} q_k \cdot Z_k - S_i \cdot q_i\right)\right)$$

$$+\sum_{i=1}^{n}\left(E(ZG_i)\cdot q_i \cdot\left((1-W_i^P)\cdot \prod_{j=0}^{i-1}(1-W_j^P) - (1-W_i)\cdot \prod_{j=0}^{i-1}(1-W_j)\right)\right)$$

$$+\sum_{i=n+1}^{\infty} E(ZG_i)\cdot q_i \cdot\left(\prod_{k=1}^{n}(1-W_k^P) - \prod_{k=1}^{n}(1-W_k)\right)$$

$$-\sum_{i=1}^{n} q_i \cdot (BA_i^{Plan} - BA_i)$$

$$-\sum_{i=1}^{n} q_i \cdot (BKK_i^{Plan} - BKK_i)$$

- Ökonomisch lässt sich die in Formel (82) quantifizierte Betreuungsprämie, welche die Filiale maximal zu zahlen bereit ist, folgendermaßen interpretieren:

(83) *maximale Betreuungsprämie*

= *einmalige Abschmelzung des Standardrisikokostenbarwerts auf Grund der Kreditübergabe*

\+ *höhere erwartete Erträge aus dem zukünftigen Geschäft mit dem Kreditkunden auf Grund der gesunkenen Konkurswahrscheinlichkeit*

\- *Erwartungswert der Differenz aus geplantem und tatsächlich erbrachtem Betreuungsaufwand der Filiale, welcher der Filiale nun nicht mehr zugerechnet wird*

\- *Erwartungswert der Differenz aus geplanten und tatsächlichen sonstigen Betriebskosten der Filiale, welcher der Filiale nun nicht mehr zugerechnet wird*

Mindestprämie aus Sicht der Problemkreditabteilung

Die Überlegungen der Problemkreditabteilung, ob sie die Kreditbetreuung übernehmen soll, gestalten sich etwas weniger komplex: Die Problemkreditabteilung ist vor Betreuungsübernahme nicht in den Kreditprozess involviert, wird sich mit der Betreuungsübernahme daher einverstanden erklären, wenn die daraus resultierenden Zahlungen einen positiven Erwartungswert aufweisen:

- Die Problemkreditabteilung erhält nach Betreuungsübernahme die Differenz zwischen ursprünglich geplantem Betreuungsaufwand und tatsächlich von ihr erbrachtem Betreuungsaufwand zugerechnet. Da die Problemkreditabteilung wahrscheinlich einen höheren Betreuungsaufwand erbringen dürfte, als dies bei Kreditabschluss geplant war, wird diese Differenz wahrscheinlich negativ ausfallen, es handelt sich also um eine Belastung.

- Falls die Problemkreditabteilung neben der Kreditbetreuung auch die Verwaltung des Kredits übernimmt - wovon im folgenden ausgegangen werden soll - wird nun ihr realisiertes Einsparpotential in diesem Bereich gutgeschrieben, d.h. sie erhält die Differenz aus geplanten und tatsächlichen sonstigen Betriebskosten zugerechnet.

- Weiterhin wird der Problemkreditabteilung einmalig die Verringerung des Barwerts der vom Kredit in der Restlaufzeit zu erzielenden Mindesterträge gutgeschrieben, falls die Bank eigene Risikokategorien für „an die Problemkreditabteilung übergebene Kredite“ mit eigenem Value at Risk und eigenem β‘-Faktor gebildet haben sollte.[203]

- Schließlich erhält die Problemkreditabteilung eine Betreuungsprämie von der Filiale.

---

[203] Die Zurechnung der einmaligen Standardrisikokostenabschmelzung und der Verringerung des Mindestertrags zu Filiale respektive Problemkreditabteilung ist relativ willkürlich. Hier hätte auch eine andere Zuordnung gewählt werden können. Dies hätte allerdings, wie leicht zu zeigen ist, nur Auswirkungen auf die Höhe der Betreuungsprämie, nicht auf das Zustandekommen der Betreuungsübergabe selbst.

- Die Gesamtposition der Problemkreditabteilung nach Übernahme der Kreditbetreuung beträgt damit unter Verwendung der Formeln (35), (36) und (38)[204]:

(84) *Barwert der erwarteten Zahlungen (nach Betreuungsübernahme)*

$$= \sum_{i=1}^{n} q_i \cdot (BA_i^{Plan} - BA_i^{P})$$

$$+ \sum_{i=1}^{n} q_i \cdot (BKK_i^{Plan} - BKK_i)$$

$$+ \sum_{i=1}^{n} q_i \cdot ZielRORAC \cdot \left(\beta' \cdot VaR_i - \beta'^{P} \cdot VaR_i^{P}\right)$$

$$+ BP$$

- Die Problemkreditabteilung wird der Betreuungsübernahme zustimmen, wenn diese Position einen positiven Wert aufweist. Daraus ergibt sich als Bedingung für die Betreuungsprämie:

(85) $BP >$

$$\sum_{i=1}^{n} q_i \cdot (BA_i^{P} - BA_i^{Plan})$$

$$- \sum_{i=1}^{n} q_i \cdot (BKK_i^{Plan} - BKK_i)$$

$$- \sum_{i=1}^{n} q_i \cdot ZielRORAC \cdot \left(\beta' \cdot VaR_i - \beta'^{P} \cdot VaR_i^{P}\right)$$

---

204 Vgl. S. 86f..

- Ökonomisch lässt sich Formel (85) wie folgt interpretieren:

(86) *minimale Betreuungsprämie*

= *erwartete Belastung durch höheren Betreuungsaufwand*

- *erwartete Einsparmöglichkeiten bei den sonstigen Betriebskosten*

- *Absenkung des Barwerts der durch den Kredit in der Restlaufzeit zu erwirtschaftenden Mindesterträge*

Zustandekommen der Betreuungsübergabe

Eine Übergabe der Kreditbetreuung von der Filiale an die Problemkreditabteilung kann immer dann zu Stande kommen, wenn sich Filiale und Problemkreditabteilung auf die Höhe der Betreuungsprämie einigen können. Dazu muss die von der Problemkreditabteilung geforderte Mindestprämie unter der Höchstprämie liegen, die die Filiale zu zahlen bereit ist. Es muss also gelten:

(87) *maximale Betreuungsprämie aus Sicht der Filiale*

< *minimale Betreuungsprämie aus Sicht der Problemkreditabteilung*

Setzt man die Formeln (81) und (85) in (87) ein und formt um, so ergibt sich, dass die Betreuungsübergabe an die Problemkreditabteilung dann und nur dann vorteilhaft ist, wenn gilt:

(88) $$\sum_{i=1}^{n}\left(W_i\cdot\prod_{j=0}^{i-1}(1-W_j)\cdot\left(\sum_{k=i}^{n}q_k\cdot Z_k-S_i\cdot q_i\right)\right)$$

$$-\sum_{i=1}^{n}\left(W_i^P\cdot\prod_{j=0}^{i-1}(1-W_j^P)\cdot\left(\sum_{k=i}^{n}q_k\cdot Z_k-S_i\cdot q_i\right)\right)$$

$$+\sum_{i=1}^{n}q_i\cdot ZielRORAC\cdot\left(\beta'\cdot VaR_i-\beta'^P\cdot VaR_i^P\right)$$

$$+\sum_{i=1}^{n}\left(E(ZG_i)\cdot q_i\cdot\left((1-W_i^P)\cdot\prod_{j=0}^{i-1}(1-W_j^P)-(1-W_i)\cdot\prod_{j=0}^{i-1}(1-W_j)\right)\right)$$

$$+\sum_{i=n+1}^{\infty}E(ZG_i)\cdot q_i\cdot\left(\prod_{k=1}^{n}(1-W_k^P)-\prod_{k=1}^{n}(1-W_k)\right)$$

$$>$$

$$\sum_{i=1}^{n}q_i\cdot(BA_i^P-BA_i)$$

Dies ist identisch mit der Vorteilhaftigkeitsbedingung für die Betreuungsübergabe aus Sicht der Gesamtbank gemäß Formel (76), S. 152. Problematisch ist allerdings, dass bei dieser Konstruktion von Risikoverantwortlichkeit und Betreuungsprämie eine Moral Hazard-Problematik auftreten kann: Die Filiale hat durch die gesunkene Ausfallwahrscheinlichkeit des Kredits und durch die höhere Wahrscheinlichkeit zukünftigen Geschäfts Vorteile aus der verstärkten Betreuung des Kredits durch die Problemkreditabteilung, die Kosten dieser Betreuung trägt aber (über die zugerechnete Differenz aus geplantem und tatsächlichem Betreuungsaufwand) die Problemkreditabteilung. Erhält die Problemkreditabteilung für die Betreuungsübernahme lediglich eine einmalige Betreuungsprämie zu Beginn, so besteht für sie in der Folge kein Anreiz mehr, die Ausfallwahrscheinlichkeit des Kredit durch eine verstärkte Kreditbetreuung zu reduzieren, obwohl dies möglicherweise im Interesse der Gesamtbank wäre. Welche Konsequenzen diese Moral Hazard-Problematik für das Kreditmanagementsystem hat, wird im Verlauf der Arbeit noch erläutert. Zunächst soll jedoch die zweite mögliche Variante der Risikozurechnung analysiert werden.

2. Fall: Kreditausfallrisiko geht von der Filiale auf die Problemkreditabteilung über

Auch in dem Fall, dass das Kreditausfallrisiko gleichzeitig mit der Betreuungsübergabe von der Filiale auf die Problemkreditabteilung über geht, sind wieder die Positionen von Filiale und Problemkreditabteilung separat zu betrachten und ist zu analysieren, unter welchen Umständen sich Filiale und Problemkreditabteilung auf eine Betreuungsübergabe und die damit verbundene Höhe der Betreuungsprämie einigen werden und wann nicht.

Maximalprämie aus Sicht der Filiale

Die Filiale wird der Betreuungsübergabe zustimmen, wenn sie sich dadurch nicht schlechter stellt, als vorher. Es ist also wiederum die Erfolgszurechnung mit Betreuungsübergabe mit der Erfolgszurechnung ohne Betreuungsübergabe zu vergleichen. Dabei entspricht die Erfolgszurechnung ohne Betreuungsübergabe - wenn die Filiale das Kreditausfallrisiko also behält und den Kredit selbst weiter betreut - der bereits in Fall 1 erläuterten Variante: Die Filiale erhält die Differenzen aus geplantem und tatsächlich erbrachtem Betreuungsaufwand, aus geplanten und tatsächlichen sonstigen Betriebskosten sowie den erwarteten Shareholder Value-Beitrag des zukünftigen Geschäfts. Der Filiale werden weiterhin die Abschmelzung des Standardrisikokostenbarwerts bei Nichtausfall des Kredits und der über das Erwartete hinausgehende Verlust bei Kreditausfall angerechnet, welche sich im Erwartungswert aufheben. Die Gesamtposition entspricht demnach der in Formel (78), S. 155, bereits formulierten:

(89) *Barwert der erwarteten Zahlungen (ohne Betreuungsübergabe)*

$$
\begin{aligned}
&= \sum_{i=1}^{n} q_i \cdot (BA_i^{Plan} - BA_i) \\
&+ \sum_{i=1}^{n} q_i \cdot (BKK_i^{Plan} - BKK_i) \\
&+ \sum_{i=1}^{n} \left(E(ZG_i) \cdot q_i \cdot (1 - W_i) \cdot \prod_{j=0}^{i-1} (1 - W_j) \right) \\
&+ \sum_{i=n+1}^{\infty} E(ZG_i) \cdot q_i \cdot \prod_{k=1}^{n} (1 - W_k)
\end{aligned}
$$

Bei Betreuungsübergabe an die Problemkreditabteilung ergeben sich für die Filiale folgende Änderungen zu dieser Position:

- Mit dem Wegfall der Betreuung fällt für die Filiale die Zurechnung von Betreuungsaufwand und Betriebskosten weg.

- Da die Filiale nach Übergabe der Betreuung annahmegemäß nicht mehr für das Ausfallrisiko des Kredits verantwortlich ist, werden ihr weder bei Kreditausfall noch bei Nichtausfall des Kredits Wertänderungen des Kredits zugerechnet. Die Filiale erhält also bei Nichtausfall des Kredits keine Gutschrift in Höhe der Absenkung des Standardrisikokostenbarwerts des Kredits mehr und muss bei Kreditausfall dafür auch nicht den über das Erwartete hinausgehenden Verlust tragen. Weiterhin erhält die Filiale bei Übergabe der Betreuung an die Problemkreditabteilung - anders als in Fall 1 - nun auch nicht mehr die einmalige Abschmelzung des Standardrisikokostenbarwerts des Kredits gutgeschrieben, die sich durch die mit der Betreuungsübergabe verbundene Absenkung der Ausfallwahrscheinlichkeit des Kredits von W auf W^P ergibt. Diese ist vielmehr nun der für das Ausfallrisiko verantwortlichen Problemkreditabteilung zuzurechnen.

- Der erwartete Shareholder Value-Beitrag der zukünftigen Geschäfte vergrößert sich, da er nun auf Basis der neuen, geringeren Ausfallwahrscheinlichkeit W^P zu berechnen ist.

- Schließlich zahlt die Filiale der Problemkreditabteilung für die Übernahme der Kreditbetreuung eine Betreuungsprämie BP, da sie über das zukünftige Geschäft von dieser Betreuung profitiert.

Damit ergibt sich für die Filiale nach Betreuungsübergabe folgende Position:

(90) *Barwert der erwarteten Zahlungen (mit Betreuungsübergabe)*

= - Betreuungsprämie

+ erwarteter Shareholder Value aus zukünftigen Geschäften

Setzt man für den erwarteten Shareholder Value aus den zukünftigen Geschäften die Formel (73), S. 150, an, so ergibt sich aus (90):

(91) *Barwert der erwarteten Zahlungen (mit Betreuungsübergabe)*

$$= -BP + \sum_{i=1}^{n}\left(E(ZG_i)\cdot q_i\cdot(1-W_i^P)\cdot\prod_{j=0}^{i-1}(1-W_j^P)\right) + \sum_{i=n+1}^{\infty}E(ZG_i)\cdot q_i\cdot\prod_{k=1}^{n}(1-W_k^P)$$

Die Filiale wird der Betreuungsübergabe zustimmen, wenn ihre Position nach Übergabe nicht schlechter ist als vorher, wenn also gilt:

(92) *Barwert der erwarteten Zahlungen (mit Betreuungsübergabe)*

$\geq$ *Barwert der erwarteten Zahlungen (ohne Betreuungsübergabe)*

Setzt man die Gleichungen (89) und (91) in die Ungleichung (92) ein, so ergibt sich als Maximalprämie, die die Filiale für die Betreuung an die Problemkreditabteilung zu zahlen bereit ist:

(93)
$$BP \overset{!}{\leq} \sum_{i=1}^{n}\left(E(ZG_i)\cdot q_i\cdot\left((1-W_i^P)\cdot\prod_{j=0}^{i-1}(1-W_j^P)-(1-W_i)\cdot\prod_{j=0}^{i-1}(1-W_j)\right)\right) + \sum_{i=n+1}^{\infty}E(ZG_i)\cdot q_i\cdot\left(\prod_{k=1}^{n}(1-W_k^P)-\prod_{k=1}^{n}(1-W_k)\right) - \sum_{i=1}^{n}q_i\cdot(BA_i^{Plan}-BA_i) - \sum_{i=1}^{n}q_i\cdot(BKK_i^{Plan}-BKK_i)$$

Gleichung (93) lässt sich ökonomisch wie folgt interpretieren:

(94) *maximale Betreuungsprämie*

= *höhere erwartete Erträge aus dem zukünftigen Geschäft mit dem Kreditkunden auf Grund der gesunkenen Konkurswahrscheinlichkeit*

- *Erwartungswert der Differenz aus geplantem und tatsächlich erbrachtem Betreuungsaufwand der Filiale, welcher der Filiale nun nicht mehr zugerechnet wird*

- *Erwartungswert der Differenz aus geplanten und tatsächlichen sonstigen Betriebskosten der Filiale, welcher der Filiale nun nicht mehr zugerechnet wird*

Mindestprämie aus Sicht der Problemkreditabteilung

Die von der Problemkreditabteilung minimal zu fordernde Betreuungsprämie ergibt sich aus folgenden Überlegungen:

- Die Problemkreditabteilung ist vor Betreuungsübernahme nicht in den Kreditprozess involviert. Sie wird daher einer Übernahme der Kreditbetreuung zustimmen, wenn die daraus zu erwartenden Zahlungen einen positiven Erwartungswert aufweisen.

- Mit Übernahme der Kreditbetreuung ist die Problemkreditabteilung für Betreuungsaufwand und sonstige Betriebskosten verantwortlich. Da der von ihr erbrachte Betreuungsaufwand höher sein dürfte als bei Kreditabschluss geplant, wird ihr die Differenz aus tatsächlich von ihr erbrachtem und geplantem Betreuungsaufwand angelastet. Gleichzeitig erhält sie eine Gutschrift in Höhe der Differenz aus geplanten und tatsächlichen sonstigen Betriebskosten, wird also für erwirtschaftete Kosteneinsparungen belohnt.

- Mit Betreuungsübernahme wird die Problemkreditabteilung annahmegemäß auch für das Ausfallrisiko zuständig. Da sich mit Übernahme der Kreditbetreuung durch die Expertise der Problemkreditabteilung im Umgang mit ausfallgefährdeten Krediten die Ausfallwahrscheinlichkeit des Kredits laut Annahme von W auf W^P verringert, sinkt dadurch einmalig der Standardrisikokostenbarwert des Kredits. Diese Verringerung ist der Problemkreditabteilung gutzuschreiben. Gleichzeitig zeichnet die Problemkreditabteilung ab diesem Zeitpunkt auch für den über das Erwartete hinausgehenden Verlust bei Ausfall des Kredits und für die Abschmelzung des Standardrisikokostenbarwerts bei Nichtausfall des Kredits in einer Periode verantwortlich. Auch diese Größen sind ihr zuzurechnen, heben sich im Erwartungswert aber wiederum auf.

- Mit Übergabe des Kredits an die Problemkreditabteilung geht der Kredit analog den Überlegungen zu Fall 1 möglicherweise in eine neue Risikoklasse mit neuem, geringerem Value at Risk und neuem β'-Faktor über. Die dadurch verursachte Verringerung des Barwerts der in der Restlaufzeit zu erwirtschaftenden Mindesterträge ist der Problemkreditabteilung gutzuschreiben.

- Schließlich erhält die Problemkreditabteilung eine einmalige Betreuungsprämie von der Filiale.

Damit ergibt sich für die Problemkreditabteilung nach Übernahme der Kreditbetreuung folgender Erwartungswert der Zahlungen:

(95) *Barwert der erwarteten Zahlungen (mit Betreuungsübergabe)*

= *Erwartungswert der Differenz aus geplantem und tatsächlich erbrachtem Betreuungsaufwand*

\+ *Erwartungswert der Differenz aus geplanten und tatsächlichen sonstigen Betriebskosten der Filiale*

\+ *einmalige Abschmelzung des Standardrisikokostenbarwerts auf Grund der Kreditübergabe*

\- *Absenkung des Barwerts des durch den Kredit in der Restlaufzeit zu erwirtschaftenden Mindesterträge*

\+ *Betreuungsprämie*

Durch Anwenden der Formeln (34), (35), (36) und (38)[205] ergibt sich aus (95):

(96) *Barwert der erwarteten Zahlungen (mit Betreuungsübergabe)*

$$
\begin{aligned}
&= -\sum_{i=1}^{n} q_i \cdot (BA_i^P - BA_i^{Plan}) \\
&+ \sum_{i=1}^{n} q_i \cdot (BKK_i^{Plan} - BKK_i) \\
&+ (\sum_{i=1}^{n} \left(W_i \cdot \prod_{j=0}^{i-1} (1 - W_j) \cdot \left(\sum_{k=i}^{n} q_k \cdot Z_k - S_i \cdot q_i \right) \right) \\
&- \sum_{i=1}^{n} \left(W_i^P \cdot \prod_{j=0}^{i-1} (1 - W_j^P) \cdot \left(\sum_{k=i}^{n} q_k \cdot Z_k - S_i \cdot q_i \right) \right)) \\
&+ \sum_{i=1}^{n} q_i \cdot ZielRORAC \cdot \left(\beta' \cdot VaR_i - \beta'^P \cdot VaR_i^P \right) \\
&+ BP
\end{aligned}
$$

Damit die Problemkreditabteilung der Betreuungsübergabe zustimmt, muss dieser Erwartungswert der Zahlungen positiv sein. Damit ergibt sich folgende von der Problemkreditabteilung geforderte Mindestprämie:

[205] Vgl. S. 85 - 87.

(97) $BP >$

$$\sum_{i=1}^{n} q_i \cdot (BA_i^P - BA_i^{Plan})$$

$$-\sum_{i=1}^{n} q_i \cdot (BKK_i^{Plan} - BKK_i)$$

$$-(\sum_{i=1}^{n}\left(W_i \cdot \prod_{j=0}^{i-1}(1-W_j)\cdot\left(\sum_{k=i}^{n} q_k \cdot Z_k - S_i \cdot q_i\right)\right)$$

$$-\sum_{i=1}^{n}\left(W_i^P \cdot \prod_{j=0}^{i-1}(1-W_j^P)\cdot\left(\sum_{k=i}^{n} q_k \cdot Z_k - S_i \cdot q_i\right)\right))$$

$$-\sum_{i=1}^{n} q_i \cdot ZielRORAC \cdot \left(\beta' \cdot VaR_i - \beta'^P \cdot VaR_i^P\right)$$

Formel (97) entspricht ökonomisch folgender Differenz:

(98) *minimale Betreuungsprämie*

= *erwartete Belastung durch höheren Betreuungsaufwand*

- *erwartete Einsparmöglichkeiten bei den sonstigen Betriebskosten*
- *einmalige Abschmelzung des Standardrisikokostenbarwerts auf Grund der Kreditübergabe*
- *Absenkung des Barwerts der durch den Kredit in der Restlaufzeit zu erwirtschaftenden Mindesterträge*

Zustandekommen der Betreuungsübergabe

Damit eine Übergabe der Kreditbetreuung von der Filiale an die Problemkreditabteilung zu Stande kommen kann, muss wiederum die von der Problemkreditabteilung geforderte Mindestprämie unter der Höchstprämie liegen, die die Filiale zu zahlen bereit ist. Es muss also gelten:

(99) *maximale Betreuungsprämie aus Sicht der Filiale*

< *minimale Betreuungsprämie aus Sicht der Problemkreditabteilung*

Setzt man die Formeln (93) und (97) in (99) ein, so ergibt sich nach Umformung, dass die Betreuungsübergabe an die Problemkreditabteilung dann und nur dann vorteilhaft ist, wenn gilt:

$$(100)\quad \sum_{i=1}^{n}\left(W_i \cdot \prod_{j=0}^{i-1}(1-W_j)\cdot\left(\sum_{k=i}^{n} q_k \cdot Z_k - S_i \cdot q_i\right)\right)$$

$$-\sum_{i=1}^{n}\left(W_i^P \cdot \prod_{j=0}^{i-1}(1-W_j^P)\cdot\left(\sum_{k=i}^{n} q_k \cdot Z_k - S_i \cdot q_i\right)\right)$$

$$+\sum_{i=1}^{n} q_i \cdot ZielRORAC \cdot \left(\beta' \cdot VaR_i - \beta'^P \cdot VaR_i^P\right)$$

$$+\sum_{i=1}^{n}\left(E(ZG_i)\cdot q_i \cdot \left((1-W_i^P)\cdot \prod_{j=0}^{i-1}(1-W_j^P) - (1-W_i)\cdot \prod_{j=0}^{i-1}(1-W_j)\right)\right)$$

$$+\sum_{i=n+1}^{\infty} E(ZG_i)\cdot q_i \cdot \left(\prod_{k=1}^{n}(1-W_k^P) - \prod_{k=1}^{n}(1-W_k)\right)$$

$$>$$

$$\sum_{i=1}^{n} q_i \cdot (BA_i^P - BA_i)$$

Formel (100) entspricht wiederum genau der Vorteilhaftigkeitsbedingung aus Sicht der Gesamtbank gemäß Formel (76), S. 152. Das bei Fall 1 beschriebene Moral Hazard-Problem taucht auch bei dieser Lösung auf, diesmal allerdings nur in abgeschwächter Form: Die Problemkreditabteilung ist diesmal für das Ausfallrisiko des Kredits verantwortlich, bekommt Änderungen ihres Betreuungsaufwands über eine veränderte Ausfallwahrscheinlichkeit des Kredits also selbst finanziell zu spüren. Allerdings schlagen die Auswirkungen einer Änderung des Betreuungsaufwands nicht in vollem Umfang auf die Problemkreditabteilung durch, da der Vorteil des zukünftigen Geschäfts bei der Filiale verbleibt und von der Problemkreditabteilung daher nicht in ihre Überlegungen zur Höhe des zu erbringenden Betreuungsaufwands einbezogen wird, wie es eigentlich im Interesse der Gesamtbank läge.

Fazit zur ex ante-Kalkulation des Betreuungsübergabe eines nicht abgesicherten Kredits:

Sowohl bei Verbleib der Risikoverantwortung bei der Filiale als auch bei Übergang derselben auf die Problemkreditabteilung kommt es dann und nur dann zu einer Übergabe der Kreditbetreuung an die Problemkreditabteilung, wenn dies im Interesse der Gesamtbank liegt. Allerdings taucht in beiden Fällen eine Moral Hazard-Problematik auf. Da diese im zweiten Fall jedoch nur in wesentlich abgeschwächter Form auftritt, sollte das Ausfallrisiko bei Übergabe der Kreditbetreuung an die Problemkreditabteilung auf diese übergehen. Das Kreditmanagementsystem ist entsprechend auszugestalten.

Hierzu noch eine Anmerkung: Die im zweiten Fall verbleibende Moral Hazard-Problematik lässt sich noch weiter reduzieren bzw. sogar ganz ausräumen, wenn die von der Filiale an die Problemkreditabteilung zu zahlende Betreuungsprämie eine erfolgsabhängige Komponente enthält, d.h. nicht schon bei Betreuungsübergabe in vollem Umfang gezahlt wird, sondern zumindest zum Teil periodisch und nur bei Nichtausfall des Kredits.[206]

4.2.3.1.2 Ex Post Erfolgszurechnung nicht abgesicherter Problemkredite

Die ex post Erfolgszurechnung nach Übergabe des Kredits an die Problemkreditabteilung ist wieder so auszugestalten, dass sie den beteiligten Einheiten Anreize zu wirtschaftlichem Handeln gibt und nicht in Konflikt mit den ex ante-Steuerungsimpulsen gerät. Insbesondere muss das Kreditausfallrisiko bei der Problemkreditabteilung liegen, da es ja mit Betreuungsübergabe auf diese übergegangen ist.

Für die Filiale bedeutet dies, dass nach Betreuungsübergabe und der damit verbundenen Zahlung der Betreuungsprämie keine Zahlungen mehr aus dem Kredit fließen, da die Filiale weder für das Ausfallrisiko, noch für Kreditbetreuung oder

---

206 Der Nachweis, dass so tatsächlich die Moral Hazard-Problematik ausgeräumt wird, die beteiligten organisatorischen Einheiten aber was die Betreuungsübergabe betrifft nach wie vor im Interesse der Gesamtbank handeln, wird in Anhang D erbracht.

-verwaltung zuständig ist. Eine Ausnahme besteht nur dann, wenn die Betreuungsprämie vollständig oder zum Teil erfolgsabhängig gezahlt wird. In diesem Fall fließen zwischen Filiale und Problemkreditabteilung periodisch Zahlungen.

Statt der Filiale sind nun der Problemkreditabteilung die ex post Zahlungen zuzurechnen: Die Problemkreditabteilung erhält eine Gutschrift über die Abschmelzung des Standardrisikokostenbarwerts, wenn der Kredit in einer Periode nicht ausfällt und muss bei Kreditausfall den über das Erwartete hinausgehenden Verlust tragen. Auch eintretende Abweichungen vom geplanten Betreuungsaufwand bzw. den geplanten sonstigen Betriebskosten sind ihr zuzurechnen. Des Weiteren wird der Problemkreditabteilung die einmalige Verringerung von Standardrisikokostenbarwert und Mindestertragsbarwert des Kredits bei Betreuungsübergabe gutgeschrieben. Eine Veränderung dieser Größen auf Grund von Bonitätsveränderungen des Schuldners während der Kreditlaufzeit ist schließlich ebenfalls der Problemkreditabteilung zuzurechnen.

4.2.3.1.3 Beispiel zu Kalkulation und Erfolgszurechnung nicht abgesicherter Problemkredite

Im Folgenden soll die in der Arbeit gewählte Systematik der ex ante-Kalkulation und ex-post Erfolgszurechnung zur Übergabe eines nicht durch ein Derivat abgesicherten Kredits an die Problemkreditabteilung wiederum an Hand eines Beispiels verdeutlicht werden.

Daten zur ex ante-Kalkulation

Eine Bank habe wiederum den im Beispiel zum Kreditabschluss auf S. 120f. angeführten Kredit abgeschlossen. Nach einem Jahr leistet der Kreditschuldner die fällige Zinszahlung in Höhe von 8.000 € nicht, der Kredit wird daraufhin als Problemkredit eingestuft. Folgende weitere Daten liegen vor:

- Die Bank verzichtet zunächst auf eine Sicherheitenverwertung, um den Schuldner nicht in den Konkurs zu treiben und dadurch die nach dem zweiten Jahr fällige Tilgung zu gefährden.
- Die Bank schätzt die Ausfallwahrscheinlichkeit des Kredits nun auf 40% ein, der neue Value at Risk für das zweite Jahr beträgt 34.800 €.

- Verbleibt die Kreditbetreuung bei der Filiale, so schätzt diese, dass im zweiten Jahr ein Betreuungsaufwand von 300 € anfallen wird, die sonstigen Betriebskosten jedoch mit 50 € konstant bleiben.

- Wird der Kredit dagegen an die Problemkreditabteilung übergeben, so steigt der Betreuungsaufwand auf 10.000 €, dafür sinkt allerdings die Ausfallwahrscheinlichkeit des Kredits auf 20%. Die sonstigen Betriebskosten des Kredits, der Value at Risk des Kredits und der β'-Faktor ändern sich durch eine Betreuungsübergabe nicht.

- Die Bank nimmt an, dass sie auch zukünftig Geschäfte mit dem Kreditschuldner tätigen kann, wenn dieser nicht in Konkurs geht. Sie geht dabei von einem Beitrag dieser zukünftigen Geschäfte zum Shareholder Value der Bank in Höhe von konstant 200 € pro Jahr aus. Die Bank unterstellt dabei, dass dieser jährliche Shareholder Value-Beitrag eine unbegrenzte Zeit lang anfällt.

Ex ante-Kalkulation der Übergabeentscheidung

Mit der Einstufung des Kredits als Problemkredit erfolgt zunächst eine Belastung der für das Ausfallrisiko zuständigen Filiale. Dabei werden der Filiale gemäß den Ausführungen auf S. 146f. folgende Beträge belastet:

- Belastung auf Grund des Teilausfalls:

  ◊ Ausfallverlust der Bank = 8.000 €

  ◊ erwarteter Ausfall = 2% * 8.000 € = 160 €

  => Belastung der Filiale auf Grund des Teilausfalls = 8.000 € - 160 €
  = 7.840 €

- Belastung auf Grund des Anstiegs des Standardrisikokostenbarwerts der noch ausstehenden Zahlungen:

  ◊ bisher kalkulierter, auf t_1 aufgezinster Standardrisikokostenbarwert der noch ausstehenden Zahlungen

  $= 1{,}05 * 2\% * 98\% * (1{,}05^{-2} * 108.000 - 50.000 * 1{,}05^{-2})$

  $= 1.082{,}67$ €

◊ neu kalkulierter Standardrisikokostenbarwert der noch ausstehenden Zahlungen

$= 40\% * (1{,}05^{-2} * 108.000 - 50.000 * 1{,}05^{-2})$

= 22.095,24 €

=> Belastung auf Grund des Anstiegs des Standardrisikokostenbarwerts

= 22.095,24 € - 1.082,67 €

= 21.012,57 €

Die Filiale wird damit sofort bei Einstufung des Kredits als Problemkredit erfolgsrechnerisch mit einem Betrag von 7.840 € + 21.012,57 € = 28.852,57 € belastet. Die ex ante-Kalkulation der Kreditübergabe erfolgt dann auf Basis der neuen Daten, also der aktualisierten Ausfallwahrscheinlichkeit in Höhe von 40% und des aktualisierten Standardrisikokostenbarwerts in Höhe von 22.095,24 €.

Die Maximalprämie, welche die Filiale für die Übergabe der Kreditbetreuung und der Ausfallrisikoverantwortung an die Problemkreditabteilung zu zahlen bereit ist, ergibt sich gemäß Formel (94), S. 165, als:

(94) *maximale Betreuungsprämie*

= *höhere erwartete Erträge aus dem zukünftigen Geschäft mit dem Kreditkunden auf Grund der gesunkenen Konkurswahrscheinlichkeit*

- *Erwartungswert der Differenz aus geplantem und tatsächlich erbrachtem Betreuungsaufwand der Filiale, welcher der Filiale nun nicht mehr zugerechnet wird*

- *Erwartungswert der Differenz aus geplanten und tatsächlichen sonstigen Betriebskosten der Filiale, welcher der Filiale nun nicht mehr zugerechnet wird*

Mit den Daten des Beispiels ergeben sich daraus folgende Beträge:

- höhere Erträge aus zukünftigem Geschäft:
  - ◊ ohne Übergabe erwartete Erträge

    $= 200\ € * 1{,}05^{-1} * (1 - 40\%) + 200\ € * 0{,}05^{-1} * 1{,}05^{-1} * (1 - 40\%)$

    $= 2.400\ €$
  - ◊ mit Übergabe erwartete Erträge

    $= 200\ € * 1{,}05^{-1} * (1 - 20\%) + 200\ € * 0{,}05^{-1} * 1{,}05^{-1} * (1 - 20\%)$

    $= 3.200\ €$

  => höhere Erträge aus zukünftigem Geschäft = 3.200 € - 2.400 € = 800 €

- erwartete Differenz beim Betreuungsaufwand:
  - ◊ ursprünglich geplanter Betreuungsaufwand des zweiten Jahrs = 200 €
  - ◊ erwarteter Betreuungsaufwand des zweiten Jahrs ohne Übergabe = 300 €

  => erwartete Differenz beim Betreuungsaufwand (auf t_1 abgezinst)

    $= (200\ € - 300\ €) * 1{,}05^{-1} = -95{,}24\ €$

- erwartete Differenz bei den sonstigen Betriebskosten:
  - ◊ ursprünglich geplante sonstige Betriebskosten des zweiten Jahrs = 50 €
  - ◊ erwartete sonstige Betriebskosten des zweiten Jahrs = 50 €

  => erwartete Differenz bei den sonstigen Betriebskosten (auf t_1 abgezinst)

    = 0

Setzt man diese errechneten Größen in die Formel (94), S. 165, ein, so ergibt sich daraus aus Sicht der Filiale eine Maximalprämie für die Kreditübergabe in Höhe von 800 € - (-95,24 €) – 0 € = 895,24 €.

Demgegenüber erwartet die Problemkreditabteilung gemäß Formel (98), S. 168, eine Mindestprämie in Höhe von:

(98) *minimale Betreuungsprämie*

= *erwartete Belastung durch höheren Betreuungsaufwand*

- *erwartete Einsparmöglichkeiten bei den sonstigen Betriebskosten*
- *einmalige Abschmelzung des Standardrisikokostenbarwerts auf Grund der Kreditübergabe*
- *Absenkung des Barwerts der durch den Kredit in der Restlaufzeit zu erwirtschaftenden Mindesterträge*

Hier ergeben sich im Beispiel folgende Größen:

- erwartete Differenz beim Betreuungsaufwand:

  ◊ ursprünglich geplanter Betreuungsaufwand des zweiten Jahrs = 200 €

  ◊ erwarteter Betreuungsaufwand des zweiten Jahrs mit Übergabe = 10.000 €

  => erwartete Differenz beim Betreuungsaufwand (auf t_1 abgezinst)

  = (10.000 € - 200 €) * $1{,}05^{-1}$ = 9.333,33 €

- erwartete Differenz bei den sonstigen Betriebskosten:

  ◊ ursprünglich geplante sonstige Betriebskosten des zweiten Jahrs = 50 €

  ◊ erwartete sonstige Betriebskosten des zweiten Jahrs = 50 €

  => erwartete Differenz bei den sonstigen Betriebskosten (auf t_1 abgezinst) = 0

- einmalige Abschmelzung des Standardrisikokostenbarwerts auf Grund der Kreditübergabe:

  ◊ Standardrisikokostenbarwert vor Kreditübergabe

  = 22.095,24 €

  ◊ Standardrisikokostenbarwert nach Kreditübergabe

  = 20% * ($1{,}05^{-1}$ * 108.000 € - 50.000 € * $1{,}05^{-1}$)

  = 11.047,61 €

=> einmalige Abschmelzung des Standardrisikokostenbarwerts = 22.095,24 € - 11.047,61 € = 11.047,63 €

- einmalige Abschmelzung des Standardrisikokostenbarwerts auf Grund der Kreditübergabe:
  - ◊ Standardrisikokostenbarwert vor Kreditübergabe

    = 22.095,24 €
  - ◊ Standardrisikokostenbarwert nach Kreditübergabe

    = 20% * ($1{,}05^{-1}$ * 108.000 € - 50.000 € * $1{,}05^{-1}$)

    = 11.047,61 €

  => einmalige Abschmelzung des Standardrisikokostenbarwerts = 22.095,24 € - 11.047,61 € = 11.047,63 €

- Absenkung des Barwerts der durch den Kredit in der Restlaufzeit zu erwirtschaftenden Mindesterträge: keine Änderung, da Value at Risk und β'-Faktor des Kredits annahmegemäß konstant bleiben

Mit diesen Daten beträgt die von der Problemkreditabteilung gemäß Formel (98), S. 168, geforderte Minimalprämie 9.333,33 € - 0 € - 11.047,63 € - 0 € = - 1.714,30 €. Die Minimalprämie liegt damit unter der maximalen Zahlungsbereitschaft der Filiale in Höhe von 895,24 €. Die Übergabe der Kreditbetreuung und damit auch der Ausfallrisikoverantwortung an die Problemkreditabteilung kommt damit zu Stande.

Daten zur ex post-Erfolgszurechnung

Nach dem Ablauf des zweiten Jahres möge im Beispiel der Kredit nicht ausgefallen sein, der Kreditschuldner leistet also die fälligen Zins- und Tilgungszahlungen (auf die Zinszahlungen des ersten Jahres möge die Bank verzichtet haben). Die Problemkreditabteilung stellt zudem den Anfall der folgenden Größen fest:

- geleisteter Betreuungsaufwand im zweiten Jahr (inklusive Zinsverzicht): 14.000 €
- angefallene sonstige Betriebskosten im zweiten Jahr: 100 €

Ex post-Erfolgszurechnung nach Kreditübergabe an die Problemkreditabteilung

Im Rahmen der ex post-Erfolgszurechnung sind zum Einen die unmittelbar mit der Kreditübergabe entstehenden Erfolge auf die organisatorischen Einheiten zu verrechnen, zum Anderen ist eine Erfolgszurechnung nach Ablauf des zweiten Jahrs der Kreditlaufzeit nötig.

a) Erfolgszurechnung direkt nach Kreditübergabe

Gemäß den Ausführungen zur ex post-Erfolgszurechnung auf S. 170f. ist der Problemkreditabteilung bei Kreditübergabe die einmalige Abschmelzung des Standardrisikokostenbarwerts des Kredits in Höhe 11.047,63 € von gutzuschreiben. Außerdem erhält sie die Betreuungsprämie von der Filiale. Zahlt diese die Maximalprämie so beträgt diese 895,24 €. Die Filiale ist entsprechend mit dieser Prämie zu belasten.

b) Erfolgszurechnung nach dem zweiten Jahr

Nach dem zweiten Jahr werden der Problemkreditabteilung folgende Erfolge zugerechnet[207]:

- Differenz zwischen ursprünglich geplantem und tatsächlichem Betreuungsaufwand

  = 200 € - 14.000 € = -13.800 €

- Differenz zwischen geplanten und tatsächlichen sonstigen Betriebskosten

  = 50 € - 100 € = -50 €

- Abschmelzung des Standardrisikokostenbarwerts

  = aufgezinster Standardrisikokostenbarwert vom Beginn des Jahres 2

  - Standardrisikokostenbarwert zum Ende des Jahres 2

  = 1,05 * 11.047,61 € - 0 €

[207] Vgl. S. 170f..

= 11.600 €

Der Problemkreditabteilung wird damit nach dem zweiten Jahr ein Betrag von -13.800 € - 50 € + 11.600 € = -2.250 € zugerechnet, sie wird also mit 2.250 € belastet.

4.2.3.2 Durch Derivate abgesicherte Problemkredite

4.2.3.2.1 Ex ante-Kalkulation abgesicherter Problemkredite

Bevor sinnvoll analysiert werden kann, wie die ex ante-Kalkulation von durch Kreditderivate abgesicherten Krediten auszugestalten ist, ist zunächst wiederum die Ausgangssituation zu präzisieren. Diese stellt sich wie folgt dar:

Das Ausfallrisiko eines Kredits wird nach Absicherung durch ein Kreditderivat innerbetrieblich der Kreditportfoliosteuerung zugerechnet.[208] Ökonomisch liegt das Risiko nicht mehr bei der Bank, sondern beim Kontraktpartner des Kreditderivats. Wird ein Kredit zum Problemkredit und sinkt dadurch der Marktwert des Kredits, sei es durch Zahlungsverzug des Schuldners, Teilausfall von Zins- oder Tilgungszahlungen oder durch Bonitätsverschlechterung des Schuldners, so steigt gleichzeitig und in gleichem Maße der Wert des Kreditderivats. Für die Kreditportfoliosteuerung bedeutet dies, dass alle aus dem Kredit auftretenden Belastungen - d.h. der aufgetretene Teilausfall und der Anstieg des Standardrisikokostenbarwerts durch die gestiegene Ausfallwahrscheinlichkeit des Kredits[209] - durch gleich hohe Gutschriften aus dem Kreditderivat kompensiert werden. Diese Kompensation tritt unanhängig davon auf, ob der Kredit anschließend der Problemkreditabteilung übergeben wird oder nicht. Ausgangspunkt der folgenden Analyse ist daher die Situation nach diesen sich kompensierenden Belastungen und Gutschriften, d.h. die Berechnungen finden auf Grundlage der neuen Ausfallwahrscheinlichkeit W des Problemkredits statt.

---

[208] Vgl. Kapitel 4.2.2.2, S. 140.

[209] Ein Mindestertrag ist ja auf Grund der Absicherung des Risikos nicht mehr zu erwirtschaften, kann sich also durch eine Umklassifizierung des Kredits zum Problemkredit auch nicht ändern.

a) Interesse der Gesamtbank

Die Übergabe der Kreditbetreuung von der Filiale an die Problemkreditabteilung für einen durch ein Derivat abgesicherten Problemkredit ist für die Gesamtbank dann vorteilhaft, wenn dadurch der Shareholder Value der Bank steigt. Dies ist nur im Hinblick auf das zukünftige Geschäft mit dem Kreditkunden möglich, aus dem Kredit selbst lässt sich die mit der Übergabe einhergehende verstärkte Kreditbetreuung nicht rechtfertigen, da die möglichen Verluste aus dem Kredit durch das Kreditderivat abgesichert sind. Aus diesem Grund sind wiederum die zu erwartenden Auswirkungen des zukünftigen Geschäfts auf den Shareholder Value der Bank in die Überlegungen einzubeziehen. Zu vergleichen sind die Situation, bei der der Kredit nicht durch die Problemkreditabteilung, sondern weiterhin von der Filiale betreut wird und die Situation, in der die Problemkreditabteilung die Kreditbetreuung übernimmt.

In dem Fall, dass die Problemkreditabteilung nicht mit der Kreditbetreuung beauftrag wird, lässt sich der gesamte aus Kredit und Kreditderivat resultierende Beitrag zum Shareholder Value der Bank - analog zu Formel (54), S. 126 - wie folgt beziffern:[210]

(101) *SHV (ohne PKA)*

= *Konditionsbeitragsbarwert der noch ausstehenden Zins- und Tilgungszahlungen aus dem Kredit*

- *Barwert des noch zu leistenden Betreuungsaufwands (auf Basis von* BA^0*)*

- *Barwert der aus dem Kredit noch anfallenden sonstigen Betriebskosten*

- *Barwert der aus dem Derivat noch anfallenden Betriebskosten*

[210] Die Derivateprämie wurde annahmegemäß bereits bei Derivateabschluss gezahlt, ist in die Überlegungen nach Abschluss des Derivats also nicht mehr mit einzubeziehen.

Der Shareholder Value, der sich aus Kredit und Derivat ohne Einschaltung der Problemkreditabteilung ergibt, errechnet sich damit analog Formel (55), S. 127, zu:

(102) *SHV (ohne PKA)*

$$= \sum_{i=1}^{n} q_i \cdot KB_i$$
$$- \sum_{i=1}^{n} q_i \cdot BA_i^0$$
$$- \sum_{i=1}^{n} q_i \cdot BKK_i$$
$$- \sum_{i=1}^{n} q_i \cdot BKD_i$$

Zu dieser Position tritt noch der erwartete Erfolg aus den zukünftigen Geschäften mit dem Kreditkunden hinzu. Bei seiner Bezifferung ist darauf zu achten, dass die Ausfallwahrscheinlichkeit des Kredits nach Derivateabschluss bei W^0 liegt, da die Filiale ihre Kreditbetreuung auf Grund des weggefallenen Ausfallrisikos auf BA^0 reduziert hat.[211]

Der erwartete Erfolg aus dem zukünftigen Geschäft beträgt somit analog zu Formel (72), S. 149:

(103) *SHV zukünftige Geschäfte (ohne PKA)*

$$= \sum_{i=1}^{n} \left(E(ZG_i) \cdot q_i \cdot (1 - W_i^0) \cdot \prod_{j=0}^{i-1} (1 - W_j^0) \right) + \sum_{i=n+1}^{\infty} E(ZG_i) \cdot q_i \cdot \prod_{k=1}^{n} (1 - W_k^0)$$

[211] Vgl. Kapitel 4.2.2.2, S. 140.

Damit ergibt sich, wenn die Filiale den Kredit weiterhin betreut, aus den Formeln (102) und (103) folgende Gesamtposition:

(104) *gesamter SHV (ohne PKA)*

$$
\begin{aligned}
&= \sum_{i=1}^{n} q_i \cdot KB_i \\
&- \sum_{i=1}^{n} q_i \cdot BA_i^0 \\
&- \sum_{i=1}^{n} q_i \cdot BKK_i \\
&- \sum_{i=1}^{n} q_i \cdot BKD_i \\
&+ \sum_{i=1}^{n} \left(E(ZG_i) \cdot q_i \cdot (1 - W_i^0) \cdot \prod_{j=0}^{i-1} (1 - W_j^0) \right) \\
&+ \sum_{i=n+1}^{\infty} E(ZG_i) \cdot q_i \cdot \prod_{k=1}^{n} (1 - W_k^0)
\end{aligned}
$$

Geht die Kreditbetreuung auf die Problemkreditabteilung über, so ändert sich dadurch lediglich der Betreuungsaufwand. Statt des von der Filiale erbrachten minimalen Betreuungsaufwands BA^0 erbringt die Problemkreditabteilung nun den Betreuungsaufwand BA^P. Die Ausfallwahrscheinlichkeit des Kredits sinkt dadurch von W^0 auf W^P. Auswirkungen auf Value at Risk und β'-Faktor des Kredits sind nicht zu beachten, da auf Grund der Absicherung des Ausfallrisikos kein Mindestertrag mehr zu erbringen war. Damit ergibt sich in Abwandlung von Formel (104) als Gesamtposition bei Betreuungsübergabe an die Problemkreditabteilung folgender Wert:

(105) *gesamter SHV (mit PKA)*

$$
\begin{aligned}
&= \sum_{i=1}^{n} q_i \cdot KB_i \\
&- \sum_{i=1}^{n} q_i \cdot BA_i^P \\
&- \sum_{i=1}^{n} q_i \cdot BKK_i \\
&- \sum_{i=1}^{n} q_i \cdot BKD_i \\
&+ \sum_{i=1}^{n} \left(E(ZG_i) \cdot q_i \cdot (1 - W_i^P) \cdot \prod_{j=0}^{i-1} (1 - W_j^P) \right) \\
&+ \sum_{i=n+1}^{\infty} E(ZG_i) \cdot q_i \cdot \prod_{k=1}^{n} (1 - W_k^P)
\end{aligned}
$$

Die Betreuungsübergabe ist für die Bank vorteilhaft, wenn dieser Wert über dem Shareholder Value-Beitrag liegt, der ohne Übergabe der Betreuung aufgetreten wäre, wenn also gilt:

(106) *gesamter SHV (mit PKA) > gesamter SHV (ohne PKA)*

Setzt man die Gleichungen (104) und (105) in die Ungleichung (106) ein, so fallen die Terme für den Konditionsbeitragsbarwert, den Barwert der sonstigen Betriebskosten des Kredits und den Barwert der Betriebskosten des Derivats bei der Vereinfachung der resultierenden Ungleichung heraus, da sie sich durch die Betreuungsübergabe nicht ändern. Es resultiert als Vorteilhaftigkeitsbedingung für die Betreuungsübergabe:

(107) $$\sum_{i=1}^{n}\left(E(ZG_i)\cdot q_i\cdot\left((1-W_i^P)\cdot\prod_{j=0}^{i-1}(1-W_j^P)-(1-W_i^0)\cdot\prod_{j=0}^{i-1}(1-W_j^0)\right)\right)$$

$$+\sum_{i=n+1}^{\infty}E(ZG_i)\cdot q_i\cdot\left(\prod_{k=1}^{n}(1-W_k^P)-\prod_{k=1}^{n}(1-W_k^0)\right)$$

$$\overset{!}{>}$$

$$\sum_{i=1}^{n}q_i\cdot(BA_i^P-BA_i^0)$$

Damit eine Übergabe der Kreditbetreuung an die Problemkreditabteilung für die Bank sinnvoll ist, muss also der erwartete Anstieg des Betreuungsaufwands durch den mit der Absenkung der Ausfallwahrscheinlichkeit des Kredits einhergehenden Anstieg des erwarteten Erfolgs aus den zukünftigen Geschäften mehr als kompensiert werden.

b) Beteiligte organisatorische Einheiten

An der Entscheidung über die Übergabe der Kreditbetreuung an die Problemkreditabteilung sind naturgemäß die Filiale als die die Betreuung übergebende und die Problemkreditabteilung als die übernehmende Organisationseinheit beteiligt. Da es sich nun um über Derivate abgesicherte Kredite handelt, ist von der Betreuungsübergabe möglicherweise auch die Kreditportfoliosteuerung betroffen, da sie nach Derivateabschluss für das Kreditausfallrisiko verantwortlich zeichnet und dieses durch die Kreditbetreuung beeinflusst werden kann. Im Rahmen der ex ante-Kalkulation der Betreuungsübergabe sind also nun die Interessen aller drei organisatorischer Einheiten zu berücksichtigen

c) Zurechnungsmöglichkeiten für das Kreditausfallrisiko

Für das Kreditausfallrisiko kommen wiederum zwei Zurechnungsmöglichkeiten in Betracht:

1. Das Kreditausfallrisiko verbleibt bei der Kreditportfoliosteuerung, welche dieses seit Abschluss des Kreditderivats inne hat.

2. Das Kreditausfallrisiko geht von der Kreditportfoliosteuerung auf die Problemkreditabteilung über, welche somit nicht nur die Kreditbetreuung, sondern die Gesamtverantwortung für den Kredit übernimmt.

Diese beiden Ausgestaltungsmöglichkeiten für die Ausfallrisikoverantwortung sollen im folgenden durchgespielt werden.

d) Analyse der Zurechnungsmöglichkeiten

1. Fall: Kreditausfallrisiko bleibt bei der Kreditportfoliosteuerung

Interesse der Kreditportfoliosteuerung

Soll das Ausfallrisiko bei der Kreditportfoliosteuerung verbleiben, wenn die Kreditbetreuung von der Filiale auf die Problemkreditabteilung über geht, so ist zunächst zu fragen, ob diese Übergabeentscheidung die Kreditportfoliosteuerung überhaupt tangiert oder ob sie bei der Aushandlung der Betreuungsprämie zwischen Filiale und Problemkreditabteilung unberücksichtigt bleiben kann.

Hierfür ist zu vergleichen, welche Erfolgsbeiträge die Kreditportfoliosteuerung erhält, wenn die Zuständigkeit für die Kreditbetreuung bei der Filiale verbleibt und welche sie nach Betreuungsübergabe an die Problemkreditabteilung zu erwarten hat. Dieser Vergleich stellt sich wie folgt dar:

- Wird die Problemkreditabteilung nicht in den Kreditprozess involviert, so erhält die Kreditportfoliosteuerung die in Kapitel 4.2.2.2 bei der Darstellung der ex post Erfolgszurechnung nach Derivateabschluss erläuterten Beiträge: Netto verbleibt ihr dabei allein die Differenz aus geplanten und tatsächlich verursachten Betriebskosten des Derivats, alle anderen Größen kompensieren sich gegenseitig. Dies gilt zum einen für den Fall des Kreditausfalls, bei dem der über das Erwartete hinausgehende Ausfallverlust aus dem Kredit durch die Zahlungen des Kreditderivats ausgeglichen wird. Zum anderen wird die Gutschrift bei Nichtausfall des Kredits in Höhe der Abschmelzung des Standardrisikokostenbarwerts durch den gleichzeitigen und gleich hohen Wertverlust des Derivats neutralisiert. Es verbleibt der Kreditportofoliosteuerung also als Barwert der erwarteten Zahlungen:

(108) *Barwert der erwarteten Zahlungen (ohne Betreuungsübergabe)*

$$= \sum_{i=1}^{n} q_i \cdot (BKD_i^{Plan} - BKD_i)$$

- Die einzige Änderung bei Übergabe des Kredits an die Problemkreditabteilung liegt für die Kreditportfoliosteuerung darin, dass die Ausfallwahrscheinlichkeit des Kredits sich von W^0 auf W^P verringert. Dadurch sinkt zwar die Wahrscheinlichkeit, dass der Kredit ausfällt und steigt die Wahrscheinlichkeit des Nichtausfalls des Kredits, die von der Kreditportfoliosteuerung zu erwartenden Erfolgszurechnungen aus Kredit und Derivat kompensieren sich in beiden Fällen aber nach wie vor. Es verbleibt der Kreditportfoliosteuerung wiederum als einzige Zahlung die Differenz aus geplanten und tatsächliche angefallenen Betriebskosten des Derivats:

(109) *Barwert der erwarteten Zahlungen (mit Betreuungsübergabe)*

$$= \sum_{i=1}^{n} q_i \cdot (BKD_i^{Plan} - BKD_i)$$

Somit ändert sich für die Kreditportfoliosteuerung durch die Betreuungsübergabe nichts, die Kreditportfoliosteuerung ist indifferent, ob der Kredit weiterhin durch die Filiale oder durch die Problemkreditabteilung betreut wird. Die Kreditportfoliosteuerung muss damit bei den Verhandlungen zwischen Filiale und Problemkreditabteilung über die Betreuungsübergabe nicht einbezogen werden. Um festzustellen, ob alle beteiligten organisatorischen Einheiten einer solchen Übergabe der Kreditbetreuung zustimmen werden, sind damit lediglich die Positionen der Filiale und der Problemkreditabteilung zu berücksichtigen.

Maximalprämie aus Sicht der Filiale

Die Filiale wird einer Betreuungsübergabe immer dann zustimmen, wenn sie sich dadurch nicht schlechter stellt, ihre erwarteten Erfolgsbeiträge nach der Übergabe also mindestens so hoch sind wie vorher.

Vor Betreuungsübergabe erhält die Filiale die Erfolgsbeiträge zugerechnet, die bei der Diskussion der ex post Erfolgszurechnung nach Derivateabschluss in Kapitel 4.2.2.2 spezifiziert wurden: Dies sind zum einen die Differenz aus geplantem und tatsächlich erbrachtem Betreuungsaufwand. Hier ist zu beachten, dass die Filiale ihren Betreuungsaufwand auf Grund des Wegfalls des Ausfallrisikos auf BA^0 reduzieren wird. Zum anderen erhält die Filiale die Differenz von geplanten und tatsächlich anfallenden sonstigen Betriebskosten. Die erwarteten Erfolgsbeiträge aus dem Kredit summieren sich unter Verwendung der Formeln (35) und (36), S. 86, also zu:

(110) *Barwert der erwarteten Zahlungen (ohne Betreuungsübergabe)*

$$= \sum_{i=1}^{n} q_i \cdot (BA_i^{Plan} - BA_i^0) + \sum_{i=1}^{n} q_i \cdot (BKK_i^{Plan} - BKK_i)$$

Hinzu kommt noch der Erfolgsbeitrag aus dem zukünftigen Geschäft mit dem Kreditkunden. Bei seiner Bestimmung ist wiederum darauf zu achten, dass die Filiale ihren Betreuungsaufwand nach Derivateabschluss auf BA^0 reduziert hat, die Ausfallwahrscheinlichkeit des Kredits korrespondierend auf W^0 gestiegen ist. Der erwartete Erfolg aus dem zukünftigen Geschäft entspricht damit dem in Formel (103), S. 180, bezifferten Betrag:

(111) *SHV zukünftige Geschäfte (ohne Betreuungsübergabe)*

$$= \sum_{i=1}^{n} \left(E(ZG_i) \cdot q_i \cdot (1 - W_i^0) \cdot \prod_{j=0}^{i-1} (1 - W_j^0) \right) + \sum_{i=n+1}^{\infty} E(ZG_i) \cdot q_i \cdot \prod_{k=1}^{n} (1 - W_k^0)$$

Die Erfolgsbeiträge, welche die Filiale erwarten kann, wenn sie weiterhin die Kreditbetreuung übernimmt, summieren sich damit gemäß (110) und (111) zu:

(112) *gesamter Barwert der erwarteten Zahlungen (ohne Betreuungsübergabe)*

$$\begin{aligned} &= \sum_{i=1}^{n} q_i \cdot (BA_i^{Plan} - BA_i^0) \\ &\quad + \sum_{i=1}^{n} q_i \cdot (BKK_i^{Plan} - BKK_i) \\ &\quad + \sum_{i=1}^{n} \left(E(ZG_i) \cdot q_i \cdot (1 - W_i^0) \cdot \prod_{j=0}^{i-1} (1 - W_j^0) \right) \\ &\quad + \sum_{i=n+1}^{\infty} E(ZG_i) \cdot q_i \cdot \prod_{k=1}^{n} (1 - W_k^0) \end{aligned}$$

Wenn die Filiale die Kreditbetreuung und -verwaltung an die Problemkreditabteilung abgibt, ist sie nicht mehr für Betreuungsaufwand und sonstige Betriebskosten des Kredits verantwortlich. Die entsprechenden Erfolgsbeiträge fallen für sie also weg. Außerdem muss die Filiale der Problemkreditabteilung eine Betreuungsprämie BP für die Übernahme der Betreuung zahlen. Schließlich ändert sich auch der erwartete Erfolg des zukünftiger Geschäfte: Dadurch, dass der Problemkredit nun von der darauf spezialisierten Problemkreditabteilung betreut wird, sinkt die Ausfallwahrscheinlichkeit des Kredits von W^0 auf W^P. Dementsprechend steigt der erwartete Erfolg des zukünftigen Geschäfts, welches annahmengemäß ja nur dann zustande kommt, wenn der Kredit nicht ausfällt. Der Filiale verbleibt damit noch folgende Position:

(113) *gesamter Barwert der erwarteten Zahlungen (mit Betreuungsübergabe)*
= - *Betreuungsprämie*
+ *erwarteter Shareholder Value aus zukünftigen Geschäften*

Der erwartete Shareholder Value aus den zukünftigen Geschäften ergibt sich dabei wieder unter Anwendung der Formel (111), wobei nun allerdings die Ausfallwahrscheinlichkeit des Kredits bei Betreuung durch die Problemkreditabteilung W^P verwendet werden muss. Es ergibt sich damit für die Filiale als Position bei Betreuungsübergabe:

(114) *gesamter Barwert der erwarteten Zahlungen (mit Betreuungsübergabe)*

$$= -BP + \sum_{i=1}^{n}\left(E(ZG_i)\cdot q_i \cdot (1-W_i^P)\cdot \prod_{j=0}^{i-1}(1-W_j^P)\right) + \sum_{i=n+1}^{\infty} E(ZG_i)\cdot q_i \cdot \prod_{k=1}^{n}(1-W_k^P)$$

Die Filiale wird, wie bereits erwähnt, der Betreuungsübergabe dann zustimmen, wenn ihr erwarteter Erfolgsbeitrag bei Übergabe mindestens so groß ist wie der Erfolgsbeitrag, den sie erwarten kann, wenn sie den Kredit weiterhin selbst betreut. Die Zustimmung erfolgt also, wenn gilt:

(115) *gesamter Barwert der erwarteten Zahlungen (mit Betreuungsübergabe)*

$\geq$ *gesamter Barwert der erwarteten Zahlungen (ohne Betreuungsüber gabe)*

Setzt man (112) und (114) in (115) ein, so ergibt dies umgeformt als Bedingung für die Betreuungsprämie:

(116) $BP \leq$

$$\sum_{i=1}^{n}\left(E(ZG_i)\cdot q_i\cdot\left((1-W_i^P)\cdot\prod_{j=0}^{i-1}(1-W_j^P)-(1-W_i^0)\cdot\prod_{j=0}^{i-1}(1-W_j^0)\right)\right)$$

$$+\sum_{i=n+1}^{\infty}E(ZG_i)\cdot q_i\cdot\left(\prod_{k=1}^{n}(1-W_k^P)-\prod_{k=1}^{n}(1-W_k^0)\right)$$

$$-\sum_{i=1}^{n}q_i\cdot(BA_i^{Plan}-BA_i^0)$$

$$-\sum_{i=1}^{n}q_i\cdot(BKK_i^{Plan}-BKK_i)$$

Diese Betreuungsprämie, welche die Filiale gemäß Formel (116) maximal zu zahlen bereit ist, entspricht ökonomisch folgender Differenz:

(117) *maximale Betreuungsprämie*

= *höhere erwartete Erträge aus dem zukünftigen Geschäft mit dem Kreditkunden auf Grund der gesunkenen Konkurswahrscheinlichkeit*

- *Erwartungswert der Differenz aus geplantem und tatsächlich erbrachtem Betreuungsaufwand der Filiale, welcher der Filiale nun nicht mehr zugerechnet wird*

- *Erwartungswert der Differenz aus geplanten und tatsächlichen sonstigen Betriebskosten der Filiale, welcher der Filiale nun nicht mehr zugerechnet wird*

Mindestprämie aus Sicht der Problemkreditabteilung

Für die Problemkreditabteilung stellen sich die Überlegungen, ob und zu welchen Konditionen sie die Kreditbetreuung übernehmen soll, wie folgt dar:

- Die Problemkreditabteilung ist nach der Betreuungsübernahme für die Kreditbetreuung und -verwaltung zuständig. Dementsprechend bekommt sie die Differenz aus geplantem und tatsächlichem Betreuungsaufwand und die Differenz aus geplanten und tatsächlich anfallenden sonstigen Betriebskosten zugerechnet. Des weiteren erhält sie von der Filiale die Betreuungsprämie. Sonstige Zahlungen fallen nicht an, da die Problemkreditabteilung annahmegemäß nicht für das Ausfallrisiko verantwortlich ist.

  Die Position der Problemkreditabteilung nach Betreuungsübernahme beträgt unter Verwendung der Formeln (35) und (36), S. 86, demnach:

  (118) *Barwert der erwarteten Zahlungen (mit Betreuungsübernahme)*

$$= \sum_{i=1}^{n} q_i \cdot (BA_i^{Plan} - BA_i^{P}) + \sum_{i=1}^{n} q_i \cdot (BKK_i^{Plan} - BKK_i) + BP$$

- Die Problemkreditabteilung wird der Betreuungsübernahme zustimmen, wenn diese Position einen positiven Wert annimmt, da sie vor Betreuungsübernahme nicht in der Kreditprozess involviert war, also einen Erfolgsbeitrag von Null erwartete. Die Problemkreditabteilung wird also fordern:

(119) $$\sum_{i=1}^{n} q_i \cdot (BA_i^{Plan} - BA_i^{P}) + \sum_{i=1}^{n} q_i \cdot (BKK_i^{Plan} - BKK_i) + BP \overset{!}{>} 0$$

- Aus dieser Forderung ergibt sich für die geforderte Mindestprämie:

$$(120)\quad BP > \sum_{i=1}^{n} q_i \cdot (BA_i^P - BA_i^{Plan}) - \sum_{i=1}^{n} q_i \cdot (BKK_i^{Plan} - BKK_i)$$

- Die Problemkreditabteilung fordert also, dass durch die Betreuungsprämie und durch die möglichen Kosteneinsparungen bei den sonstigen Betriebskosten mindestens der zu erwartende Mehraufwand bei der Kreditbetreuung ausgeglichen wird.

Zustandekommen der Betreuungsübergabe

Eine Einigung zwischen Filiale und Problemkreditabteilung über die Betreuungsübergabe kann - wie im Fall ohne Kreditderivat auch - immer dann zustande kommen, wenn die von der Problemkreditabteilung geforderte Mindestprämie unter der Höchstprämie liegt, welche die Filiale zu zahlen bereit ist. Es muss dazu also gelten:

(121) *maximale Betreuungsprämie aus Sicht der Filiale*

> *minimale Betreuungsprämie aus Sicht der Problemkreditabteilung*

Setzt man die Formeln für die maximale (Formel (116)) bzw. minimale (Formel (120)) Betreuungsprämie in Formel (121) ein, formt die entstehende Ungleichung um und vereinfacht sie, so erhält man als Bedingung für eine Einigung zwischen Filiale und Problemkreditabteilung über eine Betreuungsübergabe:

$$(122)\quad \sum_{i=1}^{n}\left(E(ZG_i)\cdot q_i\cdot\left((1-W_i^P)\cdot\prod_{j=0}^{i-1}(1-W_j^P)-(1-W_i^0)\cdot\prod_{j=0}^{i-1}(1-W_j^0)\right)\right)$$

$$+\sum_{i=n+1}^{\infty}E(ZG_i)\cdot q_i\cdot\left(\prod_{k=1}^{n}(1-W_k^P)-\prod_{k=1}^{n}(1-W_k^0)\right)$$

$$\overset{!}{>}$$

$$\sum_{i=1}^{n}q_i\cdot(BA_i^P-BA_i^0)$$

Dies entspricht genau der Vorteilhaftigkeitsbedingung aus Sicht der Gesamtbank gemäß Formel (107), S. 183. Immer dann und nur dann, wenn sich Filiale und Problemkreditabteilung also auf eine Betreuungsprämie einigen können und einem Übergang der Kreditbetreuung zustimmen, ist diese Betreuungsübergabe auch aus Sicht der Gesamtbank vorteilhaft.

Es taucht an dieser Stelle allerdings wieder eine Moral Hazard-Problematik auf: Die Filiale hat durch die gesunkene Ausfallwahrscheinlichkeit des Kredits und die damit verbundene größere Wahrscheinlichkeit zukünftiger Geschäfte Vorteile aus der verstärkten Betreuung des Kredits durch die Problemkreditabteilung, die Kosten dieser Betreuung trägt aber die Problemkreditabteilung. Somit fehlen nach der Betreuungsübergabe für die Problemkreditabteilung Anreize, eine besondere Betreuungsleistung zu erbringen, da sie nicht davon profitiert, sondern nur die Kosten trägt. Diese Moral Hazard-Problematik lässt sich analog zum Fall nicht abgesicherter Kredite wieder durch eine erfolgsabhängige Gestaltung der Betreuungsprämie mildern bzw. ganz beseitigen. Auf einen Nachweis soll an dieser Stelle jedoch verzichtet werden. Er wäre analog dem Vorgehen in Anhang D zu führen.

2. Fall: Kreditausfallrisiko geht von der Kreditportfoliosteuerung auf die Problemkreditabteilung über

Interesse der Kreditportfoliosteuerung

Auch in dem Fall, dass bei Betreuungsübergabe an die Problemkreditabteilung das Kreditausfallrisiko auf diese übergeht, ist zunächst zu prüfen, ob die Kreditportfoliosteuerung dieser Betreuungsübergabe indifferent gegenübersteht oder nicht. Die Überlegungen der Kreditportfoliosteuerung hierzu stellen sich wie folgt dar:

- Die Erfolgszurechnung an die Kreditportfoliosteuerung entspricht in dem Fall, dass die Kreditbetreuung bei der Filiale verbleibt, der in Fall 1: Die Kreditportfoliosteuerung erhält netto lediglich die Differenz zwischen geplanten und tatsächlichen Betriebskosten des Kreditderivats. Alle anderen Zahlungen kompensieren sich gegenseitig. Die Kreditportfoliosteuerung erwartet also wiederum die bereits in Formel (108), S. 185 spezifizierte Erfolgszurechnung:

(123) *Barwert der erwarteten Zahlungen (ohne Betreuungsübergabe)*

$$= \sum_{i=1}^{n} q_i \cdot (BKD_i^{Plan} - BKD_i)$$

- Geht die Kreditbetreuung dagegen auf die Problemkreditabteilung über, so ergeben sich für die Kreditportfoliosteuerung Unterschiede zu Fall 1, da sie nun nicht mehr für das Ausfallrisiko des Kredits verantwortlich ist. Die positiven und negativen Erfolgszurechungen aus dem Kredit bei Nichtausfall bzw. Ausfall des Kredits fallen für die Kreditportfoliosteuerung also weg, ihr verbleiben lediglich die Erfolgszurechnungen aus dem Derivat selbst. Hier erfährt die Kreditportfoliosteuerung zunächst eine Belastung, da der Wert des Kreditderivats mit der Betreuungsübergabe an die Problemkreditabteilung durch den Rückgang der Ausfallwahrscheinlichkeit des Kredits von W^0 auf W^P abnimmt. Dieser Wertverlust findet deshalb statt, weil der Kreditausfall und damit der Fall, dass aus dem Kreditderivat an die Bank Zahlungen fließen, unwahrscheinlicher wird. Er ist der Kreditportfoliosteuerung als für das Kreditderivat verantwortliche organisatorische Einheit zu belasten und beziffert sich als die Differenz des Kreditderivatewerts vor (Ausfallwahrscheinlichkeit W^0) und nach Betreuungsübergabe (Ausfallwahrscheinlichkeit W^P), ergibt sich damit unter analoger Verwendung der Formel (34), S. 85[212], zu:

[212] Die Formel für die aus dem Derivat erwarteten Zahlungen entspricht der für den Standardrisikokostenbarwert des abgesicherten Kredits. Vgl. hierzu S. 68.

(124) *einmaliger Wertrückgang des Kreditderivats*

$$= \sum_{i=1}^{n}\left(W_i^0 \cdot \prod_{j=0}^{i-1}(1-W_j^0)\cdot\left(\sum_{k=i}^{n} q_k \cdot Z_k - S_i \cdot q_i\right)\right)$$

$$- \sum_{i=1}^{n}\left(W_i^P \cdot \prod_{j=0}^{i-1}(1-W_j^P)\cdot\left(\sum_{k=i}^{n} q_k \cdot Z_k - S_i \cdot q_i\right)\right)$$

Neben dieser einmaligen Belastung fällt für die Kreditportfoliosteuerung lediglich noch die in Formel (123) spezifizierte Differenz zwischen geplanten und tatsächlichen Betriebskosten des Derivats an. Die positiven und negativen Erfolgszurechungen aus dem Derivat bei Ausfall bzw. Nichtausfall des Kredits heben sich dagegen in ihrem Erwartungswert auf - analog der Gegebenheiten beim Kredit selbst: Beim Kredit kompensieren sich konstruktionsbedingt die Erwartungswerte aus dem positivem Erfolgsbeitrag in Höhe der Standardrisikokostenabschmelzung bei Nichtausfall des Kredits und dem negativen Erfolgsbeitrag in Höhe des über die Erwartungen hinausgehenden Ausfallverlusts bei Ausfall des Kredits. Beim Kreditderivat kompensieren sich analog die Erwartungswerte aus Wertverlust des Derivats bei Nichtausfall des Kredits und über das Erwartete hinausgehenden Zahlungen aus dem Derivat bei Ausfall des Kredits. Somit ergibt sich für die Kreditportfoliosteuerung bei Betreuungs- und damit Risikoübertragung an die Problemkreditabteilung gemäß (123) und (124) folgender erwarteter Erfolgsbeitrag:

(125) *Barwert der erwarteten Zahlungen (mit Betreuungsübergabe)*

$$= -[\sum_{i=1}^{n}\left(W_i^0 \cdot \prod_{j=0}^{i-1}(1-W_j^0)\cdot\left(\sum_{k=i}^{n} q_k \cdot Z_k - S_i \cdot q_i\right)\right)$$

$$- \sum_{i=1}^{n}\left(W_i^P \cdot \prod_{j=0}^{i-1}(1-W_j^P)\cdot\left(\sum_{k=i}^{n} q_k \cdot Z_k - S_i \cdot q_i\right)\right)]$$

$$+ \sum_{i=1}^{n} q_i \cdot (BKD_i^{Plan} - BKD_i)$$

- Wie man sofort sieht, entsprechen sich die erwarteten Erfolgsbeiträge der Kreditportfoliosteuerung vor und nach Betreuungsübergabe nun nicht mehr. Im Fall der Betreuungsübergabe sinkt der erwartete Erfolgsbeitrag vielmehr um den einmaligen Wertverlust des Kreditderivats. Damit die Kreditportfoliosteuerung der Betreuungsübergabe zustimmt, muss sie daher für diesen

Wertverlust kompensiert werden. Die Höhe der Kompensationszahlung KZ muss mindestens so groß sein wie dieser Wertverlust, der sich als Differenz von (123) und (125) ergibt:

$$(126)\quad KZ \overset{!}{\geq} \sum_{i=1}^{n}\left(W_i^0 \cdot \prod_{j=0}^{i-1}(1-W_j^0)\cdot\left(\sum_{k=i}^{n} q_k \cdot Z_k - S_i \cdot q_i\right)\right) - \sum_{i=1}^{n}\left(W_i^P \cdot \prod_{j=0}^{i-1}(1-W_j^P)\cdot\left(\sum_{k=i}^{n} q_k \cdot Z_k - S_i \cdot q_i\right)\right)$$

Diese von der Kreditportfoliosteuerung geforderte Kompensationszahlung ist bei der Überprüfung, ob eine Betreuungsübergabe zustande kommt, zu berücksichtigen.

Maximalprämie aus Sicht der Filiale

Für die Filiale gilt wiederum, dass sie einer Betreuungsübergabe immer dann zustimmen wird, wenn sie sich dadurch nicht schlechter stellt. Die Überlegungen der Filiale hierzu entsprechen exakt denen in Fall 1, da sie in keinem der Fälle vom Ausfallrisiko des Kredits tangiert ist, es ihr daher auch egal ist, ob dieses bei der Kreditportfoliosteuerung oder bei der Problemkreditabteilung liegt. Die maximale Betreuungsprämie, die die Filiale zu zahlen bereit ist, entspricht daher nach wie vor der gemäß Formel (116), S. 188, spezifizierten:

$$(127)\quad BP \overset{!}{\leq} \sum_{i=1}^{n}\left(E(ZG_i)\cdot q_i \cdot \left((1-W_i^P)\cdot\prod_{j=0}^{i-1}(1-W_j^P) - (1-W_i^0)\cdot\prod_{j=0}^{i-1}(1-W_j^0)\right)\right) + \sum_{i=n+1}^{\infty} E(ZG_i)\cdot q_i \cdot \left(\prod_{k=1}^{n}(1-W_k^P) - \prod_{k=1}^{n}(1-W_k^0)\right) - \sum_{i=1}^{n} q_i \cdot (BA_i^{Plan} - BA_i^0) - \sum_{i=1}^{n} q_i \cdot (BKK_i^{Plan} - BKK_i)$$

Mindestprämie aus Sicht der Problemkreditabteilung

Damit bleibt noch die Vorteilhaftigkeit der Betreuungsübernahme aus Sicht der Problemkreditabteilung zu analysieren. Diese ist vor Übernahme von Kreditbetreuung und Kreditausfallrisiko nicht in den Kreditprozess involviert, der Erwartungswert der Erfolgsbeiträge beträgt somit Null.

Nach Übernahme der Kreditbetreuung werden der Problemkreditabteilung dagegen folgende Erfolgsbeiträge zugerechnet:

- Die Problemkreditabteilung ist für Betreuungsaufwand und sonstige Betriebskosten des Kredits zuständig. Damit erhält sie die Differenz aus geplantem und tatsächlich erbrachtem Betreuungsaufwand und die Differenz aus geplanten und tatsächlich anfallenden sonstigen Betriebskosten des Kredits zugerechnet.

- Nach der Betreuungsübernahme ist die Problemkreditabteilung auch für das Kreditausfallrisiko verantwortlich. Dies bedeutet, dass sie zunächst einmal eine Gutschrift in Höhe der durch die Betreuungsübernahme verursachten Abschmelzung des Standardrisikokostenbarwerts des Kredits erhält - durch die Betreuungsübernahme sinkt ja die Ausfallwahrscheinlichkeit des Kredits von W^0 auf W^P. Weiterhin muss sie an die Kreditportfoliosteuerung die von dieser geforderte Kompensationszahlung leisten, die diese für die Abgabe der Risikoverantwortung verlangt. Weitere Erfolgsbeiträge fallen für die Problemkreditabteilung aus der Risikoübernahme nicht an. Zwar erhält sie bei Nichtausfall des Kredits nun eine Gutschrift in Höhe der Verringerung des Standardrisikokostenbarwerts und muss bei Ausfall des Kredits den über das Erwartete hinausgehenden Verlust tragen. Diese beiden Zahlungen kompensieren sich jedoch im Erwartungswert wieder.

- Schließlich erhält die Problemkreditabteilung mit der Betreuungsübernahme noch die Betreuungsprämie von der Filiale.

- Der Barwert der gesamten erwarteten Erfolgsbeiträge der Problemkreditabteilung nach Übernahme der Kreditbetreuung beträgt damit:

(128) *Barwert der erwarteten Zahlungen (mit Betreuungsübergabe)*

= *Erwartungswert der Differenz aus geplantem und tatsächlich erbrachtem Betreuungsaufwand*

\+ *Erwartungswert der Differenz aus geplanten und tatsächlichen sonstigen Betriebskosten der Filiale*

\+ *einmalige Abschmelzung des Standardrisikokostenbarwerts auf Grund der Betreuungsübergabe*

\- *an die Kreditportfoliosteuerung zu zahlende Kompensationszahlung*

\+ *Betreuungsprämie*

- Unter Anwendung der Formeln (34), (35) und (36), S. 85f., ergibt sich aus Formel (128):

(129) *Barwert der erwarteten Zahlungen (mit Betreuungsübergabe)*

$$
\begin{aligned}
&= \sum_{i=1}^{n} q_i \cdot (BA_i^{Plan} - BA_i^{P}) \\
&+ \sum_{i=1}^{n} q_i \cdot (BKK_i^{Plan} - BKK_i) \\
&+ \sum_{i=1}^{n}\left(W_i^0 \cdot \prod_{j=0}^{i-1}(1 - W_j^0) \cdot \left(\sum_{k=i}^{n} q_k \cdot Z_k - S_i \cdot q_i \right)\right) \\
&- \sum_{i=1}^{n}\left(W_i^P \cdot \prod_{j=0}^{i-1}(1 - W_j^P) \cdot \left(\sum_{k=i}^{n} q_k \cdot Z_k - S_i \cdot q_i \right)\right) \\
&- KZ \\
&+ BP
\end{aligned}
$$

Dieser Barwert der erwarteten Zahlungen nach Betreuungsübernahme muss positiv sein, also größer als die Position der Problemkreditabteilung vor Betreuungsübernahme. Aus dieser Forderung ergibt für die von der Problemkreditabteilung geforderte Nettoprämie NP - also die Differenz aus der von ihr von der

Filiale geforderten Betreuungsprämie BP und der Kompensationszahlung KZ, die sie an die Kreditportfoliosteuerung zu leisten hat:

$$(130)\quad NP = BP - KZ \overset{!}{>}$$

$$\sum_{i=1}^{n} q_i \cdot (BA_i^P - BA_i^{Plan})$$

$$-\sum_{i=1}^{n} q_i \cdot (BKK_i^{Plan} - BKK_i)$$

$$-[\sum_{i=1}^{n}\left(W_i^0 \cdot \prod_{j=0}^{i-1}(1-W_j^0)\cdot\left(\sum_{k=i}^{n} q_k \cdot Z_k - S_i \cdot q_i\right)\right)$$

$$-\sum_{i=1}^{n}\left(W_i^P \cdot \prod_{j=0}^{i-1}(1-W_j^P)\cdot\left(\sum_{k=i}^{n} q_k \cdot Z_k - S_i \cdot q_i\right)\right)]$$

Zustandekommen der Betreuungsübergabe

Damit eine Betreuungsübernahme zustande kommen kann, müssen sich annahmegemäß alle beteiligten organisatorischen Einheiten damit einverstanden erklären. Hierzu muss die maximale Betreuungsprämie, die die Filiale zu zahlen bereit ist, ausreichen, um sowohl die von der Problemkreditabteilung geforderte minimale Nettoprämie, als auch die von der Kreditportfoliosteuerung geforderte Kompensationszahlung zu leisten. Es muss also gelten:

(131) *maximale Betreuungsprämie aus Sicht der Filiale*

> *minimale Nettoprämie aus Sicht der Problemkreditabteilung*

+ *minimale Kompensationszahlung aus Sicht der Kreditportfoliosteuerung*

Setzt man die entsprechenden Formeln (126), (127) und (130) in die Ungleichung (131) ein, so erhält man als Ergebnis:

$$(132)\quad \sum_{i=1}^{n}\left(E(ZG_i)\cdot q_i\cdot\left((1-W_i^P)\cdot\prod_{j=0}^{i-1}(1-W_j^P)-(1-W_i^0)\cdot\prod_{j=0}^{i-1}(1-W_j^0)\right)\right)$$

$$+\sum_{i=n+1}^{\infty}E(ZG_i)\cdot q_i\cdot\left(\prod_{k=1}^{n}(1-W_k^P)-\prod_{k=1}^{n}(1-W_k^0)\right)$$

$$-\sum_{i=1}^{n}q_i\cdot(BA_i^{Plan}-BA_i^0)$$

$$-\sum_{i=1}^{n}q_i\cdot(BKK_i^{Plan}-BKK_i)$$

$$\overset{!}{>}$$

$$\sum_{i=1}^{n}q_i\cdot(BA_i^P-BA_i^{Plan})$$

$$-\sum_{i=1}^{n}q_i\cdot(BKK_i^{Plan}-BKK_i)$$

$$-[\sum_{i=1}^{n}\left(W_i^0\cdot\prod_{j=0}^{i-1}(1-W_j^0)\cdot\left(\sum_{k=i}^{n}q_k\cdot Z_k-S_i\cdot q_i\right)\right)$$

$$-\sum_{i=1}^{n}\left(W_i^P\cdot\prod_{j=0}^{i-1}(1-W_j^P)\cdot\left(\sum_{k=i}^{n}q_k\cdot Z_k-S_i\cdot q_i\right)\right)]$$

$$+$$

$$\sum_{i=1}^{n}\left(W_i^0\cdot\prod_{j=0}^{i-1}(1-W_j^0)\cdot\left(\sum_{k=i}^{n}q_k\cdot Z_k-S_i\cdot q_i\right)\right)$$

$$-\sum_{i=1}^{n}\left(W_i^P\cdot\prod_{j=0}^{i-1}(1-W_j^P)\cdot\left(\sum_{k=i}^{n}q_k\cdot Z_k-S_i\cdot q_i\right)\right)$$

Formt man diese Ungleichung um und vereinfacht sie, so resultiert folgende Bedingung:

$$(133)\quad \sum_{i=1}^{n}\left(E(ZG_i)\cdot q_i\cdot\left((1-W_i^P)\cdot\prod_{j=0}^{i-1}(1-W_j^P)-(1-W_i^0)\cdot\prod_{j=0}^{i-1}(1-W_j^0)\right)\right)$$
$$+\sum_{i=n+1}^{\infty}E(ZG_i)\cdot q_i\cdot\left(\prod_{k=1}^{n}(1-W_k^P)-\prod_{k=1}^{n}(1-W_k^0)\right)$$
$$\overset{!}{>}$$
$$\sum_{i=1}^{n}q_i\cdot(BA_i^P-BA_i^0)$$

Dies entspricht wiederum der Vorteilhaftigkeitsbedingung für die Betreuungsübergabe aus Sicht der Gesamtbank gemäß Formel (107), S. 183. Dann und nur dann, wenn sich Filiale, Problemkreditabteilung und Kreditportfoliosteuerung auf eine Übergabe der Kreditbetreuung an die Problemkreditabteilung einigen können, ist dies auch im Interesse der Bank.

Im Vergleich zu Fall 1 treten bei dieser Lösung allerdings gravierende Unterschiede auf:

- Die Moral Hazard-Problematik ist im Gegensatz zu Fall 1 nun noch komplizierter: Die Problemkreditabteilung berücksichtigt bei ihren Überlegungen über den von ihr zu erbringenden Betreuungsaufwand das Verlustrisiko aus dem Kredit, da sie dieses voll trägt. Das Risiko, dass zukünftiges Geschäft beim Ausfall des Kredits verloren geht, bezieht sie dagegen gar nicht in ihre Kalkulation ein. Die Gesamtbank dagegen hat aber gar kein Ausfallrisiko aus dem Kredit selbst mehr (der Kredit ist ja durch ein Derivat abgesichert), wohl aber das Risiko, dass zukünftiges Geschäft verloren geht.
- Diese Moral Hazard-Problematik lässt sich auch nicht mehr so leicht über eine erfolgsabhängige Gestaltung der Prämien mildern oder beseitigen, wie in Fall 1. Hier müssten schon zwei erfolgsabhängige Komponenten enthalten sein: Die Filiale müsste an die Problemkreditabteilung bei Nichtausfall des Kredits eine Zahlung leisten, damit diese den Vorteil des zukünftigen Geschäfts in ihre Überlegungen einbezieht. Gleichzeitig müsste auch die Kompensationszahlung der Problemkreditabteilung an die Kreditportfoliosteuerung „erfolgsabhängig“ gestaltet werden: Sie dürfte nur bei Nichtausfall des

Kredits erfolgen und müsste dafür sorgen, dass die Problemkreditabteilung bei Nichtausfall aus dem Kredit genauso stark belastet wird, wie bei Ausfall des Kredits. Nur so kann verhindert werden, dass das Verlustrisiko des Kredits für die Problemkreditabteilung bei ihren Überlegungen eine Rolle spielt.

- Auch ist die Verhandlungslösung hier viel komplizierter als in Fall 1, da hier eine komplexe Verhandlung zwischen drei Parteien nötig ist.

Fazit zur ex ante-Kalkulation der Betreuungsübergabe eines abgesicherten Kredits:

Sowohl bei Verbleib der Risikoverantwortung bei der Kreditportfoliosteuerung als auch bei Übergang derselben auf die Problemkreditabteilung kommt es dann und nur dann zu einer Übergabe der Kreditbetreuung an die Problemkreditabteilung, wenn dies im Interesse der Gesamtbank liegt. Allerdings taucht in beiden Fällen eine Moral Hazard-Problematik auf. Da diese im zweiten Fall jedoch wesentlich komplexer und selbst durch eine erfolgsabhängige Prämiengestaltung nur schwierig eliminierbar ist und zudem die Aushandlung der Prämien wesentlich komplizierter verläuft, ist die erste Lösung zu bevorzugen: Das Kreditausfallrisiko sollte bei Übergabe der Betreuung an die Problemkreditabteilung bei der Kreditportfoliosteuerung verbleiben, die Filiale der Problemkreditabteilung für die Betreuungsübernahme eine zwischen beiden auszuhandelnde (idealerweise erfolgsabhängige) Prämie zahlen. Eine entsprechende Lösung ist im Kreditmanagementsystem zu inkorporieren.

4.2.3.2.2 Ex post Erfolgszurechnung abgesicherter Problemkredite

Die ex post Erfolgszurechnung nach Übergabe der Kreditbetreuung an die Problemkreditabteilung ist wieder so auszugestalten, dass sie den beteiligten Einheiten Anreize zu wirtschaftlichem Handeln gibt und nicht in Konflikt mit den ex ante-Steuerungsimpulsen gerät. Insbesondere muss das Kreditausfallrisiko bei der Kreditportfoliosteuerung verbleiben.

Für die Kreditportfoliosteuerung ändert sich daher an der ex post Erfolgszurechnung im Vergleich zur Situation vor Übergabe der Betreuung nichts. Die Kreditportfoliosteuerung erhält netto die Differenz aus geplanten und tatsächlich anfallenden Betriebskosten des Derivats. Alle anderen Erfolgsbeiträge aus

Kredit und Kreditderivat kompensieren sich wieder sowohl bei Kreditausfall als auch bei Nichtausfall des Kredits gegenseitig.

Für die Filiale fallen nach Übergabe der Kreditbetreuung keine Erfolgsbeiträge mehr an. Ihr verbleiben lediglich noch die Erfolgsbeiträge aus den zukünftigen Geschäften mit dem Kreditkunden, die dann aber in der Erfolgszurechnung als separate Geschäfte zu behandeln sind und nicht mehr unter die Erfolgszurechnung aus dem Kredit fallen. Außerdem muss die Filiale bei der Übergabe eine Betreuungsprämie an die Problemkreditabteilung zahlen. Ist ein erfolgsabhängiger Bestandteil dieser Prämie vereinbart, so fällt dieser periodisch an.

Die Problemkreditabteilung ist nach Betreuungsübergabe für den Betreuungsaufwand und die sonstigen Betriebskosten zuständig. Ihr ist damit die Differenz zwischen den geplanten und den tatsächlichen Ausprägungen dieser Größen zuzurechnen. Außerdem erhält sie - einmalig oder periodisch - die Betreuungsprämie von der Filiale.

4.2.3.2.3 Beispiel zu Kalkulation und Erfolgszurechnung abgesicherter Problemkredite

Im Folgenden soll die in der Arbeit gewählte Systematik der ex ante-Kalkulation und ex-post Erfolgszurechnung zur Übergabe eines durch ein Derivat abgesicherten Kredits an die Problemkreditabteilung beispielhaft verdeutlicht werden.

Daten zur ex ante-Kalkulation

Eine Bank habe wiederum den im Beispiel zum Kreditabschluss auf S. 120f. angeführten Kredit abgeschlossen. Unmittelbar nach Kreditabschluss habe die Kreditportfolioabteilung das Ausfallrisiko des Kredits durch Abschluss eines Kreditderivats abgesichert. Nach einem Jahr leistet der Kreditschuldner die fällige Zinszahlung nicht, der Kredit wird daraufhin als Problemkredit eingestuft. Die mit dieser Einstufung als Problemkredit verbundene neue Datenlage möge der aus dem Beispiel des unbesicherten Kredits auf S. 171f. entsprechen. Die Problemkreditabteilung rechnet also wiederum mit einem Betreuungsaufwand von 10.000 € zur Absenkung der Kreditausfallwahrscheinlichkeit von 40% auf

20%, die Bank rechnet mit einem Shareholder Value-Beitrag des zukünftigen Geschäfts in Höhe von 200 € pro Periode.

Ex ante-Kalkulation der Übergabeentscheidung

Da der Kredit über ein Kreditderivat abgesichert wurde, erfolgt mit der Einstufung des Kredits als Problemkredit im Gegensatz zum Fall des unbesicherten Kredits keine sofortige Belastung. Der Teilausfall und Wertverlust des Kredits wird vielmehr durch die Zahlungen bzw. den Wertgewinn des Derivats ausgeglichen.

Die Filiale ist nach Kreditabsicherung nicht mehr für das Ausfallrisiko verantwortlich. Sie ist damit lediglich im Hinblick auf das zukünftige Geschäft mit dem Kreditkunden noch bereit, der Problemkreditabteilung eine Prämie für die Übernahme der Kreditbetreuung zu zahlen. Die maximale Zahlungsbereitschaft der Filiale beträgt dabei gemäß Formel (117), S. 188:

(117) *maximale Betreuungsprämie*

= *höhere erwartete Erträge aus dem zukünftigen Geschäft mit dem Kreditkunden auf Grund der gesunkenen Konkurswahrscheinlichkeit*

- *Erwartungswert der Differenz aus geplantem und tatsächlich erbrachtem Betreuungsaufwand der Filiale, welcher der Filiale nun nicht mehr zugerechnet wird*

- *Erwartungswert der Differenz aus geplanten und tatsächlichen sonstigen Betriebskosten der Filiale, welcher der Filiale nun nicht mehr zugerechnet wird*

Aus den Beispieldaten ergeben sich damit folgende Beträge:

- höhere Erträge aus zukünftigem Geschäft:
  - ◊ ohne Übergabe erwartete Erträge

    $= 200\text{ €} * 1{,}05^{-1} * (1 - 40\%) + 200\text{ €} * 0{,}05^{-1} * 1{,}05^{-1} * (1 - 40\%)$

    $= 2.400\text{ €}$
  - ◊ mit Übergabe erwartete Erträge

    $= 200\text{ €} * 1{,}05^{-1} * (1 - 20\%) + 200\text{ €} * 0{,}05^{-1} * 1{,}05^{-1} * (1 - 20\%)$

= 3.200 €

=> höhere Erträge aus zukünftigem Geschäft = 3.200 € - 2.400 € = 800 €

- erwartete Differenz beim Betreuungsaufwand:
  - ◊ ursprünglich geplanter Betreuungsaufwand des zweiten Jahrs = 200 €
  - ◊ erwarteter Betreuungsaufwand des zweiten Jahrs ohne Übergabe = 100 €

  => erwartete Differenz beim Betreuungsaufwand (auf t_1 abgezinst)

  $= (200\ € - 100\ €) * 1{,}05^{-1} = 95{,}24\ €$

- erwartete Differenz bei den sonstigen Betriebskosten:
  - ◊ ursprünglich geplante sonstige Betriebskosten des zweiten Jahrs = 50 €
  - ◊ erwartete sonstige Betriebskosten des zweiten Jahrs = 50 €

  => erwartete Differenz bei den sonstigen Betriebskosten (auf t_1 abgezinst)
  = 0

Damit ergibt sich eine maximale Zahlungsbereitschaft der Filiale in Höhe 800 € - 95,24 € – 0 € = 704,76 €.

Demgegenüber fordert die Problemkreditabteilung gemäß Formel (120), S. 190, dass die Betreuungsprämie mindestens dem Barwert der Differenz aus dem zu erwartenden Mehraufwand bei der Kreditbetreuung und der möglichen Kosteneinsparung bei den sonstigen Betriebskosten entspricht. Diese Größen berechnen sich zu:

- erwarteter Mehraufwand bei der Kreditbetreuung:
  - ◊ ursprünglich geplanter Betreuungsaufwand des zweiten Jahrs = 200 €
  - ◊ erwarteter Betreuungsaufwand des zweiten Jahrs mit Übergabe = 10.000 €

  => erwarteter Mehraufwand bei der Kreditbetreuung (auf t_1 abgezinst)

  $= (10.000\ € - 200\ €) * 1{,}05^{-1} = 9.333{,}33\ €$

- erwartete Einsparung bei den sonstigen Betriebskosten:
  - ◊ ursprünglich geplante sonstige Betriebskosten des zweiten Jahrs = 50 €
  - ◊ erwartete sonstige Betriebskosten des zweiten Jahrs = 50 €

=> erwartete Einsparung bei den sonstigen Betriebskosten (auf t_1 abgezinst) = 0

Damit fordert die Problemkreditabteilung eine Mindestprämie in Höhe von 9.333,33 € - 0 € = 9.333,33 €. Diese Mindestprämie liegt über der maximalen Zahlungsbereitschaft der Filiale in Höhe von 704,76 €. Die Betreuungsübergabe kommt damit nicht zu Stande, der Problemkredit wird weiterhin von der Filiale betreut.

Ex post-Erfolgszurechnung

Da die Kreditbetreuung im Beispiel nicht an die Problemkreditabteilung übergeben wurde, unterscheidet sich die ex post-Erfolgszurechnung nicht von der eines „normalen" mittels Derivat abgesicherten Kredits und soll daher auch nicht weiter beispielhaft verdeutlicht werden. Die Filiale erhält damit nach wie vor die beim Betreuungsaufwand und den sonstigen Betriebskosten des Kredits auftretenden Abweichungen zu den Planwerten zugerechnet, die Kreditportfoliosteuerung ist für die Abweichung der tatsächlichen von den geplanten Betriebskosten des Derivats verantwortlich. Weitere Erfolge fallen weder bei Ausfall noch bei Nichtausfall des Kredits an, da sich die Zahlungen und Wertveränderungen aus Kredit und Derivat ausgleichen. Der einzige Unterschied, der sich an dieser Erfolgszurechnung bei Betreuungsübergabe an die Problemkreditabteilung ergeben hätte, hätte darin bestanden, dass dann die Problemkreditabteilung die ansonsten der Filiale zugerechneten Erfolge erhalten hätte.

4.2.4 Zusammenfassung

Im Anschluss sollen die Ergebnisse von Kapitel 4.2 noch einmal tabellarisch zusammengefasst werden. Hierbei sollen zum einen die Verantwortlichkeiten für Ausfallrisiko und Kreditbetreuung und ihr Übergang von einer organisatorischen Einheit auf eine andere verdeutlicht werden. Zum anderen soll herausgestellt werden, welcher organisatorischen Einheit wann im Kreditprozess welche Erfolge zugerechnet werden.

In der folgenden Tabelle ist dargestellt, welche organisatorische Einheit in welcher Phase des Kreditprozesses gemäß den Erkenntnissen der vorliegende Arbeit für das Kreditausfallrisiko (R) bzw. die Kreditbetreuung (B) zuständig sein soll. Zusätzlich wird in der folgenden Tabelle angegeben, wann Risiko bzw. Betreuung von einer organisatorischen Einheit auf eine andere übergehen und welche Prämienzahlungen dabei jeweils fließen sollen.

	Filiale	Kreditportfolio-steuerung	Problemkredit-abteilung
Kreditabschluss			
• bei Abschluss	B/R		
• nach Abschluss	B/R		
Derivateabschluss			
• bei Abschluss	——— -------	———▶ -----▶	
• nach Abschluss	B	R	
nicht durch Derivat abgesicherter Kredit wird Problemkredit			
• bei Übergabe an PKA	——— ······· -------	——— ······· -------	———▶ ·······▶ -----▶
• nach Übergabe an PKA			B/R
durch Derivat abgesicherter Kredit wird Problemkredit			
• bei Übergabe an PKA	······· -------	······· -------	·······▶ -----▶
• nach Übergabe an PKA		R	B

Zeichenerklärung:

- B: Abteilung verantwortlich für Kreditbetreuung
- R: Abteilung verantwortlich für Ausfallrisiko
- ·····▶ : Betreuungsübergabe
- —▶ : Risikoübergabe
- --▶ : Prämienzahlung

Tabelle 1: Steuerungsadäquate Risiko- und Betreuungsverantwortlichkeiten im Kreditprozess

Bei bzw. nach Kreditabschluss hat also zunächst die Filiale die Kreditbetreuung inne und ist für das Ausfallrisiko verantwortlich. Wird ein Kreditderivat abgeschlossen, so geht das Ausfallrisiko gegen Zahlung einer Prämie auf die Kreditportfoliosteuerung über. Wird der Kredit zum Problemkredit und der Problemkreditabteilung übergeben, so ist zu unterscheiden, ob er durch ein Derivat abgesichert wurde oder nicht. Bei nicht erfolgter Absicherung gehen sowohl Kreditbetreuung als auch Ausfallrisiko gegen Zahlung einer Prämie von der Filiale auf die Problemkreditabteilung über. Ist der Kredit demgegenüber durch ein Derivat abgesichert, geht nur die Kreditbetreuung gegen Prämienzahlung auf die Problemkreditabteilung über, das Ausfallrisiko des Kredits verbleibt bei der Kreditportfoliosteuerung.

Nach Darstellung der Betreuungs- und Risikoverantwortlichkeiten soll nun noch die in der Arbeit hergeleitete Erfolgszurechnung übersichtlich zusammengefasst werden. Dazu ist in den nachfolgenden Tabellen jeweils angegeben, welche Erfolge in welcher Phase des Kreditprozesses der Filiale (F), der Kreditportfoliosteuerung (KPS) bzw. der Problemkreditabteilung (PKA) zugerechnet werden. Angegeben sind dabei sowohl die positiven (+), wie auch die negativen Erfolge (-), d.h. sowohl Gutschriften als auch Belastungen. Zurechnungen, die je nach Situation sowohl positiv wie auch negativ ausfallen können sind mit (±) gekennzeichnet. Erfolge, die in einer bestimmten Phase nicht anfallen, sind als „-“ vermerkt. Nicht aufgeführt in den Tabellen sind die Prämienzahlungen, die von einer organisatorischen Einheit der Bank bei Betreuungs- oder Risikoübergabe an eine andere gezahlt werden, da dies schon in der vorigen Tabelle dargestellt wurde.

In der ersten Tabelle ist die Erfolgszurechnung für die in der Arbeit untersuchten speziellen Entscheidungssituationen im Kreditprozess dargestellt, d.h. es wird angegeben, welche Erfolge bei Kreditabschluss, bei Derivateabschluss bzw. bei Übergabe eines Kredits an die Problemkreditabteilung anfallen. Diese Erfolge fallen größtenteils nur ein einziges Mal im Kreditprozess an. So fällt der Konditionsbeitragsbarwert beispielsweise nur bei Abschluss des Kredits an und wird dann der Filiale zugerechnet, der Wegfall der Mindesterträge des Kredits wird der Kreditportfoliosteuerung nur einmalig bei Abschluss des Kreditderivats gutgeschrieben, etc.. Einige der Erfolge sind dagegen nicht einmalig für eine bestimmte Entscheidungssituation, sondern können öfters anfallen. So fällt die Änderung des Standardrisikokostenbarwerts des Kredits immer dann an, wenn sich die Ausfallwahrscheinlichkeit des Kredits ändert. Dies ist bei Derivateabschluss der Fall (weil die Filiale dann ihren Betreuungsaufwand auf BA^0 reduziert und die Ausfallwahrscheinlichkeit korrespondierend auf W^0 steigt),

	bei Kreditabschluss	bei Derivateabschluss	bei Betreuungsübergabe eines nicht abgesicherten Kredits an die Problemkreditabteilung	bei Betreuungsübergabe eines abgesicherten Kredits an die Problemkreditabteilung
Konditionsbeitragsbarwert	F (+)	-	-	-
Standardrisikokostenbarwert	F (-)	-	-	-
Barwert des Betreuungsaufwands	F (-)	-	-	-
Barwert der sonstigen Betriebskosten des Kredits	F (-)	-	-	-
Barwert der vom Kredit zu erwirtschaftenden Mindesterträge	F (-)	-	-	-
Änderung des Standardrisikokostenbarwerts bei Änderung der Ausfallwahrscheinlichkeit des Kredits	-	KPS (-)	PKA (+)	KPS (+)
Änderung des Mindestertragsbarwerts bei Änderung der Ausfallwahrscheinlichkeit des Kredits	-	-	PKA (+)	-
Barwert der erwarteten Zahlungen aus dem Kreditderivat	-	KPS (+)	-	-
an den Kontraktpartner zu zahlende Derivateprämie	-	KPS (-)	-	-
Wegfall der Mindesterträge des Kredits durch Absicherung per Kreditderivat	-	KPS (+)	-	-
Barwert der Betriebskosten des Derivats	-	KPS (-)	-	-
Wertänderung des Derivats bei Änderung der Ausfallwahrscheinlichkeit des Kredits	-	-	-	KPS (-)

Tabelle 2: Erfolgszurechnung bei speziellen Entscheidungssituationen im Kreditprozess

	nach Kreditabschluss	nach Derivateabschluss	nach Betreuungsübergabe eines nicht abgesicherten Kredits an die Problemkreditabteilung	nach Betreuungsübergabe eines abgesicherten Kredits an die Problemkreditabteilung
Abweichung des tatsächlichen vom geplanten Betreuungsaufwand	F (±)	F (±)	PKA (±)	PKA (±)
Abweichung der tatsächlichen von den geplanten sonstigen Betriebskosten des Kredits	F (±)	F (±)	PKA (±)	PKA (±)
über das Erwartete hinausgehender Verlust aus dem Kredit bei Kreditausfall	F (-)	KPS (-)	PKA (-)	KPS (-)
periodische Abschmelzung des Standardrisikokostenbarwerts des Kredits bei Nichtausfall	F (+)	KPS (+)	PKA (+)	KPS (+)
Änderung des Standardrisikokostenbarwerts bei Änderung der Ausfallwahrscheinlichkeit des Kredits	F (±)	KPS (±)	PKA (±)	KPS (±)
Änderung des Mindestertragsbarwerts bei Änderung der Ausfallwahrscheinlichkeit des Kredits	F (±)	-	PKA (±)	-
Abweichung der tatsächlichen von den geplanten Betriebskosten des Derivats	-	KPS (±)	-	KPS (±)
über das Erwartete hinausgehende Zahlungen aus dem Kreditderivat bei Kreditausfall	-	KPS (+)	-	KPS (+)
Wertverlust des Derivats bei Nichtausfall des Kredits	-	KPS (-)	-	KPS (-)
Wertänderung des Derivats bei Änderung der Ausfallwahrscheinlichkeit des Kredits	-	KPS (±)	-	KPS (±)

Tabelle 3: Erfolgszurechnung während der restlichen Kreditlaufzeit

kommt aber auch bei Übergabe der Kreditbetreuung an die Problemkreditabteilung vor (weil dann die Problemkreditabteilung den Betreuungsaufwand BA^P mit korrespondierender Ausfallwahrscheinlichkeit BA^P erbringt).

In der zweiten Tabelle sind die Erfolge angegeben, die nicht in speziellen Entscheidungssituationen, sondern während der restlichen Kreditlaufzeit anfallen. Die meisten dieser Erfolge fallen periodisch an. Die periodische Abschmelzung des Standardrisikokostenbarwerts des Kredits tritt beispielsweise am Ende jeder Periode auf, in der der Kredit nicht ausgefallen ist. Sie sollte gemäß den Erkenntnissen der vorliegenden Arbeit jeweils derjenigen organisatorischen Einheit zugerechnet werden, die in der jeweiligen Phase für das Ausfallrisiko verantwortlich ist, d.h. nach Kreditabschluss zunächst der Filiale, nachdem ein Kredit durch ein Derivat abgesichert wurde der Kreditportfoliosteuerung und bei Übergabe der Kreditbetreuung eines nicht durch Derivat abgesicherten Problemkredits der Problemkreditabteilung. Einige der aufgeführten Erfolge fallen nicht periodisch an, sondern wenn sich die Ausfallwahrscheinlichkeit eines Kredits während der Kreditlaufzeit ändert, z.B. durch Bonitätsänderung des Schuldners. Hierunter fällt beispielsweise die bei einer solchen Änderung der Ausfallwahrscheinlichkeit auftretende Wertänderung eines Kreditderivats.

4.3 Organisatorische Ausgestaltung des Kreditmanagementsystems

In den vorangegangenen Kapiteln der Arbeit wurde analysiert, welche organisatorische Einheit der Bank in welcher Phase des Kreditprozesses jeweils die Ausfallrisiko- bzw. Betreuungsverantwortung tragen soll und wie die Erfolgszurechnung auszugestalten ist. Darauf aufbauend bleibt nun noch zu klären, wie das Kreditmanagementsystem organisatorisch einzurichten ist. Dabei ist insbesondere zu untersuchen, wie die Übergabe von Ausfallrisiko und Kreditbetreuung zwischen den organisatorischen Einheiten der Bank sinnvoll geregelt werden kann, inklusive der dafür nötigen Prämienvereinbarung zwischen übernehmender und übergebender Einheit.

Die organisatorische Ausgestaltung des Kreditmanagementsystems muss dabei zwei Hauptanforderungen erfüllen:

1. Sie muss sicherstellen, dass die organisatorischen Einheiten der Bank jederzeit die für die im Kreditprozess zu treffenden Entscheidungen nötigen Informationen erhalten.

2. Sie muss für die Beteiligten möglichst wenig zeitintensiv zu handhaben sein. So wäre es z.B. völlig unpraktikabel, wenn die Kreditportfoliosteuerung bei Abschluss eines Kreditderivats auf einen Kreditpool alle Filialen telefonisch kontaktieren müsste, von denen Kredite im abzusichernden Pool enthalten sind, um die jeweilige Zahlungsbereitschaft der Filiale bezüglich der Risikoübergabeprämie zu erfragen.

Ein System, dass diese beiden Anforderungen erfüllt, lässt sich sinnvoll nicht ohne EDV-Unterstützung verwirklichen. Allein der Umfang des Datenmaterials, der zur Entscheidungsfindung in den verschiedenen Phasen des Kreditprozesses notwendig ist, ist ohne eine umfassende Datenbank nicht sinnvoll handhabbar. In dieser Datenbank müssen die benötigten Informationen aktuell, zeitnah und möglichst automatisiert abgelegt und bei Bedarf von den Entscheidern abgerufen werden können. Folgende Informationen werden dabei in den verschiedenen Phasen des Kreditprozesses von der Filiale, von der Kreditportfoliosteuerung bzw. von der Problemkreditabteilung benötigt:

a) von der Filiale benötigte Informationen

- Zur Entscheidung über den Kreditabschluss benötigt die Filiale gemäß Formel (43), S. 108, folgende Informationen über den abzuschließenden Kredit:
  - den Konditionsbeitragsbarwert,
  - den Barwert der Standardrisikokosten,
  - den Barwert des Betreuungsaufwands,
  - den Barwert der sonstigen Betriebskosten und
  - den Barwert der durch den Kredit zu erwirtschaftenden Mindesterträge.

  Die Konditionsbeiträge sind dabei nicht statisch, sondern in Abhängigkeit von den durch die Filiale variierbaren Kreditkonditionen auszuweisen, damit die Filiale in Konditionsverhandlungen mit dem Kreditkunden treten kann. Bei von der Filiale selbst zu beeinflussenden Größen, wie dem Betreuungsaufwand, müssen zumindest „Standardwerte“ als Anhaltspunkt vorgegeben werden, die z.B. als Durchschnittswerte aus Vergangenheitsdaten errechnet werden können.

- Nach Kreditabschluss muss die Filiale jederzeit darüber informiert sein, ob ein von ihr vergebener Kredit durch ein Kreditderivat abgesichert wurde oder nicht, da davon abhängt, ob Kreditportfoliosteuerung oder Filiale die Verantwortung für das Ausfallrisiko des Kredits tragen. Diese Risikoinformation benötigt die Filiale, um eine Entscheidung über den von ihr zu erbringenden Betreuungsaufwand treffen zu können: Bei Krediten, für deren Ausfallrisiko die Filiale nicht verantwortlich ist, wird sie ihren Betreuungsaufwand senken wollen.

b) von der Kreditportfoliosteuerung benötigte Informationen

- Die Kreditportfoliosteuerung benötigt schon vor Abschluss eines Kreditderivats umfangreiche Informationen über die potentiell abzusichernden Kredite, um am Markt eruieren zu können, welche Prämie mögliche Kontraktpartner für die Übernahme des Ausfallrisikos verlangen werden. Solche Informationen umfassen Daten über die Art und Bonität des Kreditschuldners, die Kredithöhe und -laufzeit, die Zinszahlungs- und Tilgungsmodalitäten etc..[213] Auch muss der Kreditportfoliosteuerung bekannt sein, welche Kredite bereits als Problemkredite eingestuft wurden, da solche Kredite sich nicht mehr am Markt absichern lassen.[214]

- Um über den Abschluss eines Kreditderivats entscheiden zu können, muss die Kreditportfoliosteuerung neben der am Markt eruierten zu zahlenden Derivateprämie Informationen darüber besitzen, wie hoch die Erfolgsbeiträge sind, die ihr bei Derivateabschluss angerechnet werden, d.h. sie muss gemäß Formel (65), S. 135, wissen:

    - wie hoch der Barwert der aus dem Derivat erwarteten Zahlungen ist,

    - um wie viel der Barwert der Standardrisikokosten des Kredits dadurch zunimmt, dass die Filiale nach Wegfall des Ausfallrisikos ihren Betreuungsaufwand reduzieren wird,

---

[213] Vgl. hierzu HÜTTEMANN (1997), S. 154 - 157; PÖTTER (1998), S. 270f..

[214] Eine Absicherung von Problemkrediten mittels Kreditderivaten ist deshalb nicht mehr möglich, weil sich auf Grund des sehr hohen Ausfallrisikos dieser Kredite (die evtl. ja schon teilweise ausgefallen sind) kaum ein Kontraktpartner zur Übernahme des Risikos bereit erklären dürfte.

- ◊ wie hoch der durch Derivateabschluss wegfallende Barwert der Mindesterträge des Kredits ist,
- ◊ wie hoch die Betriebskosten voraussichtlich ausfallen werden, die aus dem Derivateabschluss resultieren und
- ◊ wie hoch die Zahlungsbereitschaft der Filiale bezüglich der Risikoübergabeprämie ist.

- Nach Derivateabschluss benötigt die Kreditportfoliosteuerung Informationen über den Verlauf der von ihr abgesicherten Kredite, um gegebenenfalls Forderungen aus Kreditderivaten bei den Kontraktpartnern geltend zu machen.

c) von der Problemkreditabteilung benötigte Informationen

- Die Problemkreditabteilung schließlich benötigt Informationen über Kredite die zu Problemkrediten werden, um über eine Betreuungsübernahme entscheiden zu können. Dies umfasst gemäß den Formeln (95), S. 166 und (118), S. 189 - unabhängig davon, ob die Kredite durch Derivate abgesichert wurden oder nicht - folgende Daten:
  - ◊ den ursprünglich für die einzelnen Perioden der Kreditlaufzeit kalkulierten Betreuungsaufwand,
  - ◊ die ursprünglich geplanten periodischen sonstigen Betriebskosten der Kredite,
  - ◊ die Betreuungsaufwendungen und die sonstigen Betriebskosten, die sich in den einzelnen Perioden voraussichtlich ergeben, wenn die Problemkreditabteilung die Kreditbetreuung übernimmt sowie
  - ◊ die Betreuungsprämien die die vormals kreditbetreuenden Filialen für die Übernahme zu zahlen bereit sind.

- Bei nicht durch Derivate abgesicherten Krediten sind gemäß Formel (95), S. 166, zusätzlich noch Informationen darüber nötig, inwieweit der Standardrisikokostenbarwert und der Barwert der Mindesterträge sich dadurch verringern, dass die Problemkreditabteilung die Kreditbetreuung übernimmt.

Ein Kreditmanagementsystem, das diese Daten den Entscheidern zur Verfügung stellt und darüber hinaus eine Übergabe von Ausfallrisikoverantwortung und Kreditbetreuung inklusive der dabei zu zahlenden Übergabeprämien ermöglicht, könnte wie auf den nächsten Seiten in den Abbildungen 5 bis 8 dargestellt ausgestaltet werden. Entsprechend diesen Abbildungen soll die folgende Erläuterung der Organisation des aus ex ante-Kalkulation und ex post-Erfolgszurechnung bestehenden Kreditmanagements unterteilt werden nach

- Organisation des Kreditmanagements bei und nach Neuabschluss eines Kredits,
- Organisation des Kreditmanagements bei und nach Abschluss eines Kreditderivats,
- Organisation des Kreditmanagements bei und nach Übergabe eines nicht durch ein Derivat abgesicherten Kredits an die Problemkreditabteilung und
- Organisation des Kreditmanagements bei und nach Übergabe eines durch ein Derivat abgesicherten Kredits an die Problemkreditabteilung.

a) Organisation des Kreditmanagements bei und nach Neuabschluss eines Kredits

Der EDV-unterstützte Kreditprozess vor und nach Abschluss eines Kreditgeschäfts lässt sich wie folgt ausgestalten (vgl. Abb. 5, S. 214):

1. Vor Vergabe eines Kredits gibt die Filiale die relevanten Daten des potentiellen Kreditnehmers in das EDV-System ein.
2. Das System führt auf Grundlage dieser Daten eine Kreditwürdigkeitsprüfung durch und stuft den Kreditnehmer bei positivem Ergebnis in eine Bonitätsklasse ein.

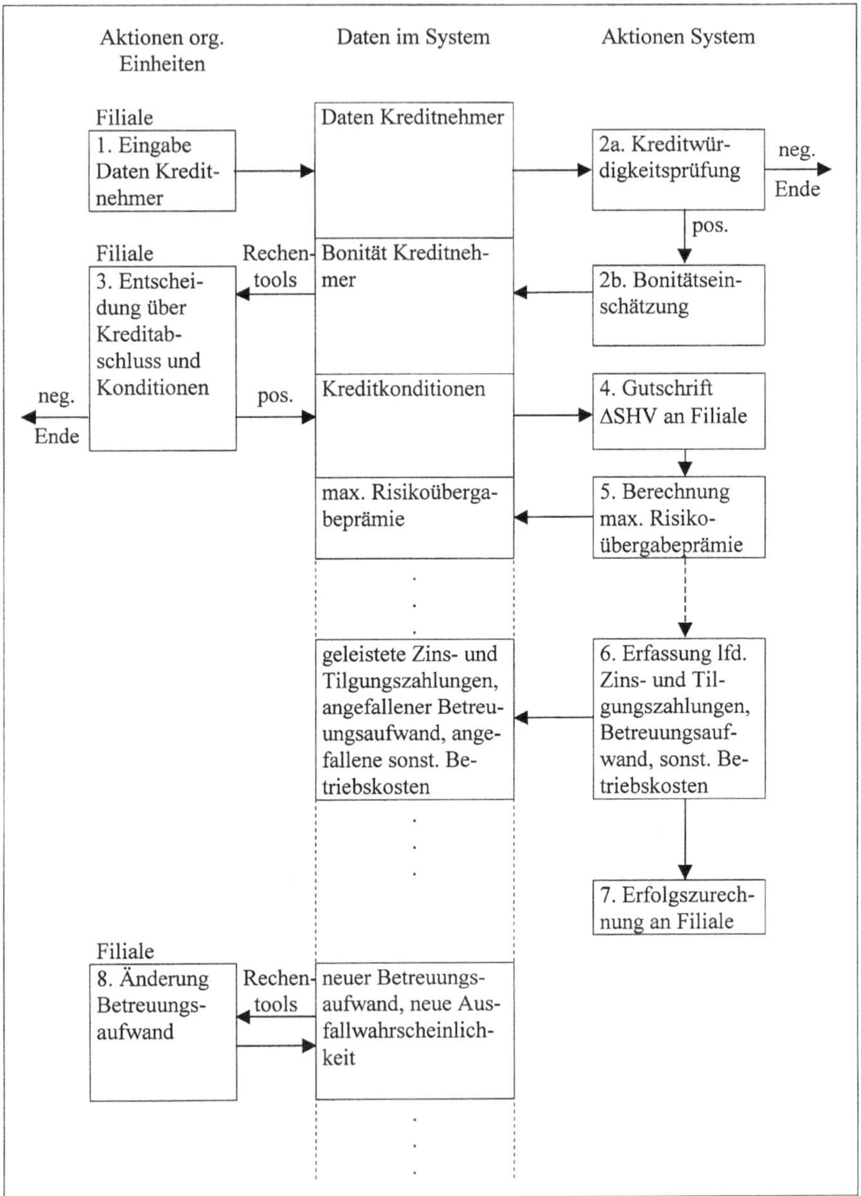

Abb. 5: Organisation des Kreditmanagements bei und nach Neuabschluss eines Kredits

3. Bei negativem Resultat der Kreditwürdigkeitsprüfung wird dies der Filiale mitgeteilt. Bei positiven Resultat erhält die Filiale ein Rechentool zur Verfügung gestellt, mit Hilfe dessen in Abhängigkeit von den von der Filiale variierbaren Kreditkonditionen (Nominalzins, Auszahlungsbetrag, Laufzeit, Zinszahlungs- und Tilgungsmodalitäten, Kündigungsrechte etc.) der Shareholder Value-Beitrag des Kredits errechnet wird. Auf Grundlage dieser Daten entscheidet die Filiale über die Kreditvergabe bzw. handelt mit dem Kreditnehmer die Kreditkonditionen aus.

4. Die Kreditkonditionen werden bei Abschluss des Kredits automatisch im System erfasst und sind danach jederzeit von Filiale und Kreditportfoliosteuerung einsehbar. Der Filiale wird der Shareholder Value-Beitrag des Kredits gutgeschrieben.

5. Zusätzlich wird auf Grund der Kreditdaten die Maximalprämie berechnet, welche die Filiale für eine Übernahme des Ausfallrisikos durch die Kreditportfoliosteuerung zu zahlen bereit wäre.

6. Eingehende Zins- und Tilgungszahlungen des Kredits werden vom System automatisch erfasst. Das selbe gilt für den anfallenden Betreuungsaufwand und die sonstigen Betriebskosten des Kredits.

7. Aus diesen und evtl. weiteren vom System erfassten Daten (wie z.B. einem nach Kreditvergabe durch Ratingagenturen oder intern durchgeführten Rating des Kreditschuldners oder auch vom Kreditschuldner veröffentlichten Bilanzkennzahlen) wird jedes Jahr die aktuelle Ausfallwahrscheinlichkeit des Kredits berechnet. Darauf aufbauend wird der Standardrisikokostenbarwert des Kredits aktualisiert und die Differenz zum Wert des Vorjahres der Filiale zugerechnet. Das selbe gilt für die Differenz von geplanten und tatsächlich im abgelaufenen Jahr angefallenem Betreuungsaufwand bzw. sonstigen Betriebskosten. Fällt der Kredit dagegen aus, so wird der über das Erwartete hinausgehende Ausfallverlust der Filiale belastet.

8. Solange der Kredit noch nicht durch ein Derivat abgesichert wurde, kann die Filiale die Daten zum von ihr geplanten Betreuungsaufwand ändern, womit sich auch die damit verbundene Ausfallwahrscheinlichkeit des Kredits ändert. Die Filiale kann also z.B. zusätzliche Betreuungsmaßnahmen schon im Voraus planen, ihren Betreuungsaufwand dadurch erhöhen und gleichzeitig das Ausfallrisiko senken. Die Maximalprämie für die Risikoübergabe ändert sich im System entsprechend. Problematisch ist hierbei allerdings die Quantifizierung der neuen Ausfallwahrscheinlichkeit. Eine genaue Bestimmung

des Einflusses einer geplanten „Mehrbetreuung“ des Kreditkunden durch die Filiale auf die Ausfallwahrscheinlichkeit des Kredits ist wohl nur schwer objektiv oder zumindest intersubjektiv überprüfbar durchzuführen. Hier ist höchstens eine „pauschale“, auf Erfahrungen der Vergangenheit beruhende Änderung der Ausfallwahrscheinlichkeit bei Durchführung spezieller, standardisierter Betreuungsmaßnahmen (wie z.B. einer Managementberatung) denkbar. Da der Einfluss der Kreditbetreuung auf die Ausfallwahrscheinlichkeit eines Kredits jedoch sehr vom Einzelfall abhängen dürfte, ist ein solches Vorgehen natürlich entsprechend ungenau.

b) Organisation des Kreditmanagements bei und nach Abschluss eines Kreditderivats

Die Kalkulation und Erfolgszurechnung im Zusammenhang mit dem Abschluss eines Kreditderivats lässt sich folgendermaßen organisatorisch ausgestalten (vgl. Abb. 6, S. 217):

1. Da alle Daten zu den Krediten jederzeit im System abrufbar sind, kann die Kreditportfoliosteuerung problemlos über einen Derivateabschluss entscheiden. Der Kreditportfoliosteuerung werden hierfür Suchmasken zur Verfügung gestellt, über die sich potentiell abzusichernde Kredite nach verschiedenen Kriterien (wie z.B. Bonität des Schuldners oder Laufzeit) vorselektieren und poolen lassen. Des weiteren werden ihr Rechenttools zur Verfügung gestellt, mit deren Hilfe sie die Vorteilhaftigkeit eines Derivateabschlusses durchkalkulieren kann. Entscheidet sich die Kreditportfoliosteuerung zum Abschluss eines Kreditderivats, so werden die Daten des Kreditderivats im System erfasst und die entsprechenden Kredite als abgesichert gekennzeichnet

2. Nach Derivateabschluss werden die für die Betreuung der durch das Derivat abgesicherten Kredite zuständigen Filialen über die Kreditabsicherung informiert und es wird ihnen die Risikoübergabeprämie belastet. Die Daten zu geplantem Betreuungsaufwand und Ausfallwahrscheinlichkeit können von den Filialen nun nicht mehr geändert werden. Die Risikoübergabeprämien der abgesicherten Kredite werden zusätzlich zur durch den Derivateabschluss ausgelösten Steigerung des Shareholder Value der Bank der Kreditportfoliosteuerung gutgeschrieben.

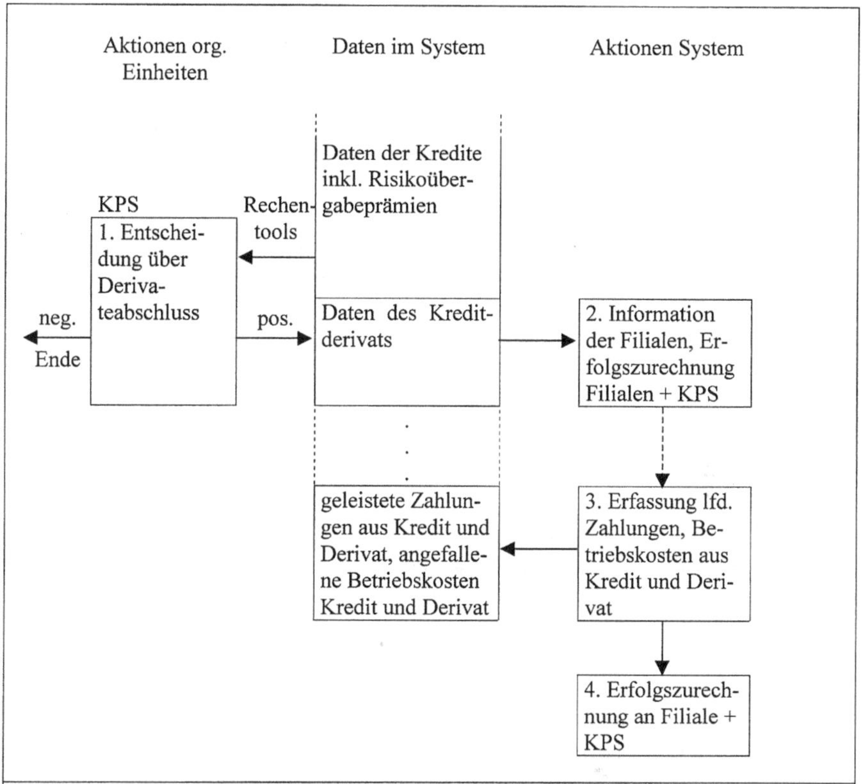

Abb. 6: Organisation des Kreditmanagements bei und nach Abschluss eines Kreditderivats

3. Eingehende Zins- und Tilgungszahlungen des Kredits, Zahlungen aus dem Kreditderivat, sowie die tatsächlichen Betriebskosten von Kredit und Derivat werden vom System automatisch erfasst.

4. Auf Basis dieser Größen erfolgt nach jeder Periode die Erfolgszurechnung. Den Filialen werden weiterhin auftretende Abweichungen beim Betreuungsaufwand und den sonstigen Betriebskosten der Kredite angerechnet, die Kreditportfoliosteuerung erhält eine Erfolgszurechung in Höhe der Differenz aus geplanten und tatsächlich angefallenen Betriebskosten des Derivats.

c) Organisation des Kreditmanagements bei und nach Übergabe eines nicht durch ein Derivat abgesicherten Kredits an die Problemkreditabteilung

Wird ein nicht durch ein Derivat abgesicherter Kredit zum Problemkredit, so lässt sich dies organisatorisch folgendermaßen handhaben (vgl. Abb. 7):

1. Bleiben bei einem Kredit Zins- oder Tilgungszahlungen in einer Periode aus oder verspäten sich erheblich oder verschlechtert sich die Bonität eines Kreditnehmers stark, so ordnet das EDV-System den betreffenden Kredit automatisch als Problemkredit ein (Es sind natürlich auch noch andere Kriterien als die genannten hierfür denkbar.).

2. Problemkredite werden vom System automatisch der kreditbetreuenden Filiale und der Problemkreditabteilung gemeldet.

3. Die betreuende Filiale wird vom System dazu aufgefordert, die Prämie zu beziffern, die sie für die Betreuungs- und Risikoübernahme durch die Problemkreditabteilung maximal zu zahlen bereit ist. Das System unterstützt die Filiale bei dieser Quantifizierung, z.B. indem es anhand von Vergangenheitsdaten den durchschnittlichen Erfolgsbeitrag angibt, der mit dem zukünftigen Geschäft des Kunden zu erwarten ist.

4. Die Kreditdaten sowie die von der Filiale angegebene Maximalprämie werden vom System der Problemkreditabteilung vorgelegt. Diese kann dann anhand dieser Daten entscheiden, ob sie die Kreditbetreuung übernehmen will (evtl. wiederum unterstützt durch von der EDV zur Verfügung gestellten Kalkulationstools).

5. Entscheidet sich die Problemkreditabteilung zur Übernahme der Betreuung, so wird dies im System vermerkt und ihr die Betreuungsprämie gutgeschrieben und der Filiale belastet. Außerdem erhält sie bei einem nicht durch ein Derivat abgesicherten Kredit zusätzlich die mit der Übernahme verbundene einmalige Reduktion des Standardrisikokostenbarwerts des Kredits gutgeschrieben.

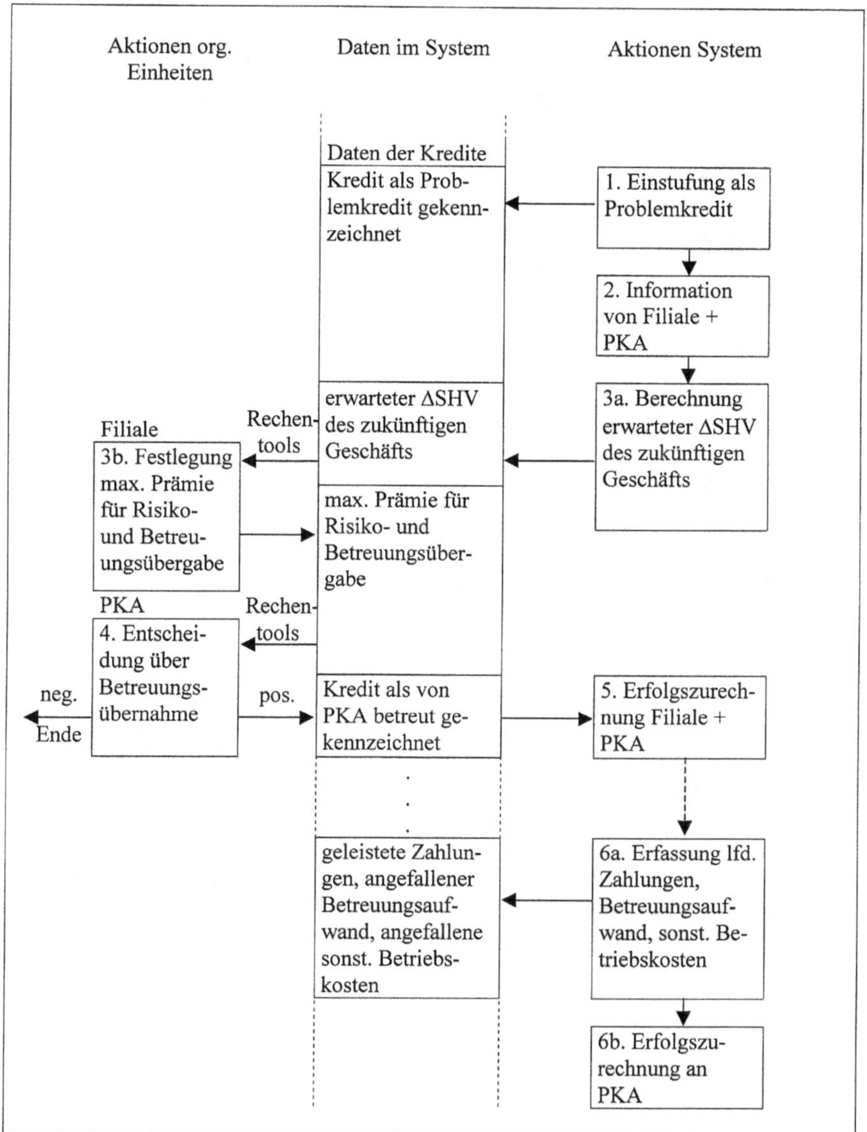

Abb. 7: Organisation des Kreditmanagements bei und nach Übergabe eines nicht durch ein Derivat abgesicherten Kredits an die Problemkreditabteilung

6. Nach Übergabe eines Kredits an die Problemkreditabteilung findet dann automatisch die damit verbundene ex post Erfolgszurechnung durch das System statt. Die aus dem Kredit anfallenden Zahlungen werden durch das System erfasst, ebenso der Betreuungsaufwand und die sonstigen Betriebskosten, die bei der kreditbetreuenden Problemkreditabteilung anfallen. Die Problemkreditabteilung bekommt nun die Abweichung vom geplanten Betreuungsaufwand bzw. von den geplanten sonstigen Betriebskosten des Kredits zugerechnet. Zusätzlich erhält sie periodisch die Änderung des Standardrisikokostenbarwerts zugerechnet und bei Kreditausfall den über das Erwartete hinausgehenden Ausfallverlust belastet.

d) Organisation des Kreditmanagements bei und nach Übergabe eines durch ein Derivat abgesicherten Kredits an die Problemkreditabteilung

Die Organisation der Übergabe eines durch ein Derivat abgesicherten Kredits an die Problemkreditabteilung erfolgt entsprechend der Organisation bei nicht abgesicherten Krediten und wird in Abb. 8, S. 221 dargestellt. Die einzigen Unterschiede zum unter c) geschilderten Ablauf liegen darin, dass

- neben Filiale und Problemkreditabteilung auch die Kreditportfoliosteuerung über die Einordnung des Kredits als Problemkredit informiert wird, damit sie eventuelle Zahlungsansprüche aus dem Kreditderivat geltend machen kann,
- die Filiale nur noch für die Betreuungsübergabe eine Prämie an die Problemkreditabteilung zahlt, nicht jedoch für die Risikoübergabe, da die Verantwortung für das Ausfallrisiko bei der Kreditportfoliosteuerung liegt und
- die Problemkreditabteilung keine Belastungen bzw. Erfolgsgutschriften bei Ausfall bzw. Nichtausfall des Kredits erhält.

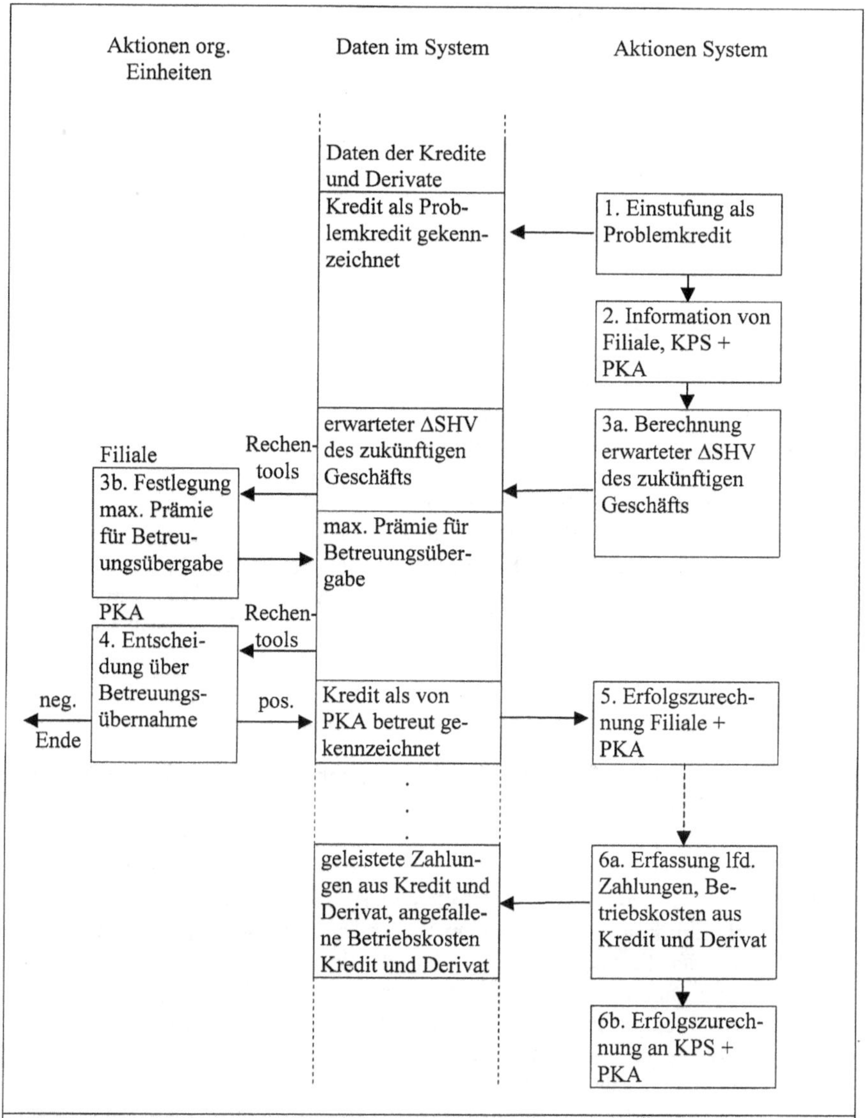

Abb. 8: Organisation des Kreditmanagements bei und nach Übergabe eines durch ein Derivat abgesicherten Kredits an die Problemkreditabteilung

Anmerkung zur Berechnung der Prämien:

Möglicherweise problematisch an dem vorgestellten System ist noch, dass bei Übergabe von Ausfallrisiko oder Kreditbetreuung der Filiale stets die Maximalprämie belastet wird, die sie zu zahlen bereit ist. Die gesamte Steigerung des Shareholder Value, die der Bank durch den Derivateabschluss bzw. die Übergabe eines Kredits an die Problemkreditabteilung entsteht, wird also stets der Kreditportfoliosteuerung bzw. der Problemkreditabteilung zugerechnet. Hierzu ist zweierlei anzumerken:

- Erstens ist nicht einzusehen, warum die Filiale sich durch die Risikoübergabe an die Kreditportfoliosteuerung bzw. die Betreuungsübergabe (bzw. Betreuungs- und Risikoübergabe) an die Problemkreditabteilung besser stellen sollte als vorher - und nichts anderes tritt ja ein, wenn die Filiale weniger als die Maximalprämie zahlt. Die Erhöhung des Shareholder Value der Bank, aus welcher der theoretische Spielraum zwischen der Maximalprämie und der von Kreditportfoliosteuerung bzw. Problemkreditabteilung geforderten Mindestprämie resultiert, geht schließlich nicht auf eine irgendwie geartete Leistung der Filiale zurück. Sie tritt ausschließlich durch den Derivateabschluss der Kreditportfoliosteuerung bzw. die im Vergleich zur Filiale erfolgversprechendere Kreditbetreuung der Problemkreditabteilung ein. Aus diesem Grund ist es gerechtfertigt, wenn die gesamte Erhöhung des Shareholder Value der Bank auch Kreditportfoliosteuerung bzw. Problemkreditabteilung zu Gute kommt, die Filiale also die Maximalprämie zahlen muss.

- Zweitens ist auch eine Aufteilung der Shareholder Value-Steigerung zwischen Filiale und Kreditportfoliosteuerung bzw. Problemkreditabteilung im vorgestellten System möglich, falls die Geschäftsleitung der Bank dies z.B. aus Gründen der Akzeptanz des Systems wünscht. In diesem Fall ist lediglich dafür zu sorgen, dass Kreditportfoliosteuerung bzw. Problemkreditabteilung die Maximalprämie der Filiale vom System nicht mitgeteilt bekommen, sondern ihrerseits die von ihnen geforderten Minimalprämien angeben müssen. Das System kann dann aus der Maximalprämie, die die Filiale zu zahlen bereit ist, und der geforderten Minimalprämie nach einem von der Geschäftsleitung vorgegebenen Verteilungsschlüssel die endgültige Übergabeprämie errechnen. Hierbei ist allerdings anzumerken, dass eine solche Regelung das Kreditmanagementsystem - zumindest geringfügig - verkompliziert. Da zudem eine Besserstellung der Filiale durch die Risiko- bzw. Betreuungsübergabe wenig sinnvoll erscheint, sollte das erste vorgestellte System präferiert werden, dass stets zu einer Verrechnung der Maximalprämie führt.

5 Erweiterungen des Grundmodells

Nachdem im vorangegangenen Hauptkapitel 4 das Grundmodell eines Kreditmanagementsystems entwickelt wurde, soll dieses im Folgenden dadurch erweitert werden, dass die Prämissen des Grundmodells schrittweise modifiziert werden. Im Einzelnen sollen folgende Erweiterungen vorgenommen werden:

Zunächst sollen die Annahmen bezüglich der Teilrisiken des Ausfallrisikos abgeändert werden, die im Kreditmanagementsystem behandelt werden. Dabei werden in das Grundmodell integriert:

- das Risiko von Bonitätsverschlechterungen des Schuldners (Kapitel 5.1),
- das Risiko von Teilausfällen von Krediten (Kapitel 5.2),
- das Risiko verspäteter Zahlungen (Kapitel 5.3),
- das Sicherheitenrisiko (Kapitel 5.4) und
- das Länderrisiko (Kapitel 5.5).

Darauf folgend sollen auch die Kreditderivate betreffenden Prämissen modifiziert werden. Dies bedeutet,

- dass anders als im Grundmodell nun auch andere Kreditderivate als bei Kreditausfall zahlende, den vollen Ausfallverlust ersetzende Credit Default Options zugelassen werden (Kapitel 5.6) und
- dass nun auch die Möglichkeit, dass der Kontraktpartner eines Kreditderivats während der Derivatelaufzeit ausfällt, in die Betrachtung einbezogen wird (Kapitel 5.7).

5.1 Integration des Risikos von Bonitätsverschlechterungen des Schuldners

Das Risiko, dass sich die Bonität eines Schuldners während der Kreditlaufzeit verschlechtert, wurde im Grundmodell zwar bereits untersucht, allerdings nur im Rahmen der ex post-Erfolgszurechnung. Eine explizite Integration dieses

Risikos in die ex ante-Analyse fand nicht statt. Dies ist jedoch nicht sachgerecht:

Es besteht die Möglichkeit, dass sich das Rating bzw. die Bonitätseinstufung[265] eines Kreditschuldners während der Kreditlaufzeit ändert. Dies ist ex ante, also bei Kreditabschluss, bekannt. Mit der Änderung der Bonität eines Schuldners ändern sich auch die Ausfallwahrscheinlichkeiten der an ihn vergebenen Kredite[266], da durch das Rating eine Einschätzung der Kreditausfallwahrscheinlichkeit zum Ausdruck gebracht wird. Verschlechtert sich das Rating eines Schuldners, so steigen die erwarteten Ausfälle aus den an ihn vergebenen Krediten, verbessert sich sein Rating, so sinken sie. Die möglichen Bonitätsänderungen des Schuldners während der Kreditlaufzeit dürfen daher bei Kreditabschluss nur dann vernachlässigt werden, wenn sich die erwarteten Bonitätsverbesserungen und Bonitätsverschlechterungen die Waage halten, die Auswirkungen auf die Kreditausfälle sich also im Erwartungswert kompensieren. Ansonsten hätten diese möglichen Bonitätsänderungen eine Auswirkung auf den Wert des Kredits bei Kreditvergabe, wären also ex ante zu berücksichtigen. Eine Kompensation der erwarteten Bonitätsverbesserungen und Bonitätsverschlechterungen ist in der Praxis jedoch nicht zu beobachten.[267] Dies lässt sich bereits durch logische Überlegung einfach ableiten: Es müsste unmöglich sein, dass ein Schuldner der höchsten Bonitätsklasse während der Kreditlaufzeit seine Bonitätseinstufung ändert, da ja nur eine Bonitätsverschlechterung möglich ist. Besteht auch nur die geringste Wahrscheinlichkeit einer solchen Bonitätsverschlechterung, so besteht bei Kreditabschluss keine Erwartungswertneutralität mehr, da eine Kompensation mit Bonitätsverbesserungen ja nicht möglich ist. Dies ist offensichtlich unsinnig: Es ist möglich und in der Praxis auch schon vorgekommen, dass mit AAA geratete Schuldner herabgestuft wurden.[268] Eine Erwartungswertneutralität ist damit nicht gegeben, die Möglichkeit von Bonitätsveränderungen während der Kreditlaufzeit ist in die ex ante-Analyse einzubeziehen.

---

[265] Im Folgenden wird jede Form der internen oder externen Bonitätseinstufung als Rating bezeichnet.

[266] Es ist zwar möglich, dass verschiedene Kredite desselben Schuldners unterschiedlich geratet sind - vgl. hierzu bspw. EVERLING (1999), S. 673 - und dass dadurch die Bonitätsänderung des Schuldners sich möglicherweise nicht auf alle Kredite (gleich) auswirkt. Dieser Fall soll im Folgenden jedoch vernachlässigt werden.

[267] Vgl. hierzu bspw. SHEARER / CHRISTENSEN (1998), S. 54.

[268] Vgl. RISKMETRICS (2002).

Wie sich die Möglichkeit von Bonitätsänderungen sinnvoll in die ex ante-Betrachtung integrieren lässt, zeigen folgende Überlegungen:[269] Im Grundmodell des Kreditmanagementsystems ergibt sich die Ausfallwahrscheinlichkeit eines Kredits in den einzelnen Perioden seiner Laufzeit allein aus dem Rating des Schuldners bei Kreditabschluss. Dies wird nun dahingehend abgeändert, dass nicht das Rating des Schuldners bei Kreditabschluss, sondern das zu Beginn der jeweiligen Periode gültige Rating herangezogen wird, um die Ausfallwahrscheinlichkeit eines Kredits in einer bestimmten Periode seiner Laufzeit zu errechnen.

Beispiel: Veränderung des Rating eines Schuldners während der Kreditlaufzeit und zugehörige Änderung der Ausfallwahrscheinlichkeiten

	t_0	Periode 1	t_1	Periode 2	t_2	Periode 3	t_3	Periode 4	...
Rating	BBB ↘		BB ↘		BB ↘		B ↘		
Ausfallwahrscheinlichkeit		0,5%		2,5%		2,5%		10,5%	

Die Ausfallwahrscheinlichkeit in Periode 3 wird also bspw. aus dem Rating des Schuldners in t_2 ermittelt. Dieses Rating zu Beginn der jeweiligen Periode ist bei Kreditabschluss in t_0 jedoch nicht sicher bekannt. Daher sind bei Kreditabschluss Szenarien mit zugehörigen Eintrittswahrscheinlichkeiten aufzustellen, wie sich das Rating des Schuldners während der Kreditlaufzeit entwickeln kann. Die Ausfallwahrscheinlichkeit eines Kredits in den einzelnen Perioden ergibt sich dann als Erwartungswert der den jeweils möglichen Ratings zu Beginn der Periode zugehörigen Ausfallwahrscheinlichkeiten.

---

[269] Vgl. hierzu und für den Rest des Kapitels auch JPMORGAN (1997).

Beispiel: Errechnung der erwarteten Ausfallwahrscheinlichkeit aus den Rating-Szenarien

		t_0	Periode 1	t_1	Periode 2	t_2	Periode 3	t_3	Periode 4	...
Szenario	*EW' in %*	Rating	AW' in %	Rating	AW' in %	Rating	AW' in %	Rating	AW' in %	
1	*50,0*	*BBB*	*0,5*	*BBB*	*0,5*	*BBB*	*0,5*	*BBB*	*0,5*	
2	*25,0*	*BBB*	*0,5*	*BB*	*2,5*	*BB*	*2,5*	*BB*	*2,5*	
3	*5,0*	*BBB*	*0,5*	*BB*	*2,5*	*BB*	*2,5*	*B*	*10,5*	
4	*12,5*	*BBB*	*0,5*	*BBB*	*0,5*	*A*	*0,2*	*A*	*0,2*	
5	*7,5*	*BBB*	*0,5*	*A*	*0,2*	*A*	*0,2*	*BBB*	*0,5*	
Gesamt	*100,0*	*E(...)*	*0,5*	*E(...)*	*1,0075*	*E(...)*	*1,04*	*E(...)*	*1,4625*	

mit: EW': Eintrittswahrscheinlichkeit des Szenarios

AW': Ausfallwahrscheinlichkeit in der Periode

E(...): erwartete Ausfallwahrscheinlichkeit in der Periode

Die erwartete Ausfallwahrscheinlichkeit der Periode 3 beträgt im Beispiel also 1,04 % und ergibt sich als Erwartungswert aus den in t_2 möglichen Ratings:

$E(W_2) =$ 50% * 0,5% (Szenario 1, Rating in t_2: BBB)

+ 25% * 2,5% (Szenario 2, Rating in t_2: BB)

+ 5% * 2,5% (Szenario 3, Rating in t_2: BB)

+ 12,5% * 0,2% (Szenario 4, Rating in t_2: A)

+ 7,5% * 0,2% (Szenario 5, Rating in t_2: A)

= 1,04%

Es verbleibt damit noch die Frage, wie eine Bank die Szenarien für die möglichen Bonitätsentwicklungen eines Schuldners und die zugehörigen Eintrittswahrscheinlichkeiten ermitteln kann. Hierfür bieten sich sog. Migrationsmatrizen an, wie sie von den großen Ratingagenturen wie bspw. Moody's oder Standard & Poor's veröffentlicht werden.[270] Diese Migrationsmatrizen teilen Kredite meist zunächst in verschiedene Kreditkategorien ein, wie z.B. Hypothekenkredite, Konsumentenkredite, etc.. Sie geben dann in Abhängigkeit des Kreditschuldnerratings zum Zeitpunkt der Kreditvergabe an, mit welcher Wahrscheinlichkeit ein Kredit einer bestimmten Kategorie nach X Jahren welches Rating aufweist.

Beispiel: Migrationsmatrix[271]

anfängliches Rating	Rating nach einem Jahr							
	AAA	AA	A	BBB	BB	B	CCC	D
AAA	90,81	8,33	0,68	0,06	0,12	0,00	0,00	0,00
AA	0,70	90,65	7,79	0,64	0,06	0,14	0,02	0,00
A	0,09	2,27	91,05	5,52	0,74	0,26	0,01	0,06
BBB	0,02	0,33	5,95	86,93	5,30	1,17	0,12	0,18
BB	0,03	0,14	0,67	7,73	80,53	8,84	1,00	1,06
B	0,00	0,11	0,24	0,43	6,48	83,46	4,07	5,20
CCC	0,22	0,00	0,22	1,30	2,38	11,24	64,86	19,79

In der als Beispiel aufgeführten Migrationsmatrix weist ein anfänglich BBB gerateter Kreditschuldner nach einem Jahr mit einer Wahrscheinlichkeit von 86,93% immer noch ein Rating von BBB auf. Mit 5,30% Wahrscheinlichkeit hat sich sein Rating allerdings auf BB verschlechtert, mit 1,17% Wahrscheinlichkeit sogar auf B, mit 0,12% auf CCC und mit einer Wahrscheinlichkeit von 0,18% weist der Schuldner ein Rating von D auf, ein an diesen Schuldner vergebener Kredit ist also ausgefallen. Allerdings besteht auch eine Wahrscheinlichkeit von 5,95%, dass sich das Rating nach einem Jahr auf A verbessert hat, mit 0,33% beträgt es gar AA, mit immerhin noch 0,02% sogar AAA.

Diese einjährigen Migrationsmatrizen lassen sich in Matrizen für das Rating nach zwei Jahren, nach drei Jahren usw. hochrechnen, wenn dies auch auf Grund möglicherweise pfadabhängiger Verläufe nicht ganz unproblematisch

270 Vgl. MOODY'S (1997), MOODY'S (2002b), RISKMETRICS (2002), STANDARD & POOR'S (2002). Vgl. zum Vorgehen bei der Verwendung von Migrationsmatrizen OFFERMANN (2001), S. 124 - 129.

271 Quelle: STANDARD & POOR'S (1996) zitiert nach JPMORGAN (1997), S. 20.

ist.[272] Die so errechneten Matrizen bilden jeweils die Grundlage für die Aufstellung der Szenarien des Folgejahres. Dies bedeutet, dass z.B. für die Aufstellung der Szenarien des dritten Jahres die Migrationsmatrix für das Rating nach zwei Jahren heranzuziehen ist, da diese ja angibt, mit welcher Wahrscheinlichkeit der Schuldner zu Beginn des dritten Jahres welches Rating aufweist.

Für die als Beispiel angegebene Migrationsmatrix lassen sich damit z.B. für einen anfänglich BBB gerateten Kredit die Szenarien für das zweite Jahr aufstellen:

Szenario	Rating	Eintrittswahrscheinlichkeit
1	AAA	0,02%
2	AA	0,33%
3	A	5,95%
4	BBB	86,93%
5	BB	5,30%
6	B	1,17%
7	C	0,12%
8	D	0,18%
Summe		100,00%

Verbindet man diese Eintrittswahrscheinlichkeiten nun noch mit den zu den einzelnen Ratings gehörigen einjährigen Ausfallwahrscheinlichkeiten, so erhält man, wie vorher im Kapitel beschrieben, die Ausfallwahrscheinlichkeit des Kredits für das zweite Jahr.

Abschließend bleibt in diesem Kapitel noch zu erörtern, inwieweit sich die beschriebene Vorgehensweise bei der Integration des Risikos von Bonitätsänderungen auf das Kreditmanagementsystem auswirkt. Hierbei ist festzustellen, dass sich durch diese Integration keine einzige der Formeln des Grundmodells ändert. Lediglich die Berechnung der in den Formeln des Grundmodells mit W_i abgekürzten Ausfallwahrscheinlichkeit des Kredits in den einzelnen Perioden ändert sich, sie ist nun wesentlich komplexer als im Grundmodell. Dies hat auf das Zusammenspiel dieser Wahrscheinlichkeit W_i mit den anderen Parametern

[272] Vgl. OEHLER / UNSER (2001), S. 259 - 265.

des Grundmodells jedoch keinerlei Auswirkungen. Die Formeln und daraus hergeleiteten Aussagen des Grundmodells bleiben damit in vollem Umfang gültig.

5.2 Integration des Risikos von Teilausfällen von Krediten

Im bisher vorgestellten Grundmodell eines Kreditmanagementsystems fallen Kredite bei Kreditausfall stets vollständig aus, die Bank erhält außer den Kreditsicherheiten keine Zahlungen. Diese Annahme soll nun aufgegeben werden. Neben den Kreditsicherheiten kann die Bank nun also auch Zahlungen aus der Konkursmasse des Schuldners erhalten. Wie viel Prozent ihrer ausstehenden Forderung die Bank bei Kreditausfall erhält, wird dabei als sog. Recovery Rate bezeichnet.[273]

Die Möglichkeit von Teilausfällen wirkt sich im Kreditmanagementsystem an mehreren Stellen aus:

- Im Rahmen der ex ante-Kalkulation werden durch die Möglichkeit der über die Sicherheiten hinausgehenden Zahlungen bei Kreditausfall die Standardrisikokosten des Kredits beeinflusst.
- Da die Höhe der Recovery Rate bei Kreditabschluss eine risikobehaftete Variable darstellt, beeinflusst dies den Value at Risk des Kredits und damit den zu erwirtschaftenden Mindestertrag.
- Im Rahmen der ex post-Erfolgszurechnung ist es möglich, dass die tatsächliche Recovery Rate von der bei Kreditabschluss erwarteten Recovery Rate abweicht und die Bank dadurch höhere oder niedrigere Kreditausfälle erleidet, als erwartet.

Alle diese Auswirkungen der Möglichkeit von Teilausfällen sind im folgenden auf ihren Einfluss auf das Kreditmanagementsystem hin zu untersuchen, das Kreditmanagement ist gegebenenfalls entsprechend zu modifizieren.

---

[273] Vgl. JPMORGAN (1997), S. 77.

a) Einfluss auf die Standardrisikokosten

Die Standardrisikokosten stellen die erwarteten Ausfälle aus einem Kredit dar. Ohne Einbeziehung der Möglichkeit von Teilausfällen und damit der Recovery Rate ergibt sich der Standardrisikokostenbarwert im Grundmodell gemäß Formel (34), S. 85, zu:

$$(34) \qquad SRKB = \sum_{i=1}^{n}\left(W_i \cdot \prod_{j=0}^{i-1}(1-W_j)\cdot\left(\sum_{k=i}^{n} q_k \cdot Z_k - S_i \cdot q_i\right)\right)$$

Erwartet eine Bank bei einem Kredit auf Grund von Extrapolationen aus Vergangenheitsdaten nun eine Recovery Rate in Höhe von RR_i, wenn der Kredit zum Zeitpunkt i ausfällt, so fällt im Erwartungswert nicht mehr der vollständige Kredit aus, sondern nur noch ein Anteil in Höhe von ($1\text{-}RR_i$). Dementsprechend beträgt der Standardrisikokostenbarwert nun lediglich noch:

$$(34a) \qquad SRKB = \sum_{i=1}^{n}\left(W_i \cdot \prod_{j=0}^{i-1}(1-W_j)\cdot\left(\left(\sum_{k=i}^{n} q_k \cdot Z_k \cdot (1-RR_k)\right) - S_i \cdot q_i\right)\right)$$

Weitere Auswirkungen auf die Standardrisikokosten ergeben sich nicht. Damit ist im Kreditmanagementsystem lediglich die alte Formel für den Standardrisikokostenbarwert durch die neue zu ersetzen.[274] Da der Bank bei Ausfall eines über ein Kreditderivat abgesicherten Kredits nach wie vor alle Ausfallverluste aus dem Kredit durch den Kontraktpartner des Derivats ersetzt werden, entsprechen die erwarteten Zahlungen aus dem Kreditderivat nach wie vor den Standardrisikokosten des Kredits. Sie sind also auch entsprechend der obigen Formel zu modifizieren.[275]

Schließlich ergibt sich durch die Modifikation der Standardrisikokostenberechnung noch eine Auswirkung auf die ex post-Erfolgszurechnung: Ändert sich im Kreditverlauf die Einschätzung der Bank über die erwartete Recovery Rate aus einem Kredit, so hat dies Auswirkungen auf den Standardrisikokostenbarwert des Kredits. Neben der Bonitätsänderung des Kreditschuldners und dem Nicht-

---

[274] Dies betrifft die Formeln 39, 41, 42, 44, 45, 47, 48, 53, 57, 66 - 69, 71, 73, 74, 76, 80, 82, 88, 96, 97, 100, 129, 130 und 132.

[275] Dies betrifft die Formeln 40, 60, 66, 124 - 126 und 132.

ausfall des Kredits in einer Periode tritt damit noch eine dritte mögliche Quelle für eine Veränderung des Standardrisikokostenbarwerts im Zeitablauf. Hierfür ist jedoch keine Modifikation des Kreditmanagementsystems nötig: Die auf Grund einer Änderung der erwarteten Recovery Rate eintretende Veränderung des Standardrisikokostenbarwerts wird den organisatorischen Einheiten einer Bank zugerechnet, die sowieso für diese Veränderung auf Grund der anderen beiden möglichen Ursachen verantwortlich zeichnen, im Normalfall also der Filiale, bei Problemkrediten der Problemkreditabteilung. Ist der Kredit durch ein Derivat abgesichert, ergibt sich wegen der kompensatorischen Wirkung des Kreditderivats netto kein Anrechnungsbedarf.

b) Einfluss auf den Mindestertrag

Die Recovery Rate eines Kredits steht bei Kreditabschluss nicht sicher fest, es ist vielmehr möglich, dass die Bank bei Kreditausfall einen höheren oder einen niedrigeren Anteil als die bei Kreditabschluss erwartete Recovery Rate aus der Konkursmasse des Schuldners erhält. Damit beeinflusst die Möglichkeit eines Teilausfalls den Value at Risk eines Kredits: Annahmen über die tatsächliche Höhe der Recovery Rate sind in die zur Value at Risk-Berechnung nötige Szenarienbildung zu integrieren.

Da die Recovery Rate nur die Berechnung des Value at Risk des Kredits selbst betrifft, ist hiermit keine Modifikation der Formeln des Kreditmanagementsystems verbunden. Alle den Mindestertrag eines Kredits beinhaltenden Formeln zur ex ante-Kalkulation bleiben nach wie vor gültig. Dies gilt auch für den Fall, dass ein Kredit durch ein Kreditderivat abgesichert wird. Hier fällt der Mindestertrag des Kredits nach wie vor weg, da die Höhe der Zahlungen aus dem Kreditderivat vom tatsächlichen Ausfallverlust der Bank abhängt und damit den Ausfallverlust der Bank unabhängig von der tatsächlich eintretenden Höhe der Recovery Rate stets kompensiert.

Schließlich ist auch die ex post-Erfolgszurechnung durch die veränderte Value at Risk-Berechnung konzeptionell nicht tangiert: Eine Änderung des Mindestertrags eines Kredits während seiner Laufzeit tritt nach wie vor nur dann auf - und löst damit auch nur dann Konsequenzen in der ex post-Erfolgszurechnung aus - wenn ein Kredit während der Laufzeit in eine andere Kreditkategorie eingeordnet wird (bspw. wenn er zum Problemkredit wird oder sein Rating sich ändert). Ein solch gravierender Schritt wie eine Neugruppierung des Kredits dürfte aber wohl kaum durch eine sich im Zeitablauf ändernde erwartete Recovery Rate ausgelöst werden. Deshalb hat die Einbeziehung der Möglichkeit von Teilausfällen hier keine Auswirkungen auf das Kreditmanagementsystem.

c) Einfluss auf die Erfolgszurechnung bei Kreditausfall

Auch bei Kreditausfall ist unter Einbeziehung der Möglichkeit von Teilausfällen keine Änderung der Systematik des Kreditmanagementsystems nötig: Im Grundmodell des Kreditmanagementsystems wird der jeweils für das Ausfallrisiko zuständigen Abteilung der über das Erwartete hinausgehende Ausfallverlust belastet. Dies ist im Normalfall die Filiale, nach Übergabe eines Kredits an die Problemkreditabteilung dieselbige. Wird der Kredit dagegen durch ein Derivat abgesichert und ist somit die Kreditportfoliosteuerung für das Ausfallrisiko verantwortlich, so ergibt sich im Grundmodell netto kein Ausfallverlust. An dieser Anrechnungssystematik ändert sich nichts. Der einzige Unterschied, der sich nun ergibt, ist der, dass der Bank nun nicht mehr der gesamte den Wert der Sicherheiten übersteigende Betrag der Zins- und Tilgungszahlungen ausfällt, sondern sie über die Recovery Rate einen Teil davon aus der Konkursmasse des Schuldners erhält. Dies ist in Formel (34a), S. 230, über die erwartete Recovery Rate bei der Berechnung des Standardrisikokostenbarwerts auch antizipiert worden. Entscheidend für die Erfolgszurechnung ist damit wiederum nur der Teil des Ausfallverlustes, der über das Erwartete, also über den aktuellen Standardrisikokostenbarwert, hinausgeht. Die Erfolgszurechnung ändert sich somit nicht.

Fazit zur Integration des Risikos von Teilausfällen von Krediten:

Insgesamt lässt sich also feststellen, dass sich durch die Einbeziehung des Risikos von Teilausfällen an der Systematik des Kreditmanagementsystems und an den getroffenen Ableitungen und Aussagen dazu nichts ändert. Lediglich die Berechnung des Standardrisikokostenbarwerts und des Value at Risk eines Kredits ist durch die Recovery Rate zu modifizieren.

Abschließend soll noch kurz darauf eingegangen werden, wie die Recovery Rate bzw. Szenarien zur selben von einer Bank überhaupt zu ermitteln sind.

Hierzu ist festzustellen, dass es sich hierbei um einen relativ komplexen Prozess handelt.[276] Insbesondere bestehen auch Korrelationen zwischen den Recovery Rates verschiedener Kredite, die zu beachten sind. Prinzipiell erfolgt die Ermittlung dabei, wie auch schon die Value at Risk-Berechnung ohne Recovery Rates, auf Basis von Szenarien auf Grundlage von Vergangenheitsdaten. Größere Ratingagenturen, wie Standard & Poor's und Moody's veröffentlichen neben Kreditratings in der Regel auch Recovery Rates, so dass Banken hierauf zurückgreifen können.[277] Zu beachten ist allerdings, dass diese Recovery Rates in der Regel nicht für einzelne Kreditnehmer, sondern nur für Gruppen von Krediten vorliegen. Meist erfolgt gar nur eine sehr grobe Differenzierung nach Kreditarten.[278] Bei nichtgerateten Schuldnern muss die Bank wieder auf eigene Daten zurückgreifen oder zumindest ihre Kredite in die Kreditkategorien einteilen, zu denen die Rating-Agenturen Recovery Rates veröffentlichen.

5.3 Integration des Risikos verspäteter Zahlungen

Gerät ein Kreditschuldner der Bank in Verzug mit seinen fälligen Zinszahlungs- oder Tilgungsverpflichtungen, so hat die Bank Anspruch auf Verzugszinsen.[279] Diese Verzugszinsen sind im Prinzip so kalkuliert, dass sie den Verzugsschaden der Bank, d.h. die der Bank durch die verspätete Zahlung entstehenden Zinsverluste und evtl. mit dem Verzug einhergehende Verwaltungskosten, ausgleichen.[280] Bleibt es daher nur beim Verzug und fällt der Kredit nicht aus, so entsteht der Bank daraus kein wirtschaftlicher Schaden. Fällt der Kredit dagegen in der Folge aus, so verbleibt der Bank der Verzugsschaden. Es tritt zu den ausgefallenen Zins- und Tilgungszahlungen als weiterer Schadensbestandteil hinzu. Aus diesem Grund ist das Risiko verspäteter Zahlungen in einem Kreditmanagementsystem zu berücksichtigen und zwar sowohl bei der ex ante-Kalkulation als auch bei der ex post-Erfolgszurechnung. Dies soll im Folgenden näher ausgeführt und begründet werden.

---

276 Vgl. hierzu und im Folgenden bspw. JPMORGAN (1997), S. 77 - 80.

277 Vgl. OEHLER / UNSER (2001), S. 322; MOODY'S (2002a); STANDARD & POOR'S (2002).

278 Vgl. MANZ (1998), S. 163f..

279 Vgl. BGH (1985); HADELER (2000), S. 3357.

280 Vgl. HADELER (2000), S. 3357.

a) Berücksichtigung von Verzugsschäden in der ex ante-Kalkulation

Der mögliche Verzugsschaden, den die Bank aus Krediten erleidet, die in der Folge ausfallen, ist bei der Berechnung des Standardrisikokostenbarwerts von Krediten zu berücksichtigen. Ohne diese Berücksichtigung ergibt sich der Standardrisikokostenbarwerts eines Kredits gemäß Formel (34a), S. 230, zu:

$$(34a)\quad SRKB = \sum_{i=1}^{n}\left(W_i \cdot \prod_{j=0}^{i-1}(1-W_j)\cdot\left(\left(\sum_{k=i}^{n} q_k \cdot Z_k \cdot (1-RR_k)\right) - S_i \cdot q_i\right)\right)$$

Neben dem ausfallenden Zins- und Tilgungsbetrag ist bei der Berechnung nun zusätzlich der bei einem Kreditausfall durchschnittlich zu erwartende Verzugsschaden VS zu berücksichtigen. Er entsteht, weil Kredite in der Regel eine Zeit lang als „in Verzug“ geführt werden, um säumigen Zahlern eine Gelegenheit zu geben, doch noch ihren Verpflichtungen (dann inklusive Verzugszinsen) nachzukommen, bevor der Kredit gekündigt wird und es damit zur Sicherheitenverwertung kommt. Dieser durchschnittliche Verzugsschaden VS lässt sich z.B. aus Vergangenheitsdaten ermitteln. Mit ihm ergibt sich als neue Formel für den Standardrisikokostenbarwert eines Kredits:

$$(34b)\quad SRKB = \sum_{i=1}^{n}\left(W_i \cdot \prod_{j=0}^{i-1}(1-W_j)\cdot\left(\left(\sum_{k=i}^{n} (q_k \cdot Z_k + VS_k) \cdot (1-RR_k)\right) - S_i \cdot q_i\right)\right)$$

Die Formeln des Kreditmanagementsystems, die den Standardrisikokostenbarwert enthalten, sind entsprechend zu korrigieren.[281] Dasselbe gilt auch für die Formeln für den Wert eines einen Kredit absichernden Kreditderivats.[282] Da im Grundmodell angenommen wurde, dass Kreditderivate stets den gesamten Ausfallverlust eines Kredits absichern, fällt hierunter auch ein auftretender Verzugsschaden. Wert des Kreditderivats und Standardrisikokostenbarwert des Kredits entsprechen sich also nach wie vor.

Neben dem Standardrisikokostenbarwert ist auch der Value at Risk des Kredits und damit der vom Kredit zu erwirtschaftende Mindestertrag von der Einbezie-

---

[281] Dies betrifft die Formeln 39, 41, 42, 44, 45, 47, 48, 53, 57, 66 - 69, 71, 73, 74, 76, 80, 82, 88, 96, 97, 100, 129, 130 und 132.

[282] Dies betrifft die Formeln 40, 60, 66, 124 - 126 und 132.

hung der Möglichkeit verspäteter Zahlungen in das Kreditmanagementsystem betroffen. Der Verzugsschaden erhöht hier ceteris paribus die möglichen Verluste der Bank und damit den Value at Risk des Kredits. Dies wirkt sich jedoch lediglich auf die Value at Risk-Berechnung selbst aus.

Weitere Auswirkungen auf die ex ante-Kalkulation ergeben sich nicht, so dass sich an der grundsätzlichen Systematik des Kreditmanagementsystems nichts ändert, lediglich die Berechnung von Standardrisikokostenbarwert und Value at Risk verändert sich in Details.

b) Berücksichtigung von Verzugsschäden in der ex post-Erfolgszurechnung

Im Prinzip ist die ex post-Verrechnung eines Kreditverzugs bei einem nicht durch ein Derivat abgesicherten Kredit unproblematisch: Der für das Ausfallrisiko des Kredits zuständigen organisatorischen Einheit - im Normalfall die Filiale, bei Problemkrediten die Problemkreditabteilung - wird zunächst der Verzugsschaden belastet, d.h. die Zinsverluste der Bank und evtl. entstandene Mehrkosten bei der Verwaltung des Kredits. Leistet der Kreditnehmer in der Folge die fälligen Zahlungen inklusive Verzugszinsen, so werden diese dieser organisatorischen Einheit gutgeschrieben, so dass ihr nach Begleichung der Zahlungsverpflichtung durch den Kunden netto keine Belastung verbleibt. Fällt der Kredit dagegen in der Folge aus, kommt es also nicht mehr zu einer Zahlung der Verzugszinsen durch den Kunden, so ist der zuständigen Einheit der über den aktuellen Standardriskokostenbarwert hinausgehende Ausfallverlust zu belasten. Ein bereits angerechneter Verzugsschaden ist dabei von der Belastung abzuziehen.

Das Problem, das sich bei diesem Vorgehen ergibt, ist jedoch, dass eine Bank nicht sofort differenzieren kann, ob es sich „nur“ um einen Verzug oder um einen Kreditausfall handelt, wenn zum vertragsgemäß vereinbarten Zahlungszeitpunkt eine Zahlung eines Kreditschuldners nicht eintrifft. Ein solcher Fall kann zwar zunächst problemlos als Verzugsfall betrachtet werden, falls der Bank nicht anderslautende Informationen, z.B. über einen Konkurs des Schuldners, vorliegen. Spätestens zum Jahresultimo muss die Bank sich aber entscheiden, ob sie den Fall weiter als Verzug behandeln und der zuständigen Organisationseinheit den Verzugsschaden belasten will oder ob sie von einem Kreditausfall ausgehen soll und der verantwortlichen Einheit den über das Erwartete hinausgehenden Ausfallverlust in Rechnung stellen soll. Hier empfiehlt sich ein pragmatisches, gestaffeltes Vorgehen: In Abhängigkeit von der Dauer des Verzugs wird ein steigender Anteil der fälligen Zahlungen als Teilausfall angenommen, bis schließlich nach einer gewissen Zeit der gesamte Kredit als ausgefallen betrachtet wird. Fallen in diese „Wartezeit" besondere Ereignisse, wie z.B. die Einleitung eines Insolvenzverfahrens des Schuldners oder kündigt die Bank den Kredit gegenüber dem Schuldner, so ist natürlich entsprechend sofort von einem Ausfall auszugehen. Welchen Anteil der Zahlungen die Bank als Ausfall annehmen soll, lässt sich z.B. aus Erfahrungswerten der Vergangenheit ableiten. Dies könnte z.B. folgendes Ergebnis zeitigen:

Beispiel: mögliche interne Verrechnungsregel für Verzugsfälle

Verzugsdauer in Tagen	0 - 15	15 - 30	30 - 60	60 - 90	ab 90
Höhe des angenommenen Teilausfalls	0%	10%	25%	50%	100%

Treffen Zahlungen des Schuldners ein, nachdem der zuständigen Organisationseinheit der Kredit bereits als (Teil-)Ausfall belastet wurde, so ist diese Belastung natürlich über eine entsprechende Gutschrift zu korrigieren.

Alternativ zur geschilderten Vorgehensweise wäre auch ein Vorgehen gemäß der bilanziellen Bildung von Einzelwertberichtigungen denkbar, d.h. bei einer bspw. dreißigprozentigen bilanziellen Abschreibung des Kredits würden 30% der Zahlungen als erwarteter Ausfall angesetzt. Dieses Vorgehen ist allerdings nicht zu empfehlen, da auf Grund der Möglichkeiten der Bilanzpolitik bilanzielle Abschreibungen die ökonomischen Sachverhalte nicht unbedingt akkurat widerspiegeln müssen.[283]

Bei Krediten, die durch Kreditderivate abgesichert sind, ist die ex post-Erfolgszurechnung völlig unproblematisch. Da der Kontraktpartner des Derivats der Bank bei Kreditausfall annahmegemäß den vollen Ausfallverlust inklusive Verzugsschaden ersetzt, gleichen die Zahlungen aus dem Kreditderivat in jedem Fall die Verluste aus dem Kredit aus. Für die für das Ausfallrisiko zuständige Kreditportfoliosteuerung ergibt sich damit keine Belastung.

---

[283] Vgl. BIEG (1998), S. 413 - 415 u. 818f..

Fazit zur Integration des Risikos verspäteter Zahlungen:

An der grundsätzlichen Systematik des Kreditmanagementsystems und den getroffenen Aussagen über die jeweilige Verantwortlichkeit für das Ausfallrisiko ändert auch die Einbeziehung des Risikos verspäteter Zahlungen nichts. Es kommt lediglich zu Detailmodifikationen bei der Berechnung von Standardrisikokostenbarwert und Value at Risk und es tritt eine ex post-Zurechnung von Verzugsschäden zur Erfolgszurechnung hinzu.

5.4 Integration des Sicherheitenrisikos

Die Integration des Sicherheitenrisikos in das Kreditmanagementsystem ist analog der Einbeziehung des Risikos von Teilausfällen zu behandeln. Dies bedeutet im Einzelnen:

- Im Rahmen der ex ante-Kalkulation werden die Kreditsicherheiten ohnehin schon bei der Berechnung des Standardrisikokostenbarwerts berücksichtigt.[284] Hier ist einfach nur der vorher sicherere Barwert der Kreditsicherheiten durch den erwarteten Barwert bei Kreditabschluss zu ersetzen.

- Auch der erwartete Wert der Zahlungen aus einem Kreditderivat, mit dem ein Kredit abgesichert werden soll, ist analog anzupassen, d.h. der sichere Barwert der Kreditsicherheiten ist durch den erwarteten Barwert zu ersetzen. Der erwartete Wert der Derivatezahlungen entspricht damit immer noch dem Standardrisikokostenbarwert des Kredits.

- Bei der ex ante-Kalkulation des von einem Kredit zu erwirtschaftenden Mindestertrags ist das Sicherheitenrisiko bei der zur Value at Risk-Berechnung nötigen Szenariobildung zu berücksichtigen. Die hierfür nötigen Daten können aus Vergangenheitsdaten ermittelt werden. An den Formeln zur Berechnung des Mindestertrags ändert sich nichts.

- Der Mindestertrag des Kredits fällt auch nach wie vor weg, wenn der Kredit durch ein Derivat abgesichert wird, da die Zahlungen aus dem Kreditderivat annahmegemäß alle Ausfallverluste aus dem Kredit ausgleichen. Der Kon-

---

[284] Vgl. Formel (34b), S. 234.

traktpartner des Derivats leistet entsprechend eine höhere Zahlung, wenn der Wert der Kreditsicherheiten bei der Sicherheitenverwertung nach einem Kreditausfall niedriger ausfällt als antizipiert. Die ex ante-Kalkulation eines Derivateabschlusses bleibt damit von der Integration des Sicherheitenrisikos unberührt.

- Bei der ex post-Erfolgszurechnung eines nicht durch ein Derivat abgesicherten Kredits ändert sich die Vorgehensweise ebenfalls nicht. Alle über das Erwartete hinausgehenden Ausfallverluste werden der für das Ausfallrisiko verantwortlichen organisatorischen Einheit zugerechnet, also auch solche, die darauf zurückzuführen sind, dass die Sicherheitenverwertung einen geringeren Betrag erwirtschaftete als erwartet.

- Die ex post-Erfolgszurechnung bei einem durch ein Derivat abgesicherten Kredit ist schließlich überhaupt nicht tangiert, da die Zahlungen aus dem Kreditderivat annahmegemäß nach wie vor alle aus dem Kredit auftretenden Ausfallverluste ausgleichen, also auch solche, die auf einen unter den Erwartungen liegenden Erlös der Sicherheitenverwertung zurückzuführen sind.

5.5 Integration des Länderrisikos

Bisher wurde als Ursache für Zahlungsausfälle des Kreditschuldners die finanzielle Situation des Kreditschuldners selbst angenommen. Zahlungsausfälle können jedoch auch durch den Eintritt von Länderrisiken ausgelöst werden, d.h. weil Transferzahlungen aus dem Land des Schuldners in das Land des Gläubigers unmöglich geworden sind. Dies lässt sich im Kreditmanagementsystem relativ einfach berücksichtigen:

- Die Ausfallwahrscheinlichkeit eines Kredits ist dahingehend zu modifizieren, dass sich nicht nur das Rating des Kreditnehmers, sondern auch das entsprechende Länderrisiko hierin widerspiegeln.

- Das Länderrisiko ist auch bei der Aufstellung der zur Berechnung des Value at Risk eines Kredits nötigen Szenarien zu berücksichtigen, entsprechende Szenarien also zu simulieren.

- Die Ermittlung des β‘-Faktors eines Kredits beruht ohnehin auf Vergangenheitsdaten, so dass das Länderrisiko hier bereits in der als Berechnungsgrundlage herangezogenen Datenhistorie Einklang findet.

Weitere Modifikationen des Kreditmanagementsystems sind zur Berücksichtigung des Länderrisikos nicht nötig.

5.6 Absicherung des Kreditausfallrisikos durch andere Kreditderivate

Im bisherigen Verlauf der Arbeit wurde davon ausgegangen, dass eine Bank das Ausfallrisiko von Krediten stets durch nur bei Kreditausfall zahlende, den vollen Ausfallverlust ersetzende Credit Default Options absichert. Diese Annahme soll nun aufgegeben werden. Dieses umfasst drei Erweiterungen:

1. Es wird zugelassen, dass eine Bank Kreditderivate abschließt, die bei Kreditausfall nicht mit Sicherheit den vollen Ausfallverlust ersetzen. Dies beinhaltet etwa die Zahlung eines festen Betrags oder einer Höchstsumme oder ermöglicht der Bank die Vereinbarung eines Selbstbehalts.

2. Es ist nun möglich, dass die Bank ein anderes Schadensereignis als den Kreditausfall vereinbart. So ist eine Zahlung des Kontraktpartners der Bank vorstellbar, wenn die Bonität des Kreditschuldners eine bestimmte Schwelle unterschreitet oder wenn die Zins- oder Tilgungszahlungen eine gewisse Zeit lang ausbleiben.

3. Schließlich werden nun auch andere Arten von Kreditderivaten zugelassen. Neben Credit Default Options kann die Bank also auch Credit Default Swaps, Total Return Swaps, Credit Linked Notes oder andere Kreditderivatekonstruktionen zur Risikoabsicherung einsetzen.

Alle drei Erweiterungen sollen im Folgenden daraufhin analysiert werden, ob und gegebenenfalls welche Modifikationen des bisher vorgestellten Kreditmanagementsystems nötig sind, um sie sachgerecht abzubilden.

5.6.1 Unvollständige Absicherung des Kreditausfallrisikos

Es sind verschiedene Vertragskonstruktionen von Kreditderivaten möglich, bei denen die Bank nicht das gesamte Ausfallrisiko eines Kredits am Markt absichert, sondern nur einen Teil davon.[285] Hierunter fallen:

- die Vereinbarung einer fixen Zahlung bei Kreditausfall

  Der Vertragspartner des Kreditderivats zahlt beim Eintritt des Schadensereignisses eine fixe Summe. Diese Summe ist unabhängig von der Höhe des Ausfallverlustes. Fällt dieser höher aus als die vereinbarte Summe, so verbleibt der Bank ein Teil des Ausfallverlustes selbst. Ist der Ausfallverlust dagegen niedriger - z.B. bedingt durch Kreditsicherheiten - so wird nicht nur der gesamte Ausfallverlust abgedeckt, sondern es entsteht der Bank darüber hinaus noch ein Gewinn.[286]

- die Vereinbarung einer Höchstsumme

  Bei dieser Konstruktion ersetzt der Kontraktpartner des Derivats bei Kreditausfall den Ausfallverlust, jedoch nur bis zu einer Höchstsumme. Ein darüber hinaus gehender Schaden ist von der Bank selbst zu tragen.

- die Vereinbarung eines Selbstbehalts

  Bei dieser Form einer Vertragsklausel, welche besonders bei komplizierten Derivatekonstruktionen üblich ist[287], ersetzt der Kontraktpartner nur den eine gewisse Mindesthöhe übersteigenden Teil des Ausfallverlusts. Den restlichen Verlust in Höhe des vereinbarten Mindestbetrags trägt als Selbstbehalt die Bank.

---

[285] Vgl. hierzu und im Folgenden HAROLD / PRINKER (2000), S. 455; PFEIFFER (2001), S. 16 - 18.

[286] Hierbei ist allerdings zu berücksichtigen, dass die vereinbarte Fixzahlung maximal so hoch sein kann, wie der erwartete Ausfallverlust, da sich ansonsten auf Grund von Moral Hazard-Problemen kaum ein Kontraktpartner finden dürfte. Ex ante kann also aus der Absicherung niemals ein Gewinn erwartet werden. Dieser kann allenfalls ex post durch niedriger als erwartet ausfallende Ausfallverluste entstehen.

[287] Vgl. zum Selbstbehalt HENKE / BURGHOF / RUDOLPH (1998), S. 18f..

- eine prozentuale Beteiligung am Ausfallverlust

  Hierbei verpflichtet sich der Kontraktpartner bei Kreditausfall nur zur Zahlung eines prozentualen Anteils am Ausfallverlust. Der Rest Verlustes ist von der Bank zu tragen.

Neben den genannten sind noch eine Vielzahl weiterer Konstruktionen denkbar, die alle eines gemeinsam haben: Der Kontraktpartner ersetzt bei Kreditausfall nur einen Teil des entstehenden Ausfallverlustes. Das Ausfallrisiko des Kredits wird damit durch diese Konstruktionen nur reduziert und nicht eliminiert, ein Teil des Ausfallrisikos verbleibt der Bank.

Die Möglichkeit einer nur teilweise Absicherung des Kreditausfallrisikos hat an mehreren Stellen Auswirkungen auf das vorgestellte Kreditmanagementsystem. Dies betrifft sowohl die ex ante-Kalkulation des Derivateabschlusses als auch die ex post-Erfolgszurechnung nach erfolgtem Abschluss eines Kreditderivats. Dies soll im folgenden analysiert werden.

a) Notwendige Modifikation der ex ante-Kalkulation

Soll ein Kredit über ein Kreditderivat nur zum Teil abgesichert werden, so hat dies gegenüber der vollständigen Absicherung zwei Auswirkungen auf die ex ante-Kalkulation des Derivats:

1. Der Barwert der erwarteten Zahlungen aus dem Derivat entspricht nicht mehr dem Standardrisikokostenbarwert des Kredits. Somit fällt der Standardrisikokostenbarwert des Kredits für die Bank nach Abschluss des Kreditderivats auch nicht mehr aus der Kalkulation. Es ist vielmehr zu differenzieren zwischen dem Teil des aus dem Kredit erwarteten Ausfallverlusts, der durch die erwarteten Zahlungen des Derivats ausgeglichen wird und dem Teil, der der Bank verbleibt. Die Standardrisikokosten des ersteren Teils fallen für die Bank nach Derivateabschluss weg, die des letzteren Teils verbleiben ihr.

2. Auch der vom Kredit zu erwirtschaftende Mindestertrag fällt nach dem Abschluss des Kreditderivats nicht mehr völlig weg. Er reduziert sich zwar, da sich mit der teilweisen Absicherung des Kredits auch das Ausfallrisiko der Bank reduziert. Es verbleibt der Bank jedoch noch ein Teil des Ausfallrisikos. Somit muss der Kredit nach wie vor - wenn auch reduzierte - Mindesterträge erwirtschaften.

Da das Ausfallrisiko des Kredits durch den Derivateabschluss nun nicht mehr völlig eliminiert wird, ist festzulegen, welche organisatorische Einheit der Bank für das verbleibende Kreditausfallrisiko verantwortlich zeichnen soll. Es lässt sich zeigen, dass eine Ausrichtung der organisatorischen Einheiten der Bank auf eine Steigerung des Shareholder Value der Bank gefördert wird, wenn nur der durch das Derivat abgesicherte Teil des Ausfallrisikos gegen Zahlung einer Prämie auf die Kreditportfoliosteuerung übergeht, der restliche, der Bank verbleibende Teil dagegen in der Verantwortung der Filiale verbleibt.[288] Dies gilt insbesondere auch für das Sicherheitenrisiko, das Risiko von einer geringer als erwartet ausfallenden Konkursquote und das Risiko verspäteter Zahlungen. Die Verantwortlichkeiten für diese Risiken hängen von den genauen Vertragsbedingungen des Kreditderivats ab: Je nachdem, ob der Derivatevertrag eine Übernahme des Sicherheitenrisikos durch den Kontraktpartner vorsieht, ist dieses entweder (wenn dies der Fall ist) der Kreditportfoliosteuerung oder (wenn das Sicherheitenrisiko der Bank verbleibt) der Filiale zuzurechnen. Analoges gilt für das Risiko, dass die tatsächliche Konkursquote die erwartete unterschreitet, und für das Verzugsrisiko, d.h. die Gefahr, dass der Bank nach einem Ausfall ein eventuell aufgetretener Verzugsschaden verbleibt. Werden diese Risiken durch das Kreditderivat abgesichert, so sind sie in den Verantwortungsbereich der Kreditportfoliosteuerung einzuordnen, ansonsten verbleiben sie der Filiale.

Mit dieser Aufteilung des Risikos entspricht der Wert der aus dem Derivat erwarteten Zahlungen dem Standardrisikokostenbarwert des abzusichernden Teils des Kredits, der Mindestertrag dieses Teils fällt weg und wird der Kreditportfoliosteuerung gutgeschrieben. Der nicht abgesicherte Teil des Kredits verbleibt dagegen mit seinem Standardrisikokostenbarwert in der Verantwortung der Filiale. Da diese somit noch einen Teil des Ausfallrisikos trägt, wird sie ihren Betreuungsaufwand zwar reduzieren, allerdings nicht mehr so stark, wie bei völligem Wegfall des Ausfallrisikos. Somit sinkt auch die Maximalprämie, die die Filiale für die Risikoübergabe zu zahlen bereit ist.

Außer dieser nun erfolgenden Risikoaufteilung zwischen Kreditportfoliosteuerung und Filiale und der damit verbundenen angeführten Änderungen bei den Mindesterträgen und den Standardrisikokosten ändert sich am vorgestellten System des Kreditmanagementsystems nichts, die ex ante-Kalkulation bleibt darüber hinaus unberührt.

---

[288] Vgl. Anhang E.

b) Notwendige Modifikation der ex post-Erfolgszurechnung

Für die ex post-Erfolgszurechnung nach Derivateabschluss gilt Analoges wie für die ex ante-Kalkulation: Auch hier ist eine Differenzierung zwischen dem durch das Derivat besicherten und dem unbesicherten Teil des Kredits nötig.

Das Ausfallrisiko des besicherten Teils - inklusive Sicherheitenrisiko, Konkursquotenrisiko und Verzugsschadenrisiko, wenn diese durch das Derivat abgedeckt werden - liegt bei der Kreditportfoliosteuerung. Für diese gleichen sich nach wie vor die ex post-Zahlungen aus Derivat und Kredit stets aus. Ihr wird ex post somit nach wie vor lediglich die Differenz zwischen erwarteten und tatsächlich anfallenden Betriebskosten des Derivats gutgeschrieben.

Die Filiale dagegen (bzw. die Problemkreditabteilung nach Einstufung des Kredits als Problemkredit und Übergabe an diese) ist für das Ausfallrisiko des unbesicherten Teils des Kredits verantwortlich. Alle Ausfallverluste, die den bei Derivateabschluss neu kalkulierten Standardrisikokostenbarwert des unbesicherten Teils übersteigen und die nicht durch das Kreditderivat abgedeckt sind, werden daher ihr belastet. Bei Nichtausfall des Kredits erhält sie dagegen eine Erfolgsgutschrift in Höhe des Teils der Abschmelzung des Standardrisikokostenbarwerts, die den Wertverlust des Kreditderivats übersteigt. An der Zurechnung der Differenz von erwartetem und tatsächlich eintretendem Betreuungsaufwand bzw. erwarteten und tatsächlichen sonstigen Betriebskosten ändert sich nichts.

Fazit zur Teilabsicherung des Kreditausfallrisikos:

Bei einer Teilabsicherung des Ausfallrisikos ist zwischen dem unbesicherten Teil des Kredits und dem besicherten Teil des Kredits zu unterscheiden. Die Risikoverantwortung des ersten Teils verbleibt bei der den Kredit betreuenden Einheit, die des letzteren Teils geht mit allen bei der Entwicklung des Grundmodells beschriebenen Konsequenzen auf die Kreditportfoliosteuerung über.

5.6.2 Vereinbarung alternativer Schadensereignisse

Bei Kreditderivaten handelt es sich um OTC-Produkte[289]. Die Vertragsbedingungen können damit frei zwischen den Kontraktpartnern vereinbart werden. Daher lassen sich beliebige andere Schadensereignisse als der Kreditausfall festlegen. Denkbar wären beispielsweise:[290]

- Die Vereinbarung einer Zahlung des Kontraktpartners, wenn nach einem Kreditausfall bei der Sicherheitenverwertung ein gewisser, im Derivatevertrag festgelegter Erlös unterschritten wird. Mit einer solchen Konstruktion ließe sich das Sicherheitenrisiko absichern.

- Die Festlegung einer Zahlungsverpflichtung des Sicherungsgebers, falls der Kreditschuldner mit seinen Zahlungen eine gewisse Zeit lang in Rückstand gerät. Auf diese Weise könnte das Verzugsrisiko abgesichert werden.

- Ein Ausgleich des Wertverlustes eines Kredits durch den Kontraktpartner der Bank, der auf Grund einer Bonitätsverschlechterung des Schuldners eintritt.

Die nötigen Modifikationen des Kreditmanagementsystems, die sich aus den ersten beiden Vertragsgestaltungen ergeben, wurden bereits unter 5.6.1 diskutiert. Diesen und vielen weiteren möglichen Konstruktionen ist gemeinsam, dass dadurch nur ein Teil des Ausfallrisikos (hier das Sicherheitenrisiko bzw. das Verzugsrisiko) abgesichert wird. Das Vorgehen bei ex ante-Kalkulation und ex post-Erfolgszurechnung entspricht somit dem bei der unvollständigen Absicherung des Kreditausfallrisikos erläuterten.

Die dritte genannte Vertragskonstruktion stellt einen Sonderfall dar. Hiermit lässt sich das gesamte Ausfallrisiko aus einem Kredit absichern, allerdings nur für eine gewisse Zeit. Verpflichtet sich der Kontraktpartner des Derivats etwa zu einer Zahlung in einem Jahr, die den gesamten in dieser Zeit durch Bonitätsveränderungen des Schuldners entstandenen Wertverlust des Kredits ausgleicht, so ist damit für ein Jahr lang das gesamte Ausfallrisiko aus dem Kredit abgesichert.[291] Nach diesem Jahr trägt die Bank dann wieder das gesamte Ausfallrisi-

---

[289] Vgl. OEHLER / UNSER (2001), S. 378; PFEIFFER (2001), S. 12.

[290] Vgl. hierzu HOHL / LIEBIG (1999), S. 506f..; LANDRY / RADEKE (1999), S. 567 - 569.

[291] Dies setzt natürlich voraus, dass auch der Ausfall des Kredits selbst im ersten Jahr abgesichert wird, d.h. dass auch die Bonitätseinstufung D (=Ausfall) einbezogen wird.

ko selbst. Wie bei einer solchen und ähnlichen Vertragsgestaltungen vorzugehen ist, die zu einer nur vorübergehenden Absicherung des Kreditausfallrisikos führen, soll im Folgenden erläutert werden. Hierbei sollen sowohl die ex ante-Kalkulation wie auch die ex post-Erfolgszurechnung behandelt werden.

a) Notwendige Modifikation der ex ante-Kalkulation

Die Auswirkungen einer nur vorübergehenden Absicherung des Kreditausfallrisikos auf die ex ante-Kalkulation entsprechen im Prinzip denen der nur teilweisen Absicherung des Risikos:

- Die Standardrisikokosten des Kredits werden für die Laufzeit des Derivats durch die Zahlungen aus dem Derivat ausgeglichen und fallen somit für die Bank aus der Kalkulation. Die nach Ablauf des Derivats anfallenden Standardrisikokosten verbleiben dagegen der Bank.
- Entsprechend sinkt auch der vom Kredit zu erwirtschaftende Mindestertrag, da der Bank das Ausfallrisiko für die Laufzeit des Derivats wegfällt. Da das Risiko in den restlichen Perioden der Bank jedoch verbleibt, ist durch den Kredit nach wie vor ein - wenn auch geringerer - Mindestertrag zu erwirtschaften.

Analog dem Vorgehen bei nur teilweiser Risikoabsicherung erfolgt auch bei einer vorübergehenden Risikoabwälzung auf den Kontraktpartner eine differenzierte Betrachtung der Verantwortlichkeiten für das Ausfallrisiko. Diesmal jedoch ist eine zeitliche Unterscheidung nötig: Für die Dauer der Absicherung des Risikos durch das Derivat ist die Kreditportfoliosteuerung für das Ausfallrisiko zuständig, mit Ablauf der Absicherung wieder die Filiale. Das Ausfallrisiko geht bei Derivateabschluss also nur vorübergehend auf die Kreditportfoliosteuerung über.

Die Auswirkungen, die sich durch diese Risikoaufteilung auf die Überlegungen der organisatorischen Einheiten zur Vorteilhaftigkeit des Derivateabschlusses ergeben, entsprechen exakt denen bei teilweiser Risikoabsicherung.[292] Damit

[292] Die für die Vorteilhaftigkeitsanalyse aus Sicht der Gesamtbank und aus Sicht der organisatorischen Einheiten gültigen Formeln entsprechen exakt den in Anhang E aufgeführten Formeln zur teilweisen Risikoabsicherung.

erfolgt auch die Verrechnung des Derivateabschlusses wie dort: Die Filiale zahlt eine (im Vergleich zur dauerhaften Absicherung geringere) Prämie für die vorübergehende Risikoübernahme an die Kreditportfoliosteuerung und reduziert im Gefolge ihren Betreuungsaufwand. Die Kreditportfoliosteuerung erhält diese Prämie, sowie die erwarteten Zahlungen aus dem Kreditderivat und die Reduzierung der vom Kredit zu erwirtschaftenden Mindesterträge gutgeschrieben, gleichzeitig wird sie mit den erwarteten Betriebskosten des Derivats, der Derivateprämie und der mit der Reduzierung des Betreuungsaufwands einhergehenden Erhöhung des Standardrisikokostenbarwerts belastet.

b) Notwendige Modifikation der ex post-Erfolgszurechnung

Die ex post-Erfolgszurechnung nach Derivateabschluss erfolgt bei vorübergehender Risikoabsicherung entsprechend den Verantwortlichkeiten für das Ausfallrisiko. Solange der Kredit durch das Derivat abgesichert ist, erfolgt die Erfolgszurechnung demnach entsprechend der ex post-Zurechnung nach Derivateabschluss aus Kapitel 4.2.2.2 bzw. 4.2.3.2.2: Die Filiale (bzw. bei übergebenen Problemkrediten die Problemkreditabteilung) erhält damit auftretende Abweichungen vom geplanten Betreuungsaufwand bzw. den geplanten sonstigen Betriebskosten des Kredits zugerechnet. Die Kreditportfoliosteuerung ist netto nur für Differenzen zwischen den geplanten und den tatsächlich anfallenden Betriebskosten des Derivats verantwortlich, alle anderen Zahlungen und Wertentwicklungen aus Kredit und Derivat gleichen sich aus.

Nach Ablauf des Kreditderivats fällt die Risikoverantwortung dann wieder zurück an die Filiale bzw. Problemkreditabteilung. Die ex post-Erfolgszurechnung gestaltet sich dann wieder wie in Kapitel 4.2.1.2 bzw. 4.2.3.1.2 beschrieben. Die Filiale bzw. Problemkreditabteilung erhält damit zusätzlich zur Betreuungsaufwands- und Betriebskosten- auch die Ausfallrisikoverantwortlichkeit. Über das Erwartete hinausgehende Kreditausfälle werden ihr belastet, die Abschmelzung des Standardrisikokostenbarwerts bei Nichtausfall gutgeschrieben. Außerdem sind ihr durch Bonitätsänderungen des Schuldners verursachte Wertveränderungen des Kredits zuzurechnen.

Fazit zur Vereinbarung alternativer Schadensereignisse:

Bei nur vorübergehender Absicherung des Kreditausfallrisikos über ein Derivat geht die Verantwortlichkeit für das Ausfallrisiko nur für die Dauer der Absicherung auf die Kreditportfoliosteuerung über und fällt danach an die betreuende Einheit zurück. Ansonsten ergeben sich keine Änderungen des Kreditmanagementsystems.

5.6.3 Verwendung anderer Arten von Kreditderivaten zur Risikoabsicherung

In der bisherigen Arbeit wurden ausschließlich Credit Default Options zur Absicherung des Ausfallrisikos von Krediten verwendet. Die Bank zahlt also an den Kontraktpartner einmalig eine Prämie und erhält dann bei Kreditausfall oder Eintritt eines sonstigen vereinbarten Schadensereignisses eine Zahlung. Im Folgenden soll analysiert werden ob und gegebenenfalls welche Auswirkungen auf das Kreditmanagementsystem sich ergeben, wenn andere Arten von Kreditderivaten zur Risikoabsicherung eingesetzt werden. Hierunter fallen

- Credit Default Swaps,
- Total Return Swaps,
- Credit Linked Notes sowie
- komplexere Derivatekonstruktionen.

a) Credit Default Swaps

Der einzige Unterschied von Credit Default Swaps (vgl. Abb. 9) zu Credit Default Options liegt darin, dass die Derivateprämie nicht einmalig zu Beginn der Laufzeit des Derivats, sondern als periodische Zahlung über die Derivatelaufzeit verteilt entrichtet wird.[293]

---

[293] Vgl. HÜTTEMANN (1997), S. 31 - 33.

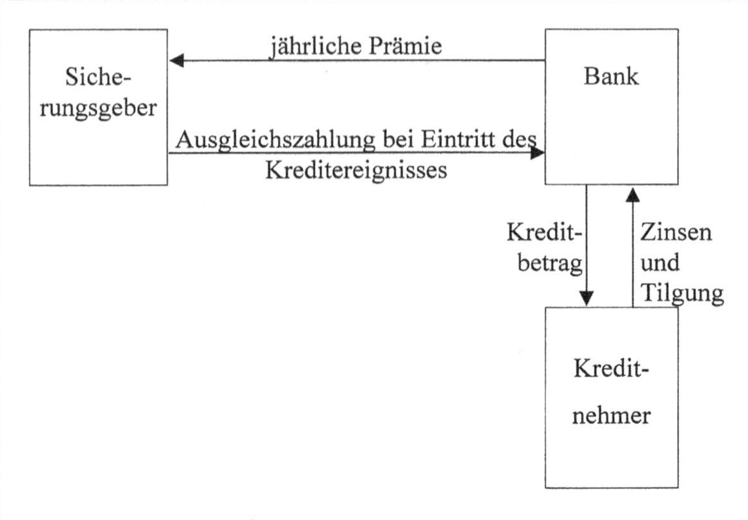

Darstellung in Anlehnung an HOHL / LIEBIG (1999), S. 507.

Abb. 9: Funktionsweise eines Credit Default Swap

Allerdings enden bei Credit Default Swaps die Prämienzahlungen, wenn das Schadensereignis eintritt.[294] Die Gesamthöhe der zu entrichtenden Derivateprämien ist somit für die Bank bei Derivateabschluss unsicher. Dies hat folgende Auswirkungen auf Kalkulation und Erfolgszurechnung:

- Die Kreditportfoliosteuerung muss in ihrer Vorteilhaftigkeitsüberlegung bezüglich des Derivateabschlusses[295] die einmalige Prämie der Credit Default Option durch den Barwert der auf den Abschlusszeitpunkt diskontierten erwarteten periodischen Zahlungen des Credit Default Swap ersetzen. Es sind hier also die Erwartungswerte der Prämienzahlungen anzusetzen. Deren Höhe hängt von der Ausfallwahrscheinlichkeit des Kredits ab, da sie bei Kreditausfall nicht mehr weiter zu zahlen sind.

- Da der Barwert der Prämienzahlungen an den Derivatekontraktpartner unsicher und somit risikobehaftet ist, ist für dieses Risiko ein Mindestertrag zu erwirtschaften. Dieser ist bei der ex ante-Kalkulation zu berücksichtigen. Es ist also der Value at Risk der Prämienzahlungen zu berechnen und mit dem

---

[294] Vgl. SCHÖNBUCHER (2000), S. 612f.; PFEIFFER (2001), S. 27.

[295] Vgl. Formel (65), S. 135.

Ziel-RORAC der Bank und dem β'-Faktor dieser Prämienzahlungen zu multiplizieren. Da der „Schadensfall" der Prämienzahlungen allerdings immer dann eintritt, wenn der Kredit nicht ausfällt (die Prämienzahlungen müssen dann weiter gezahlt werden), sind diese negativ mit dem abgesicherten Kredit korreliert. Damit ist der β'-Faktor der Prämienzahlungen und somit auch der zu erzielende Mindestertrag negativ. Die Kreditportfoliosteuerung bekommt also bei Abschluss eines Credit Default Swap im Vergleich zur Credit Default Options eine zusätzliche Gutschrift.

- Während die nötigen Modifikationen der ex ante-Kalkulation noch relativ gering ausfallen, so gestaltet sich die ex post-Erfolgszurechnung bei Credit Default Swaps problematisch. Um einen gesamtbankzielkonformen Umfang der Kreditbetreuung während der Kreditlaufzeit zu gewährleisten, wäre eigentlich ein zur Behandlung des Standardrisikokostenbarwerts des Kredits analoges Vorgehen erforderlich: Der kreditbetreuenden Einheit müsste bei Ausfall des Kredits der über das Erwartete hinausgehende Wegfall der Prämienzahlungen gutgeschrieben werden, um den der Bank entstehenden Vorteil adäquat zu erfassen. Umgekehrt müsste bei Nichtausfall des Kredits eine Belastung erfolgen, da mit jeder Periode, in der der Kredit nicht ausfällt, die Wahrscheinlichkeit steigt, dass die Bank die noch nicht gezahlten Prämienzahlungen noch entrichten muss. Ein solches Vorgehen dürfte jedoch vom Kontraktpartner des Kreditderivats nicht gutgeheißen werden, wenn durch das Derivat das gesamte Ausfallrisiko über die volle Kreditlaufzeit abgedeckt wird. Die Bank hätte dann nämlich ein finanzielles Interesse an einem Kreditausfall, da ihr der entstehende Schaden voll abgedeckt würde und sie überdies die restlichen Prämienzahlungen nicht mehr entrichten müsste. Es entstünde somit eine Moral Hazard-Problematik, ein Kontraktpartner für den Derivateabschluss würde sich schwerlich finden lassen. Der Bank bleiben aus diesem Dilemma zwei Möglichkeiten: Entweder sie verzichtet auf die oben geschilderte ex post-Erfolgszurechnung hinsichtlich der Derivateprämie und dokumentiert dies auch glaubhaft nach außen (was schwierig sein dürfte). Oder sie sichert ihr Ausfallrisiko mit Credit Default Swaps stets nur partiell ab, behält also einen Teil des Risikos - z.B. über einen Selbstbehalt - in der Bank. Dies stellt die praktikablere, weil für den Derivatpartner glaubhaftere Lösung dar. Die Bank kann damit bei der ex post-Erfolgszurechnung wie oben geschildert vorgehen. Will die Bank das Ausfallrisiko eines Kredits vollständig absichern, so muss sie statt eines Credit Default Swaps andere Arten von Kreditderivaten einsetzen, bei denen diese Problematik nicht auftritt.

b) Total Return Swaps

Bei einem Total Return Swap (vgl. Abb. 10) reicht die Bank die Zahlungen des Kreditschuldners - inklusive aller Verspätungen und Kreditausfälle - direkt an den Sicherungsgeber weiter und erhält im Gegenzug von diesem eine periodische, vertraglich fixierte Zahlung.[296] Am Ende der Derivatelaufzeit bekommt die Bank vom Kontraktpartner zudem eine Ausgleichszahlung, wenn der Wert des Kredits während der Derivatelaufzeit auf Grund einer Bonitätsverschlechterung des Kreditschuldners gesunken ist bzw. muss eine Ausgleichszahlung leisten, wenn die Bonität des Kreditnehmers sich verbessert hat und der Wert des Kredits somit gestiegen ist.

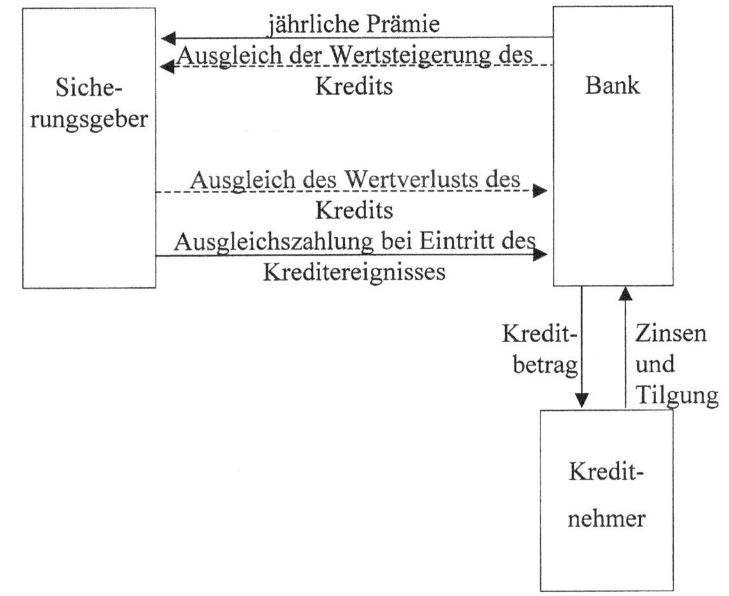

Darstellung in Anlehnung an HOHL / LIEBIG (1999), S. 508.

Abb. 10: Funktionsweise eines Total Return Swap

[296] Vgl. hierzu und im Folgenden OFFERMANN (2001), S. 36 - 40.

Die Bank wird während der Laufzeit des Total Return Swap also vom Ausfallrisiko des Kredits völlig freigestellt - inklusive Bonitätsänderungs-, Konkursquoten-, Verzugs- und Sicherheitenrisiko. Statt wie bei Credit Default Option oder Credit Default Swap eine feste Prämie zu zahlen und dafür Zahlungen zu erhalten, deren Höhe abhängig vom etwaigen Eintritt eines Kreditereignisses ist, erhält die Bank nun sichere Zahlungen und leistet ihrerseits eine von Kreditereignissen abhängige „Prämie“. Die Berechnung der Barwerte der erwarteten Zahlungen aus dem Derivat und der Derivateprämie ändert sich damit zwar, die Differenz aus beiden Positionen führt aber zum selben Ergebnis, wie bei Credit Default Options, da beide Positionen in punkto Risikoabsicherung äquivalent sind. Daher ändert sich an der ex ante-Kalkulation des Kreditderivat prinzipiell nichts. Die ex post-Erfolgszurechnung bleibt ebenfalls unverändert. Der einzige ökonomische Unterschied eines Total Return Swap zu einer Credit Default Option liegt darin, dass die periodische Zahlung des Kontraktpartners beim Total Return Swap meist auf Basis eines variablen Zinssatzes erfolgt. Zusätzlich zur Risikoabsicherung findet also noch ein Austausch der meist festverzinslichen Zahlungen des Kredits gegen die variabel verzinslichen Zahlungen des Swap statt. Dies tangiert aber lediglich das Zinsänderungsrisiko der Bank, nicht jedoch das Ausfallrisiko, weshalb es an dieser Stelle nicht weiter verfolgt werden soll.

c) Credit Linked Notes

Eine Credit Linked Note (vgl. Abb. 11) stellt im Prinzip nichts anderes als die Kombination einer Credit Default Option mit der Emission einer zumeist variabel verzinslichen Anleihe dar.[297] Die Bank zahlt den Anlegern dieser Anleihe eine risikoadäquate Verzinsung, dafür werden die Tilgungsbeträge bei Ausfall des originären Kreditschuldners oder Eintritt eines sonstigen vereinbarten Kreditereignisses um den Ausfallverlust der Bank gekürzt.

---

[297] Vgl. hierzu und im Folgenden OFFERMANN (2001), S. 31 - 33.

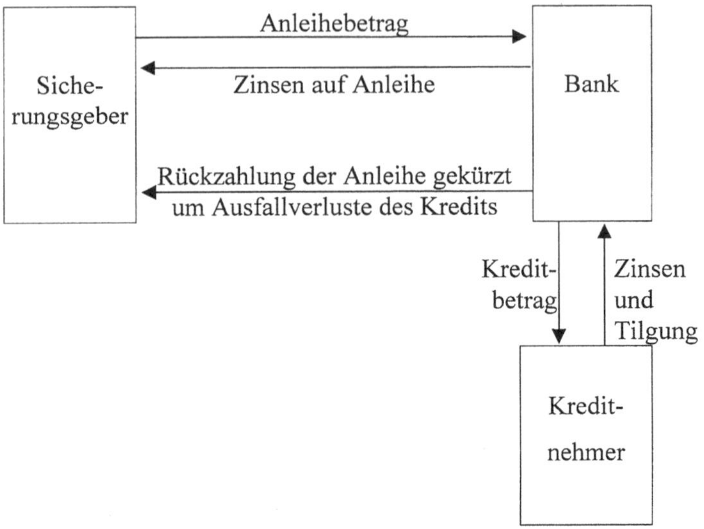

Darstellung in Anlehnung an HOHL / LIEBIG (1999), S. 509.

Abb. 11: Funktionsweise einer Credit Linked Note

Für die Laufzeit der Credit Linked Note findet somit eine Abwälzung des Ausfallrisikos von der Bank auf die Anleger der Anleihe statt. Es findet damit ein ähnlicher Austausch der Zahlungen wie bei einem Total Return Swap statt: Die Bank erhält von den Anlegern der Credit Linked Note sichere Zahlungen - diesmal in Form des einmaligen Emissionserlöses und nicht wie beim Total Return Swap in Form periodischer Zahlungen. Dafür zahlt sie an die Sicherungsgeber periodisch Zahlungen, die in Abhängigkeit vom Eintritt von vereinbarten Kreditereignissen beim originären Kredit schwanken. Der Unterschied zum Total Return Swap besteht primär darin, dass mit einer Credit Linked Note nicht unbedingt das gesamte Ausfallrisiko abgesichert wird, sondern wie bei Credit Default Options individuell in den Emissionsbedingungen vereinbart wird, welche Kreditereignisse abgesichert sind. Damit ändert sich analog dem Vorgehen beim Total Return Swap bei der ex-ante Kalkulation und ex post-Erfolgszurechnung von Credit Linked Notes im Vergleich zu Credit Default Options im Prinzip nichts.

d) Komplexere Derivatekonstruktionen

Auch bei komplexeren Derivatekonstruktionen ist im Vergleich zu Credit Default Options in der Regel keine grundsätzliche Änderung des Kreditmanagementsystems nötig. Dies trifft insbesondere auf solche Konstruktionen zu, die sich anhand der sie ausmachenden Charakteristika in Bezug auf

- Voll- oder Teilabsicherung des Risikos,
- dauerhafter oder vorübergehender Absicherung des Risikos,
- abgesicherten Schadensereignissen,
- periodischer oder einmaliger Zahlung des Kontraktpartners bzw. der Bank an den Kontraktpartner und
- Einbezug der Absicherung in den erwarteten Zahlungen aus dem Derivat oder in die Prämienzahlung an den Kontraktpartner

einordnen lassen. Diese Konstruktionen lassen sich entsprechend den in den vorangegangenen Teilkapiteln zu der jeweiligen Thematik getroffenen Aussagen behandeln. Lediglich Konstruktionen, bei denen das Risiko verschiedener Underlyings miteinander verknüpft wird, wie z.B. Basket Produkte in Form von First to Default Options, und Produkte mit exotischen Zahlungscharakteristika, wie z.B. Barrier Optionen, lassen sich nicht ohne Weiteres in das vorgestellte System einbeziehen.[298] Solche komplexen Konstruktionen dürften im Kreditportfoliomanagement allerdings ohnehin kaum vorkommen, da hier zum Einen Bewertungsprobleme bestehen und zum Anderen eine Motivation der Marktteilnehmer für den Handel mit diesen Produkten häufig fehlt.

Fazit zur Verwendung anderer Arten von Kreditderivaten zur Risikoabsicherung:

Die Art des Kreditderivats, mit der das Ausfallrisiko des Kredits abgesichert werden soll, hat in der Regel keinen Einfluss auf die Systematik des Kreditmanagementsystems. Es ergeben sich lediglich bei Derivaten, bei denen die Prä-

---

[298] Vgl. hierzu und im Folgenden HOHL / LIEBIG (1999), S. 511f..

mienzahlung der Bank mit Eintritt des Kreditereignisses endet - wie z.B. Credit Default Swaps - kleinere Modifikationen von ex ante-Kalkulation und ex post-Erfolgszurechnung , die sich allerdings problemlos in das vorgestellte System integrieren lassen. Größere Probleme der Integration treten lediglich bei sehr exotischen Produkten auf, die wie erwähnt im Kreditportfoliomanagement aber ohnehin keine größere Rolle spielen dürften.

5.7 Integration der Möglichkeit des Ausfalls des Derivatekontraktpartners

In den bisherigen Ausführungen der Arbeit wurde stets davon ausgegangen, dass der Kontraktpartner des Kreditderivats bei Eintritt des vereinbarten Schadensereignisses seinen Zahlungsverpflichtungen nachkommt. Da es sich bei Sicherungsgebern von Kreditderivaten meist um Adressen erster Bonität handelt[299], ist dieser Fall auch sehr wahrscheinlich, allerdings verbleibt auch bei diesen Kontraktpartnern immer noch eine - wenn auch geringe - Möglichkeit, dass der Kontraktpartner während der Derivatelaufzeit ausfällt. Im Folgenden soll daher untersucht werden, ob und inwiefern Modifikationen des vorgestellten Kreditmanagementsystems nötig werden, wenn diese Möglichkeit des Ausfalls des Sicherungsgebers in die Analyse einbezogen wird.

Der Fall, dass der Kontraktpartners eines Kreditderivats ausfällt, kann grundsätzlich in zwei Situationen schlagend werden:[300]

1. Bei Eintritt des Kreditereignisses des Basisgeschäfts

   In diesem Fall ist der Sicherungsgeber bei Eintritt des Schadensereignisses zahlungsunfähig, der Bank verbleibt damit der Ausfallschaden aus dem Kredit.

2. Während der Laufzeit des Kreditderivats, ohne dass ein Kreditereignis eintritt

   Geht der Sicherungsgeber während der Derivatelaufzeit in Konkurs, so fällt das Ausfallrisiko des Basisgeschäfts wieder auf die Bank zurück. Diese muss zur erneuten Absicherung ein neues Kreditderivat mit einem anderen Siche-

[299] Vgl. LANDRY / RADEKE (1999), S. 536f. u. 545.

[300] Vgl. hierzu ARVANITIS / LAURENT (1999), S. 61 -65; NIETHEN / WAHRENBURG (2000), S. 415f.; PFEIFFER (2001), S. 85.

rungsgeber abschließen. Ihr verbleiben damit die Kosten für den erneuten Derivateabschluss als Schaden. Dieser Schaden wird auch als Wiedereindeckungsaufwand bezeichnet.[301] Er tritt insbesondere bei solchen Derivatearten verstärkt auf, bei denen die Bank ihre Leistung aus dem Derivatekontrakt als Einmalzahlung zu Beginn der Laufzeit leistet, also z.B. bei Credit Default Options. Hier muss die Bank dann die volle Derivateprämie neu entrichten.

Beide Fälle sind bei der Analyse zu berücksichtigen. Auswirkungen auf das Kreditmanagementsystem können sich dabei ergeben

- bei der ex ante-Kalkulation von Kreditderivaten,
- bei der ex post-Erfolgszurechnung nach Abschluss eines Kreditderivats sowie
- bei der Übergabe eines per Derivat abgesicherten Problemkredits an die Problemkreditabteilung.

Alle drei Bereiche sollen im Folgenden untersucht werden.

a) Notwendige Modifikation der ex ante-Kalkulation

Die Möglichkeit des Ausfalls eines Kreditderivats weist, wie auch die beim Kredit, zwei Komponenten auf:

Zum Einen erwartet die Bank auf Grund von Vergangenheitsdaten, dass durchschnittlich eine gewisse Zahl von Kreditderivaten pro Periode ausfällt. Mit Hilfe der daraus errechenbaren - wenn auch sehr geringen - Ausfallwahrscheinlichkeit eines Derivats und dem beim Ausfall jeweils entstehenden, oben beschriebenen Ausfallschaden, lassen sich analog zum Kredit eine Art „Standardrisikokosten“ ermitteln. Um den Barwert dieser Standardrisikokosten sind die erwarteten Zahlungen aus einem risikofreien Kreditderivat zu reduzieren, um den Barwert der erwarteten Zahlungen unter Berücksichtigung der Möglichkeit des Ausfalls zu erhalten.

---

[301] Vgl. PFEIFFER (2001), S. 85.

Zum Anderen besteht für die Bank die Gefahr, dass die Ausfallverluste aus Kreditderivaten in einer Periode höher ausfallen als geplant. Die erwarteten Zahlungen aus dem Derivat weisen damit ein Ausfallrisiko auf, welches als Value at Risk messbar ist. Dementsprechend muss das Kreditderivat - wie alle anderen risikobehafteten Geschäfte der Bank auch – in jeder Periode einen Mindestertrag erwirtschaften, um den Shareholder Value der Bank nicht zu senken.

Beide Komponenten, der Standardrisikokostenbarwert des Derivats und die zu erwirtschaftenden Mindesterträge, lassen sich analog der Vorgehensweise beim Kredit selbst ermitteln. Sie sind beide in der ex ante-Kalkulation zu berücksichtigen. Ohne Berücksichtigung der Ausfallmöglichkeit ergibt sich gemäß Formel (40), S. 88, zusammen mit den Modifikationen von Formel (34b), S. 234, ein Erfolgsbeitrag des Kreditderivats in Höhe von

$$(134)\quad \Delta SHV = \sum_{i=1}^{n}\left(W_i \cdot \prod_{j=0}^{i-1}(1-W_j) \cdot \left(\left(\sum_{k=i}^{n}(q_k \cdot Z_k + VS_k) \cdot (1-RR_k)\right) - S_i \cdot q_i\right)\right) - \textit{Prämie Derivat} - \sum_{i=1}^{n} q_i \cdot BKD_i - \sum_{i=1}^{n} q_i \cdot ZielRORAC \cdot \beta' \cdot VaR_i$$

Diese Formel ist nun um den Standardrisikokostenbarwert und den Mindestertrag des Derivats zu ergänzen und ergibt sich nun zu:[302]

[302] Die genaue Formel für den Standardrisikokostenbarwert des Derivat soll an dieser Stelle nicht angeführt werden, da sie für das weitere Verständnis der Arbeit nicht notwendig ist. Sie ergibt sich prinzipiell analog dem Vorgehen bei der Ermittlung des Standardrisikokostenbarwerts des Kredits in Kapitel 3.3.3.2.

(134a) ΔSHV

$$= \sum_{i=1}^{n}\left(W_i \cdot \prod_{j=0}^{i-1}(1-W_j)\cdot\left(\left(\sum_{k=i}^{n}(q_k \cdot Z_k + VS_k)\cdot(1-RR_k)\right) - S_i \cdot q_i\right)\right)$$

$$- \textit{Prämie Derivat}$$

$$- \sum_{i=1}^{n} q_i \cdot BKD_i$$

$$- \sum_{i=1}^{n} q_i \cdot ZielRORAC \cdot \beta' \cdot VaR_i$$

$$- \textit{Standardrisikokostenbarwert Derivat}$$

$$- \sum_{i=1}^{n} q_i \cdot ZielRORAC \cdot \beta'^{D} \cdot VaR_i^{D}$$

Diese Modifikation hat bei allen den Erfolgsbeitrag des Derivats betreffenden Formeln zu erfolgen.[303] Dies umfasst sowohl die Vorteilhaftigkeitsanalyse aus Sicht der Gesamtbank, als auch die Überlegungen der Kreditportfoliosteuerung zum Abschluss eines Kreditderivats. Da die nötigen Modifikationen für die Gesamtbank und die Kreditportfoliosteuerung identisch sind und sonst keine organisatorischen Einheiten der Bank davon betroffen sind, ändert sich durch die Modifikationen an der prinzipiellen Vorgehensweise der ex ante-Kalkulation bzw. den im Grundmodell hergeleiteten Ergebnissen der Analyse bezüglich der Risikozurechnung nichts. Die Kreditportfoliosteuerung entscheidet bezüglich des Derivateabschlusses nach wie vor stets im Interesse der Gesamtbank.

b) Notwendige Modifikation der ex post-Erfolgszurechnung

Die ex post-Erfolgszurechnung eines Derivats erfolgt unter Einbeziehung der Möglichkeit eines Ausfalls des Kontraktpartners analog der beim Kredit. Der Kreditportfoliosteuerung werden dabei sowohl bei Ausfall des Kontraktpartners als auch bei Nichtausfall neben der bisher schon zugerechneten Differenz zwischen geplanten und tatsächlichen Betriebskosten des Derivats folgende weiteren Erfolgsbeiträge verrechnet:

---

[303] Dies betrifft die Formeln 40, 55, 57, 60 und 66 - 69.

- Fällt das Derivat aus, so wird der Kreditportfoliosteuerung der über das Erwartete - d.h. den aktuellen Standardrisikokostenbarwert des Derivats - hinausgehende Ausfallschaden belastet. Dieser Ausfallschaden liegt entweder darin, dass die Bank ein neues Derivat mit einem neuen Kontraktpartner abschließen muss und ihr dadurch ein Wiedereindeckungsaufwand entsteht oder bei gleichzeitigem Kreditausfall im nun nicht mehr abgedeckten Ausfallverlust des Kredits.

- Fällt das Kreditderivat dagegen in einer Periode nicht aus, so reduziert sich der Standardrisikokostenbarwert des Derivats und der Kreditportfoliosteuerung wird - analog zum Vorgehen beim Kredit - die Abschmelzung gutgeschrieben. Auch eine Veränderung des Standardrisikokostenbarwerts des Derivats, die nicht auf den Zeitablauf zurückgeht, sondern darauf, dass sich die Bonität entweder des Derivatekontraktpartners oder des Kreditschuldners ändert, ist der Kreditportfoliosteuerung zuzurechnen.

c) Notwendige Modifikation der Übergabeentscheidung per Derivat abgesicherter Problemkredite

Zusätzlich zur ex ante-Kalkulation des Derivateabschlusses und ex post-Erfolgszurechnung danach, hat die Einbeziehung der Möglichkeit des Ausfalls des Derivatekontraktpartners auch Auswirkungen auf die Übergabe von per Derivat abgesicherten Problemkrediten an die Problemkreditabteilung. Im bisherigen System ist dabei die Kreditportfoliosteuerung indifferent, ob der Kredit weiterhin von der Filiale betreut wird oder die Betreuung auf die Problemkreditabteilung übergeht.[304]

Dieses ändert sich nun: Mit der Übergabe des Kredits an die Problemkreditabteilung ändert sich die Ausfallwahrscheinlichkeit des Kredits von W^0 auf W^P. Damit verändert sich auch der Standardrisikokostenbarwert des Derivats, welcher von dieser Ausfallwahrscheinlichkeit abhängt (Der Bank entsteht immer dann ein Ausfallschaden in Höhe des Ausfallverlustes des Kredits, wenn Kredit und Derivat gleichzeitig ausfallen). Diese Veränderung wird gemäß den Ausführungen des vorigen Teilkapitels der Kreditportfoliosteuerung zugerechnet. Da die Ausfallwahrscheinlichkeit nach Übergabe geringer sein dürfte als vor-

---

[304] Vgl. Kapitel 4.2.3.2.1.d, S. 184f..

her, sinkt auch der Standardrisikokostenbarwert des Derivats, die Kreditportfoliosteuerung profitiert also von einer Übergabe.

Gleiches gilt auch für die von der Kreditportfoliosteuerung aus dem Derivat zu erwirtschaftenden Mindesterträge. Da der worst case des gleichzeitigen Ausfalls von Kredit und Derivat durch die gesunkene Ausfallwahrscheinlichkeit des Kredits unwahrscheinlicher wird, sinkt ceteris paribus auch der Value at Risk des Derivats und damit der Mindestertragsbarwert. Da auch dieses Absinken der Kreditportfoliosteuerung als für das Ausfallrisiko des Derivats verantwortlicher Einheit zuzurechnen ist, profitiert diese auch in dieser Hinsicht von einer Übergabe der Kreditbetreuung an die Problemkreditabteilung.

Beide Effekte führen dazu, dass die Kreditportfoliosteuerung nun bereit ist, der Problemkreditabteilung eine Prämie für die Betreuungsübernahme zu zahlen. Es lässt sich zwar zeigen, dass trotz dieser zusätzlichen Zahlungsbereitschaft der Kreditportfoliosteuerung nach wie vor alle Beteiligten im Interesse der Gesamtbank handeln[305], die Betreuungsübergabe verkompliziert sich dadurch jedoch. Statt nur die Filiale und die Problemkreditabteilung ist mit der Kreditportfoliosteuerung nun eine dritte Einheit an der „Verhandlung“ über die Betreuungsübergabe beteiligt. Dies wirft die Frage auf, inwieweit eine solche Betreuungsübergabe eines abgesicherten Kredits nun dazu führt, dass die bisherige organisatorische Ausgestaltung des Kreditmanagementsystems zu modifizieren ist.

Hierbei lässt sich feststellen, dass die organisatorische Ausgestaltung analog dem bisherigen Vorgehen erfolgen kann. Allerdings muss bei einem Problemkredit nun zusätzlich die Kreditportfoliosteuerung informiert werden, die ihrerseits ihre Zahlungsbereitschaft für die Betreuungsübergabe in das System einzugeben hat. Dies stellt jedoch keine sonderliche Verkomplizierung der Prozedur dar, da die Kreditportfoliosteuerung ohnehin von Bonitätsproblemen und Zahlungsschwierigkeiten des Kreditschuldners zu unterrichten ist, da hierdurch möglicherweise Ansprüche an den Kontraktpartner des Kreditderivats ausgelöst werden. Anhand der Daten des Kreditderivats und von Vergangenheitsdaten über die zu erwartende Veränderung der Ausfallwahrscheinlichkeit des Kredits kann das System der Kreditportfoliosteuerung einen Richtwert über die zu erwartende Entlastung und damit eine sinnvolle Größe für die Prämienzahlung an die Problemkreditabteilung vorgeben. Für die Problemkreditabteilung selbst

[305] Vgl. Anhang F.

ändert sich nichts. Ihr wird statt der Betreuungsprämie der Filiale nun die Gesamtprämie angezeigt, die Filiale und Kreditportfoliosteuerung bereit sind zu zahlen. Auf dieser Grundlage entscheidet die Problemkreditabteilung dann wie bisher über die Übernahme der Kreditbetreuung.

Fazit zur Integration der Möglichkeit des Ausfalls des Derivatekontraktpartners:

Eine Einbeziehung der Möglichkeit des Ausfalls eines Kreditderivats hat zwar Auswirkungen auf ex ante-Kalkulation, ex post-Erfolgszurechnung und organsatorische Ausgestaltung des Kreditmanagementsystems, lässt die grundsätzliche Systematik desselben aber im Wesentlichen intakt.

6 Kritische Würdigung des Modells

Im Folgenden soll das in dieser Arbeit entwickelte Kreditmanagementsystem kritisch gewürdigt werden. Dabei soll zunächst überprüft werden, inwieweit das Modell die in Kapitel 1.4.1 aufgestellten Anforderungen erfüllt (Kapitel 6.1). Darauf folgend soll untersucht werden, welche Kosten durch das Kreditmanagementsystem verursacht werden und inwieweit der Nutzen des System für das Kreditmanagement einer Bank diese Kosten rechtfertigt (Kapitel 6.2). Schließlich sollen mögliche weitere Ansatzpunkte zur kritischen Würdigung des Modells diskutiert werden (Kapitel 6.3).

6.1 Überprüfung der Anforderungen an das Kreditmanagementsystem

Die zehn Anforderungen, an Hand derer das in der Arbeit vorgestellte Kreditmanagementsystem untersucht werden soll, entsprechen in Inhalt und Reihenfolge den in der Einleitung aufgestellten Anforderungen an ein Kreditmanagementsystem.[306] Die Erfüllung dieser Anforderungen soll im Folgenden zunächst einzeln überprüft und dann zusammenfassend gewürdigt werden.

Anforderung 1: Die Interessen der beteiligten organisatorischen Einheiten sind in Einklang mit den Zielen der Gesamtbank zu bringen.

Diese Anforderung wird durch das vorgestellte Kreditmanagementsystem erfüllt, da das Kreditmanagementsystem ja gerade so entworfen wurde, dass die organisatorischen Einheiten der Bank im Kreditprozess stets zu solchen Entscheidungsergebnissen gelangen, die den Shareholder Value der Bank steigern. Von dieser generellen Feststellung besteht allerdings eine Ausnahme: Bei der Entscheidung, einen Problemkredit an die Problemkreditabteilung zu übergeben, tritt möglicherweise eine Moral Hazard-Problematik auf. Diese lässt sich - wie erläutert wurde - durch eine erfolgsabhängige Gestaltung der Übergabeprämie abmildern, möglicherweise jedoch nicht ganz vermeiden.

---

[306] Vgl. Kapitel 1.4.1, S. 36 - 40.

Anforderung 2: Die Interessenübereinstimmung zwischen den organisatorischen Einheiten und der Gesamtbank ist sowohl beim Neu- wie auch beim Altgeschäft zu gewährleisten.

Auch diese Forderung ist erfüllt, wie folgende Ausführungen zeigen:

- Nach dem Neuabschluss eines Kredits bzw. Kreditderivats wird der verantwortlichen organisatorischen Einheit im entworfenen Kreditmanagementsystem sofort die gesamte durch dieses Neugeschäft ausgelöste Steigerung des Shareholder Value der Bank erfolgsrechnerisch gutgeschrieben. Daher orientieren sich die organisatorischen Einheiten beim Neugeschäft am Gesamtbankinteresse.

- Diese Interessenkongruenz ist auch in Bezug auf die Betreuung des Altgeschäfts gegeben: Bei nicht durch Derivate abgesicherten Krediten erhalten die Filialen im vorgestellten System periodisch u.a. folgende Erfolgskomponenten zugerechnet:

  - ◊ die Differenz zwischen geplantem und tatsächlich erbrachtem Betreuungsaufwand,
  - ◊ bei Kreditausfall den über das Erwartete hinausgehenden Ausfallverlust und
  - ◊ bei Nichtausfall des Kredits die Abschmelzung des Standardrisikokostenbarwerts.

  Durch diese Erfolgszurechnung richten die Filialen ihren Betreuungsaufwand im Interesse der Gesamtbank aus: Sie erhöhen ihn, wenn der Barwert der erwarteten Zahlungen des Kreditkunden durch die ausgelöste Verringerung der Ausfallwahrscheinlichkeit des Kredits stärker steigt als der zur intensiveren Betreuung nötige Mehraufwand. Sie senken ihren Betreuungsaufwand dagegen ab, wenn dies zu einer im Vergleich zur Verringerung des Aufwands geringeren Absenkung der erwarteten Zahlungen aus dem Kredit führt.

  Bei durch Derivate abgesicherten Krediten fällt die Erfolgszurechnung bei Ausfall bzw. Nichtausfall für die Filialen dagegen weg. Somit verringern sie ihren Betreuungsaufwand auf das im Hinblick auf Mindeststandards der Bank und das zukünftige Geschäft mit dem Kreditkunden nötige Mindestmaß, was auf Grund der Absicherung des Kredits im Interesse der Bank liegt.

In beiden Fällen besteht für die Filialen also ein Anreiz, den aus Sicht der Bank optimalen Betreuungsaufwand zu erbringen. Damit wird im Gegensatz zu anderen barwertigen Modellen im vorgestellten Kreditmanagementsystem das Altgeschäft nicht vernachlässigt.

Anforderung 3: Es ist die Kongruenz von ex ante-Kalkulation und ex post-Erfolgszurechnung zu gewährleisten.

Diese geforderte Kongruenz ist gegeben. Eine der Hauptforderungen an die ex post-Zurechnung ist, dass die ex ante-Kalkulation dadurch unterstützt wird. Dies wird dadurch realisiert, dass zum Einen den organisatorischen Einheiten die kalkulierten Größen sofort nach Treffen einer Entscheidung erfolgsrechnerisch zugerechnet werden. Zum Anderen ist das Kreditmanagementsystem so ausgestaltet, dass der Erwartungswert der Erfolgszurechnung aus Kredit bzw. Kreditderivat in den Folgeperioden nach Abschluss stets Null beträgt, so dass die organisatorischen Einheiten außer dem von der ex ante-Kalkulation gelieferten Kalkulationsschema keine weiteren Größen in ihre Überlegungen einbeziehen. Allein bei der Berücksichtigung von Bonitätsänderungen des Kreditschuldners konnte dies im Grundmodell nur ansatzweise gewährleistet werden, da das Bonitätsrisiko lediglich ex post, jedoch nicht ex ante erfasst wurde. Dieses Problem wurde jedoch mit der Berücksichtigung der Möglichkeit von Bonitätsänderungen des Schuldners in Kapitel 5.1 behoben.

Anforderung 4: Das Kreditmanagementsystem muss auf objektiven bzw. intersubjektiv überprüfbaren Daten basieren.

Im Kapitel 3.3.4 wurde die Ermittlung der für das Kreditmanagementsystem nötigen Daten diskutiert. Hierbei stellte sich heraus, dass die für das System benötigten Daten größtenteils aus Vergangenheitsdaten errechnet werden oder es sich dabei um Marktpreise handelt. Hier ist die Objektivität bzw. intersubjektive Überprüfbarkeit also gegeben. Lediglich das Sicherheitsniveau, also die Entscheidung, wie viel Prozent des Eigenkapitals für den Worst-Case zurückbehalten werden soll, ist eine Entscheidung der Geschäftsleitung. Wird diese offen kommuniziert, ist die weitere Berechnung dann allerdings problemlos intersubjektiv überprüfbar.

Für einige Daten ist neben der Extrapolation von Vergangenheitsdaten auch die ergänzende Heranziehung von Expertenwissen möglich und evtl. auch wünschenswert. Wird auf diese Option zurückgegriffen, so ist darauf zu achten, dass das genaue Prozedere festgelegt wird, welche Expertenschätzungen herangezogen werden sollen, wie diese Expertenschätzungen durchgeführt werden sollen (ob es sich also z.B. um eine veröffentlichte Consensus-Schätzung handelt) und wie genau die aus Vergangenheitsdaten gewonnenen Schätzparameter durch die Expertenschätzungen zu modifizieren sind. Nur wenn dies geschieht, ist eine intersubjektive Überprüfbarkeit gewährleistet.

Ein weiteres mögliches Problemfeld ist die Verfügbarkeit historischer Daten. Diese ist, wie in Kapitel 3.3.4 erwähnt, vielfach (noch) nicht in ausreichendem Umfang gegeben. Bis eine Bank über genügend lange Zeitreihen verfügt, sind hier also Hilfsannahmen zu treffen.

Das größte Problem ergibt sich jedoch im Zusammenhang mit den Betriebskosten von Kredit und Derivat. Erstens handelt es sich hierbei größtenteils um Gemeinkosten, die sich nur relativ willkürlich auf die einzelnen Kredite bzw. Derivate verrechnen lassen. Zweitens lässt sich der Zusammenhang zwischen Betreuungsaufwand und Ausfallwahrscheinlichkeit eines Kredits, der für das vorgestellte Kreditmanagementsystem bekannt sein muss, nur relativ schwer ermitteln. Für die Schätzung der „Normalhöhe" des Betreuungsaufwands können dabei noch Vergangenheitsdaten herangezogen werden. Wie sich einzelne Betreuungsmaßnahmen (z.B. eine Schuldnerberatung) allerdings genau auf die Ausfallwahrscheinlichkeit eines speziellen Kredits aufwirken, lässt sich aus Vergangenheitsdaten auf Grund der schlechten Datenlage allerdings nur sehr ungenau ermitteln. Hier ist dafür zu sorgen, dass die für eine solche Schätzung nötigen Daten in Zukunft erfasst werden, um die Datenlage für die Zukunft zu verbessern.

Anforderung 5: Korrelationseffekte zwischen Krediten bzw. Kreditarten sind zu berücksichtigen.

Korrelationseffekte wurden in der Arbeit über den β'-Faktor berücksichtigt, der in die vom Kredit zu erwirtschaftenden Mindesterträge eingeht. Diese Berücksichtigung ist allerdings relativ grob: β'-Faktoren sind sinnvoll nur für Kreditarten evtl. noch für Kreditnehmergruppen innerhalb der Kreditarten zu bestimmen, auf Grund der mangelnden Datenlagen jedoch nicht für Einzelkredite bzw. einzelne Schuldner. Auch wird bei der Ermittlung dieser β'-Faktoren nicht berücksichtigt, dass der Kredit selbst nach Abschluss ja auch Teil des Bankportfolios wird und sich der β'-Faktor des Kredits mit dem Bankportfolio durch

Hinzutreten des Kredits zum Portfolio evtl. ändert. Hier dürfte die Abweichung außer bei Großkrediten allerdings auf Grund der relativen Volumina von Einzelkredit und Bankportfolio vernachlässigbar gering sein.

Anforderung 6: Es sind alle im Kreditprozess zu treffenden Entscheidungen in das Kreditmanagementsystem einzubeziehen.

Auch diese Forderung ist prinzipiell erfüllt. In der vorliegenden Arbeit werden alle wesentlichen, während des Kreditprozesses zu treffenden Entscheidungen analysiert und in das Steuerungssystem bzw. die Erfolgszurechnung einbezogen.

Untersucht wurden die Entscheidungen der Verantwortlichen über:

- den Neuabschluss eines Kredits,
- den nach Kreditabschluss zu erbringenden Betreuungsaufwand,
- den Abschluss von Kreditderivaten,
- den nach Absicherung eines Kredits per Derivat zu erbringenden Betreuungsaufwand,
- die Übergabe eines nicht abgesicherten Kredits an die Problemkreditabteilung und den im Gefolge zu erbringenden Betreuungsaufwand und
- die Übergabe eines über ein Kreditderivat abgesicherten Kredits an die Problemkreditabteilung und den danach zu erbringenden Betreuungsaufwand

Neben den untersuchten existieren noch andere Arten von Entscheidungen im Kreditprozess, wie z.B. die Entscheidung über den genauen Kündigungszeitpunkt eines Problemkredits. Bei diesen Entscheidungen handelt es sich jedoch in der Regel um Entscheidungen, die nur eine organisatorische Einheit der Bank betreffen, bei denen sich an der Zurechnung des Kreditausfallrisikos also nichts ändert. Deshalb dürften sich diese Entscheidungen problemlos in das dargestellte Kreditmanagementsystem integrieren lassen.

Anforderung 7: Das Kreditmanagementsystem muss auf alle Kreditkundengruppen anwendbar sein.

Das vorgestellte System lässt sich für alle Kredite, sowohl für Kredite an Firmen-, wie auch für Kredite an Privatkunden anwenden. Dabei spielt es keine Rolle, ob für einen Kredit überhaupt eine Absicherung per Derivat möglich ist oder nicht (z.B. weil der Markt noch nicht so weit entwickelt ist), da die Risikoverantwortung bei der Filiale verbleibt, bis ein Derivat abgeschlossen wurde. Die Kreditportfoliosteuerung wird also nicht mit Kreditrisiken belastet, die sie evtl. nicht an den Markt weitergeben kann. Andererseits tragen die Filialen auch kein Ausfallrisiko mehr, wenn der Kredit einmal per Derivat gesichert wurde.

Anforderung 8: Das Kreditmanagementsystem muss relativ einfach organisatorisch handhabbar sein.

Wie die Ausführungen des Kapitels 4.3 zeigen, ist auch dies gegeben. Durch die weitgehende Automatisierung und auf Grund der Daten, die das System den beteiligten organisatorischen Einheiten als Entscheidungshilfen zur Verfügung stellt, ergibt sich für diese nur ein relativ geringer Zeitaufwand bei dem Umgang mit dem System. Hier ist allerdings darauf zu achten, dass die vom System zur Verfügung gestellten Daten in übersichtlicher, leicht nachvollziehbarer Form dargeboten werden.

Anforderung 9: Das Kreditmanagementsystem muss für die Beteiligten durchschaubar sein.

Das vorgestellte System ist in seinen Details z.T. zwar relativ kompliziert, die Grundzüge und die Systematik des System sind jedoch relativ einfach zu verdeutlichen, wie die Tabelle 1 zur Risiko- und Betreuungsverantwortung in Kapitel 4.2.4 auf S. 205 zeigt. Weiterhin erhalten die Beteiligten situationsbezogen vom System in jeder Phase des Kreditprozesses die von ihnen benötigten Daten und Rechentools vorgelegt. Das System bleibt damit trotz seiner Komplexität für die Beteiligten im Großen und Ganzen relativ gut durchschaubar.

Anforderung 10: Das Kreditmanagementsystem muss eine Einbindung strategischer Vorgaben der Geschäftsleitung ermöglichen.

Strategische Vorgaben, wie z.B. eine von der Geschäftsleitung gewünschte Förderung eines neuen Kreditprodukts oder einer neuen Kundengruppe, sind im vorgestellten Kreditmanagementsystem über ein Bonus- / Malus - System einbeziehbar. Diese Boni (bei Wunsch nach Förderung) und Mali (bei Wunsch nach Abbau eines Segments) modifizieren den Konditionsbeitragsbarwert eines Kredits und beeinflussen so die Kreditvergabeentscheidung. Alle anderen Entscheidungen (d.h. über Kreditbetreuung, Derivateabschluss bzw. Übergabe der Kreditbetreuung an die Problemkreditabteilung) sind davon nicht betroffen. Wichtig ist dabei, dass die Boni und Mali offen ausgewiesen werden, damit die Kalkulationsgrundlage für die Filialen nachvollziehbar bleibt.

Fazit zur Überprüfung der Anforderungen an das Kreditmanagementsystem:

Die in Kapitel 1.4.1 aufgestellten Anforderungen werden vom in der Arbeit vorgestellten Kreditmanagementsystem erfüllt. Zu beachten ist hierbei allerdings, dass die Schnittstellen des EDV-Systems zu den Benutzern, insbesondere die Datenaufbereitung, übersichtlich und gut verständlich zu gestalten sind, um eine größtmögliche Transparenz und damit auch Akzeptanz des Systems zu gewährleisten.

6.2 Kosten und Nutzen des Kreditmanagementsystems

Neben der Beurteilung des Kreditmanagementsystems hinsichtlich der Erfüllung der aufgestellten Anforderungen ist ebenfalls zu analysieren, welche Kosten durch die Einführung und den Betrieb dieses Systems für eine Bank entstehen und inwieweit diese Kosten durch den Nutzen des Systems zu rechtfertigen sind. Dies soll im Folgenden geschehen. Dabei ist zu beachten, dass nur die Mehrkosten gegenüber dem Status quo beurteilungsrelevant sind. Die durch das vorgestellte Kreditmanagementsystem verursachten Kosten lassen sich in EDV-Kosten einerseits und Personalkosten andererseits unterteilen.

a) EDV-Kosten

EDV-Kosten fallen im Rahmen der organisatorischen Ausgestaltung des vorgestellten Kreditmanagementsystems an, da dieses - wie bereits erwähnt - ohne EDV-Unterstützung nicht zu realisieren ist. Die EDV-Kosten lassen sich wiederum in Kosten der Datenbeschaffung, -haltung und -aufbereitung, in Kosten für die Hardware und in Kosten für die Software unterteilen:

- Kosten der Datenbeschaffung, -haltung und -aufbereitung:

  Hier ist festzustellen, dass fast alle der im vorgestellten Kreditmanagementsystem benötigten Daten auch heute schon in Banken vorzuhalten sind: So benötigen die Filialen sowohl bei Verwendung der traditionellen Ansätze des Kreditmanagements als auch bei Anwendung der optionspreistheoretischen Modelle Informationen über die Konditionsbeiträge, Standardrisikokosten und Betriebskosten eines Kredits bzw. deren Barwerte. Auch eine Kalkulation der Eigenkapitalkosten ist außer in den älteren Ansätzen bereits im Status quo notwendig. Das selbe gilt für die Daten, welche die Kreditportfoliosteuerung benötigt, um über den Abschluss von Kreditderivaten entscheiden zu können. All diese Daten müssen Banken also bereits heute beschaffen, verwalten und für die Verantwortlichen als Entscheidungsgrundlage aufbereiten. Einzig die im vorgestellten Kreditmanagementsystem benötigten Daten über den Zusammenhang zwischen Betreuungsaufwand und Ausfallwahrscheinlichkeit von Krediten und Daten zu den erwarteten Shareholder Value-Beiträgen der zukünftigen Geschäfte mit einem Kreditkunden werden von Banken in den bisherigen Kreditmanagementsystemen nicht bereitgestellt. Die Ermittlung dieser Daten erfordert jedoch keine Beschaffung zusätzlicher Rohdaten durch die Bank, sondern vielmehr eine erweiterte Auswertung der vorhandenen Datenhistorie. Mehrkosten gegenüber dem Status quo fallen also nur für die Entwicklung der zusätzlich benötigten Tools zur Datenauswertung und für die Verwaltung der generierten Daten an.

- Hardwarekosten:

  Zur Umsetzung des vorgestellten Kreditmanagementsystems benötigt eine Bank zentrale Datenbankserver und mit diesen Servern vernetzte Arbeitsplatzrechner für die Mitarbeiter in den Filialen, der Kreditportfoliosteuerung und der Problemkreditabteilung. Diese Voraussetzungen dürften bereits heute in den meisten Banken erfüllt sein, so dass hier keine zusätzlichen Kosten entstehen.

- Softwarekosten:

  Neben Datenbanksoftware ist im in der Arbeit entwickelten Modell ein Workflow-Management-System nötig, das die in Kapitel 4.3 vorgestellte Ablauforganisation des Kreditmanagements modelliert, inklusive der von den Verantwortlichen jeweils benötigten Rechentools und einer benutzerfreundlich gestalteten Bedienoberfläche. Da es sich hier um relativ einfache Ablaufschemata handelt, dürften sich diese in bestehende Workflow-Management-Systeme integrieren lassen. Kosten entstehen daher lediglich für die Anpassung der bereits vorhandenen Systeme und die Programmierung der Rechentools.

Insgesamt lässt sich feststellen, dass die benötigten EDV-Systeme in Banken bereits heute größtenteils vorhanden sein dürften und durch das vorgestellte Kreditmanagementsystem lediglich Kosten für eine Erweiterung dieser bestehenden Systeme entstehen.

b) Personalkosten

Im Personalbereich fallen für Banken zunächst einmal Kosten für die Mitarbeiter an, die mit der Entwicklung und dem laufenden Betrieb des benötigten EDV-Systems beschäftigt sind. Da, wie bereits erwähnt, lediglich eine Modifikation bestehender EDV-Systeme nötig ist, dürften zusätzliche EDV-Mitarbeiter lediglich für die Anpassung der vorhandenen Systeme nötig sein (alternativ kann die Bank diese Anpassung auch von externen Unternehmen vornehmen lassen). Für den Systembetrieb ist dagegen nicht mit einem zusätzlichen Personalbedarf zu rechnen.

Weitaus höhere Personalkosten als die EDV-Anpassung dürfte dagegen die Schulung der Bankmitarbeiter mit den neuen Systemen verursachen. Sowohl Filialmitarbeiter, als auch die Mitarbeiter in der Kreditportfoliosteuerung und der Problemkreditabteilung müssen im Umgang mit dem vorgestellten Kreditmanagementsystem geschult werden. Sie sind dabei sowohl über den Gesamtablauf des Kreditprozesses als auch über die von ihnen im System zu tätigenden Eingaben zu unterrichten. Dabei dürften jedoch lediglich die Funktion und Kalkulation der Prämien für die Betreuungs- und / oder Risikoübergabe und die Planung des Betreuungsaufwands für die Mitarbeiter neu sei, da alle anderen Systembestandteile bereits Teil des Status quo sind.

Fazit zu den vom System verursachten Mehrkosten und Gegenüberstellung mit dem Systemnutzen:

Insgesamt lässt sich feststellen, dass für das vorgestellte System Mehrkosten hauptsächlich im Bereich der Anpassung der bestehenden EDV-Systeme und der Schulung der Mitarbeiter anfallen. Die Höhe dieser Mehrkosten lässt sich nicht pauschal angeben und hängt zum größten Teil von der in der jeweiligen Bank bereits vorhandenen EDV-Infrastruktur und den etablierten Arbeitsabläufen ab.

Diesen Mehrkosten ist der Nutzen gegenüber zu stellen, den das vorgestellte Kreditmanagementsystem gegenüber den bestehenden Systemen erbringt. Dieser ist noch weitaus schwieriger zu quantifizieren als die verursachten Mehrkosten. Er liegt hauptsächlich darin, dass die Bankmitarbeiter sich während des gesamten Kreditprozesses gesamtbankzielkonform verhalten, also nur solche Entscheidungen treffen, die (beurteilt nach den Daten, die der Bank vorliegen) den Shareholder Value der Bank steigern. Im Gegensatz zu den bisherigen Systemen gilt diese Zielkonformität dabei sowohl für die Neugeschäftsabschlüsse als auch für die Betreuung des Altgeschäfts. Welcher monetäre Nutzen mit dieser Zielkonformität für eine Bank verbunden ist, lässt sich kaum quantifizieren, da hierfür Vergleichsdaten fehlen.

Da dem (schwer quantifizierbaren) Zusatznutzen des entwickelten Kreditmanagementsystems hauptsächlich Einmalkosten gegenüberstehen, sich der laufende Kreditprozess dadurch jedoch nicht verteuert, ist es Banken zu empfehlen, auf das neue System zu einem Zeitpunkt umzusteigen, in welchem dieser Mehraufwand für EDV-Anpassung und Mitarbeiterschulung ohnehin anfällt, bspw. bei der Vorbereitung auf die neuen Eigenkapitalrichtlinien nach Basel II. In diesem Fall werden durch das entwickelte Kreditmanagementsystem kaum noch Zusatzkosten verursacht, weshalb der Nutzen des Systems die Mehrkosten bei den allermeisten Banken rechtfertigen dürfte.

6.3 Sonstige Ansatzpunkte zur kritischen Würdigung

Nach der Analyse, inwieweit das in der Arbeit entwickelte Kreditmanagementsystem die zu Beginn der Arbeit aufgestellten Anforderungen erfüllt und welche Kosten und Nutzen die Einführung und der Betrieb des Kreditmanagementsystems mit sich bringen, sollen nun noch folgende weitere Ansatzpunkte zur kritischen Würdigung des vorgestellten Modells diskutiert werden:

- Es soll analysiert werden, inwieweit das aufgestellte Modell die Risikoneigung der Akteure adäquat berücksichtigt.
- Es soll geprüft werden, inwieweit bei der Anwendung des Systems eine Gefahr der „Systemgläubigkeit" auftreten kann.
- Es soll untersucht werden, ob bei Einsatz des vorgestellten Kreditmanagementsystems durch die Vorgabe von Kalkulationswerten für jede Entscheidungssituation eine Zentralisierung von Entscheidungen und weitgehende Entmachtung der dezentralen Entscheider stattfindet.

a) Berücksichtigung der Risikoneigung der Akteure

Das vorgestellte Kreditmanagementsystem berücksichtigt die Risikoneigung der Akteure größtenteils nicht. Lediglich die Risikoneigung der Gesamtbank, d.h. die von der Geschäftsleitung „vorgegebene" Risikoneigung ist über den Ziel-RORAC und den damit verbundenen von einem Kredit zu erwirtschaftenden Mindestertrag im System integriert. Für alle anderen Entscheidungsträger wird davon ausgegangen, dass sie sich an den Erwartungswerten der Erfolge orientieren, die ihnen zugerechnet werden. Dies ist insoweit realitätsfremd, als die meisten Menschen risikoavers sind.[307] Sie richten ihre Entscheidungen nicht allein am Erwartungswert der Ergebnisse aus, sondern berücksichtigen auch den Risikogehalt der Resultate. Konkret bedeutet dies, dass Entscheidungsalternativen, die einen geringeren Erwartungswert bei größerer Sicherheit der Ergebnisse erbringen, eventuell solchen Alternativen vorgezogen werden, die zwar höhere erwartete Erfolge aufweisen, aber riskanter sind, d.h. auf Grund einer höheren Volatilität eine größere Gefahr aufweisen, das erwartete Ergebnis nicht zu erreichen.

Diese Nichtberücksichtigung der Risikoaversion der Entscheider durch das Kreditmanagementsystem ist immer dann problematisch, wenn die Mitarbeiter sich in einer Entscheidungssituation auf Grund ihrer Risikoaversion anders verhalten, als dies im Interesse der Gesamtbank ist. Analysiert man nur einmal die

---

[307] Vgl. SCHNEIDER (1995), S. 114f..

Auswirkung des Kreditausfallrisikos auf die Entscheidungen risikoaverser Mitarbeiter, so sind die im vorgestellten System analysierten Entscheidungssituationen unter diesem Gesichtpunkt wie folgt zu beurteilen:

- Bei Kreditabschluss wird der Filiale die Erhöhung des Shareholder Value der Bank durch den Kredit sofort zugerechnet. Diese Größe ist für sie also sicher. Problematisch sind allerdings die in den folgenden Perioden der Kreditlaufzeit zu erwartenden Erfolgszurechnungen. Sie wurden im vorliegenden System so konstruiert, dass ihr Erwartungswert bei Kreditabschluss Null beträgt. Damit spielen sie für einen rein am Erwartungswert orientierten Entscheider bei Kreditabschluss keine Rolle. Ein risikoaverser Entscheider berücksichtigt jedoch zusätzlich zum Erwartungswert auch das Risiko dieser Erfolgsbeiträge, insbesondere die Gefahr, einen negativen Erfolgsbeitrag zugerechnet zu bekommen. Da diese Gefahr gegeben ist (die Filiale trägt das Ausfallrisiko und muss bei Kreditausfall den über das Erwartete hinausgehenden Verlust tragen), wird ein risikoaverser Mitarbeiter nicht allein nach der Erfolgszurechnung bei Kreditabschluss entscheiden, sondern auch das Risiko der restlichen Erfolgsbeiträge in seine Entscheidung einbeziehen. Daher ist es möglich, dass Mitarbeiter auf Grund ihrer Risikoaversion Kredite nicht vergeben, obwohl die vom System ausgewiesene Shareholder Value-Änderung positiv ist, sie also bei Kreditabschluss einen positiven Erfolgsbeitrag zugerechnet bekämen. Tritt dieser Fall auf, handeln die Mitarbeiter somit nicht im Interesse der Gesamtbank.

- Umgekehrt verhält sich die Situation bei Abschluss eines Kreditderivats für die Filialmitarbeiter. In diesem Fall fällt für sie das Ausfallrisiko des Kredits weg[308], ihre zukünftig zu erwartenden Erfolge während der Kreditlaufzeit werden sicherer. Sie werden daher bereit sein, eine höhere Risikoübergabeprämie zu zahlen, als ein Entscheider, der sich nur am Erwartungswert orientiert. In der Kreditportfoliosteuerung tritt dieses Problem ebenfalls auf. Hier tritt zwar kein Ausfallrisiko aus dem Kredit auf, da sich die Wertveränderungen von Kredit und Kreditderivat sowohl bei Ausfall als auch bei Nichtausfall des Kredits kompensieren. Allerdings verbleibt ein Ausfallrisiko aus dem Derivat selbst. Die Kreditportfoliosteuerung wird sich daher ebenfalls nicht am Erwartungswert orientieren, sondern eine höhere Prämie fordern, als durch eine reine Erwartungswertorientierung gerechtfertigt wäre. Ob im End-

---

[308] Dies gilt natürlich nur, wenn man eine vollständige Absicherung des Ausfallrisikos annimmt. Eine nur teilweise Risikoabsicherung verkompliziert die Situation noch zusätzlich, so dass erst recht keine pauschalen Aussagen mehr möglich sind.

effekt durch diese Effekte mehr oder weniger Derivate abgeschlossen werden als im Interesse der Gesamtbank liegt oder ob sich die höhere Zahlungsbereitschaft der Filiale und die höhere Zahlungsforderung der Kreditportfoliosteuerung ausgleichen, lässt sich nicht pauschal sagen, sondern hängt von Einzelfall und der Risikoneigung der einzelnen Akteure ab.

- Bei der Übergabe eines nicht durch Derivate abgesicherten Kredits an die Problemkreditabteilung ist die Situation ebenfalls nicht eindeutig. Die Filiale gibt hier das Risiko ab, ein risikoaverser Filialmitarbeiter wird also bereit sein, eine höhere Betreuungsprämie zu zahlen, als ein sich allein am Erwartungswert orientierender. Umgekehrt erhält aber die Problemkreditabteilung das Ausfallrisiko und wird daher bei Risikoaversion auch eine höhere Prämie fordern. Je nach der relativen Stärke der Risikoneigung von Filiale und Problemkreditabteilung wird die Betreuungsübergabe daher erschwert (wenn die Risikoneigung der Filiale niedriger ist als die der Problemkreditabteilung) oder erleichtert (wenn sie höher ist). Daher ist es sowohl möglich, dass mehr, als auch dass weniger Kredite an die Problemkreditabteilung übergeben werden, als im Interesse der Bank liegt. Sind die Risikoneigungen von Filiale und Problemkreditabteilung identisch, wird die Entscheidung zur Betreuungsübergabe dagegen überhaupt nicht verzerrt.

- Die Entscheidung zur Übergabe eines durch ein Derivat abgesicherten Kredits an die Problemkreditabteilung ist unter dem Aspekt der Risikoneigung leichter zu beurteilen. Das Ausfallrisiko sowohl des Kredits als auch des Derivats bleibt hier bei der Kreditportfoliosteuerung. Durch die Übergabe sinkt die Ausfallwahrscheinlichkeit des Kredits. Dies wirkt sich netto zwar nicht auf das Ausfallrisiko des Kredits aus, da dieses durch das Derivat kompensiert wird. Jedoch sinkt das Ausfallrisiko des Derivats. Ein risikoaverser Entscheider in der Kreditportfoliosteuerung wird damit bereit sein, eine höhere Betreuungsprämie an die Problemkreditabteilung zu zahlen, als dies bei reiner Orientierung am Erwartungswert gerechtfertigt wäre. Damit werden tendenziell mehr durch Derivate abgesicherte Kredite an die Problemkreditabteilung übergeben, als dies im Interesse der Gesamtbank liegt.

Die vorangegangene Analyse wurde allein unter Berücksichtigung des Ausfallrisikos von Kredit und Kreditderivat getroffen. Im in der Arbeit vorgestellten Kreditmanagementsystem treten jedoch noch einige andere unsichere Größen auf, wie:

- der tatsächlich erbrachte Betreuungsaufwand der Kredite,

- die tatsächlich auftretenden sonstigen Betriebskosten der Kredite und die Betriebskosten der Kreditderivate,
- der Wert der Kreditsicherheiten bei Kreditausfall oder
- der Erfolgsbeitrag des zukünftigen Geschäfts mit den Kreditschuldnern.

All diese risikobehafteten Größen verkomplizieren die Analyse weiter, so dass eine präzise Feststellung darüber schwierig wird, wie die einzelnen Entscheidungen im Kreditprozess durch die Nichtberücksichtigung der Risikoneigung der Entscheider im System verzerrt werden. In der Tendenz lässt sich jedoch feststellen, dass die von risikoaversen Mitarbeitern im vorliegenden System getroffenen Entscheidungen dazu führen, dass die Risikoaversion der Gesamtbank steigt, d.h. die Entscheidungen im Endeffekt risikoaverser ausfallen, als das die Geschäftsleitung mit der Vorgabe des zur Berechnung des Mindestertrags nötigen Sicherheitsniveaus geplant hat. In einem Kreditmanagementsystem, dass die Entscheidungen der Mitarbeiter in Einklang mit den Interessen der Gesamtbank bringen will, müsste die Risikoaversion der Mitarbeiter also eigentlich berücksichtigt werden.

Ein kohärentes Steuerungssystem, das durch Berücksichtigung der Risikoneigung aller Akteure stets zu gesamtbankzielkonformen Steuerungsimpulsen führt, dürfte allerdings kaum aufzustellen sein:

- Erstens lassen sich die Risikoneigungen der Mitarbeiter nicht exakt ermitteln. Hier treten Methodenprobleme auf: Die möglichen Meßmethoden sind relativ ungenau, mit verschiedenen Analysemethoden können eventuell verschiedene, widersprüchliche Aussagen resultieren.[309]
- Zweitens schwanken die Risikoneigungen der Menschen relativ stark mit der Zeit und sind stark situationsabhängig.[310]
- Drittens verhalten sich Menschen in der Realität nicht immer rational, sondern auch Emotionen spielen eine große Rolle, so dass es zu Entscheidungs-„Anomalien" kommen kann.[311] Das auf rationalen Überlegungen basierende Konzept der Risikoneigung lässt in diesem Fall nur begrenzt Rückschluss auf

---

[309] Vgl. EISENFÜHR / WEBER (1999), S. 235f..
[310] Vgl. EISENFÜHR / WEBER (1999), S. 225.
[311] Vgl. hierzu EISENFÜHR / WEBER (1999), S. 359 - 373.

das tatsächliche Mitarbeiterverhalten zu. Daher kann auch ein Kreditmanagementsystem, das die Risikoneigung der Akteure berücksichtigt zu Fehlsteuerungen führen.

- Und viertens dürfte es selbst bei rein rationalen Individuen mit konstanter, leicht ermittelbarer Risikoneigung schwierig sein, diese Risikoneigungen in einem noch überschaubaren System abzubilden. Auf Grund der Vielzahl der risikobehafteten Größen dürften hier sehr schnell Komplexitätsprobleme auftreten.

Aus diesen Gründen ist die Nichtberücksichtigung der Risikoneigung im vorliegenden System vertretbar. Die von den Mitarbeitern in der Realität berücksichtigten Entscheidungsvariablen stimmen zwar so nicht hundertprozentig mit den vom System gelieferten Größen überein, eine Übereinstimmung der getroffenen Entscheidungen mit dem Gesamtbankinteresse dürfte außer bei Grenzfällen aber dennoch wohl gegeben sein.

b) Gefahr der „Systemgläubigkeit"

Wie bei fast allen EDV-gestützten Systemen besteht auch bei dem in der Arbeit entwickelten Kreditmanagementsystem die Gefahr, dass die Benutzer des Systems die gelieferten Vorgaben als „Wahrheit" betrachten und ihre Entscheidungen einem Automatismus gleich allein darauf basieren: Bei positiven zu erwartenden Erfolgsbeiträgen wird ein Geschäft abgeschlossen, bei negativen nicht.[312]

Hier ist die Schulung der Mitarbeiter im Umgang mit dem System wichtig. Natürlich sollen die Mitarbeiter die vom System gelieferten Daten als Entscheidungsgrundlage verwenden. Dies ist ja gerade Ziel der ex ante-Kalkulation. Die Mitarbeiter sollten aber darauf hingewiesen werden, dass viele der Ausgangsdaten des Systems und damit auch die gelieferten Ergebnisse lediglich Schätzwerte darstellen. Je weiter die Schätzungen in die Zukunft hineingehen, desto ungenauer werden sie. Dies trifft besonders auf die Ausfallwahrscheinlichkeiten der Kredite und vor allem auch auf die erwarteten Erträge des zukünftigen Ge-

---

[312] Dies gilt natürlich nur, wenn man einmal von der zuvor diskutieren Risikoaversion der Akteure absieht.

schäfts mit dem Kunden zu. Gerade bei letzteren sind nur grobe Schätzungen möglich. Die Mitarbeiter sind auf diese Unzulänglichkeiten hinzuweisen, insbesondere dort, wo die Schätzungen auf Durchschnittswerten für ganze Kreditgruppen beruhen. Gerade hier besteht durchaus die Möglichkeit, dass die Mitarbeiter Informationen über einzelne Kunden besitzen, die ihnen eine genauere Einschätzung zukünftiger Entwicklungen und Geschäftsmöglichkeiten erlauben. Die vom System gelieferten Daten sind also nur als Entscheidungshilfe zu verstehen, die Mitarbeiter sollten ihnen vorliegende Zusatzinformationen über Kreditkunden in ihrer Entscheidung nicht vernachlässigen. Bei einer entsprechenden Schulung der Mitarbeiter kann die Gefahr der „Systemgläubigkeit“ vermindert und die Qualität der getroffenen Entscheidungen verbessert werden.

c) Gefahr der Zentralisierung von Entscheidungen durch Vorgabewerte

Eng verbunden mit der Gefahr der „Systemgläubigkeit“ ist auch die Gefahr, dass dadurch, dass sich die Mitarbeiter allein an den vom System gelieferten Vorgabewerten orientieren, die Entscheidungen im Endeffekt nicht dezentral getroffen werden, sondern bereits durch die zentral gelieferten Vorgabewerte determiniert werden - mit entsprechend negativen motivatorischen Effekten auf die Bankmitarbeiter.

Auch hier ist der Umgang mit dem System entscheidend zur Vermeidung eines solchen Effekts. Den Mitarbeitern müssen über ex ante-Kalkulation und ex post-Erfolgszurechnung zwar die erwarteten finanziellen Konsequenzen ihrer Entscheidungen für die Bank spürbar gemacht werden. Dies darf allerdings nicht dazu führen, dass die Mitarbeiter automatisch in einen „Rechtfertigungszwang“ geraten, wenn sie Entscheidungen treffen, die isoliert betrachtet den gelieferten Steuerungsimpulsen konträr zu laufen scheinen. So kann die Vergabe eines Kredits, der separat betrachtet zu einer Verringerung des Shareholder Value der Bank führt durchaus sinnvoll sein, wenn damit die berechtigte Hoffnung auf weitere, lukrativere Folgegeschäfte verbunden ist. Eine solche Kreditvergabe kann sich auch dann lohnen, wenn sie zur Ausgleichspreisstellung genutzt wird, die Kundenbeziehung insgesamt betrachtet also einen positiven Beitrag zum Shareholder Value leistet. Hier müssen die Mitarbeiter die Entscheidungsautonomie besitzen, auch auf den ersten Blick für die Bank „falsche“ Entscheidungen zu treffen. Es darf also nicht zu einer Regelungsflut im Sinne eines „management by decision rules“[313] kommen. Ist dies gewährleistet, so können die Mitarbeiter im Rahmen des vorgestellten Kreditmanagementsystems durchaus als „Unternehmer im Unternehmen“ agieren, also eigenverantwortlich für die Bank nach Abwägung aller zur Verfügung stehender Informationen vorteilhafte Entscheidungen treffen.

[313] Vgl. HADELER (2000), S. 2043.

7 Zusammenfassung und Ausblick

In der vorliegenden Arbeit wurde ein Kreditmanagementsystem entwickelt, das versucht, die Interessen der am Kreditprozess beteiligten Entscheider in Einklang mit den Gesamtbankzielen zu bringen. Als Zielsystem der Bank wurde dabei der Shareholder Value-Ansatz gewählt, die Ergebnisse der Arbeit lassen sich jedoch analog auf andere Zielsysteme übertragen, sofern diese die Gewinnerzielung als Ziel beinhalten, einen Mindestertrag von der Bank fordern und sich alle anderen Ziele als Nebenbedingungen des Gewinnziels formulieren lassen.

Als Resultat der vorgenommenen Analysen ergab sich ein System, in dem die Verantwortung für das Ausfallrisiko eines Kredits in Abhängigkeit von der Zuständigkeit für die Kreditbetreuung und der Absicherung des Kredits durch ein Kreditderivat wechselt:

- Bei bzw. nach Kreditabschluss liegt die Risikoverantwortung zunächst bei der den Kredit betreuenden Filiale. Dieser werden - je nach Ausfall oder Nichtausfall des Kredits - periodisch Erfolge zugerechnet.
- Wird ein Kredit zum Problemkredit, so entscheidet die Problemkreditabteilung, ob sie die Betreuung dieses Kredits übernehmen will. In diesem Fall geht das Ausfallrisiko des Kredits auf die Problemkreditabteilung über und diese erhält eine Prämie für die Risiko- und Betreuungsübernahme durch die Filiale.
- Erfolgt eine Absicherung des Kredits durch ein Kreditderivat, so geht das Ausfallrisiko gegen Zahlung einer Prämie von der Filiale auf die Kreditportfoliosteuerung über. Wird das Ausfallrisiko durch das Derivat nur zum Teil abgesichert, so fällt nur der abgesicherte Teil des Risikos in die Verantwortung der Kreditportfoliosteuerung, der Rest verbleibt bei der Filiale. Bei einer nur vorübergehenden Absicherung über ein Derivat geht das Risiko dagegen zunächst auf die Kreditportfoliosteuerung über, um nach Ablauf der Derivatelaufzeit dann wieder an die Filiale zurückzufallen. Besteht aus dem Derivat selbst für die Bank ebenfalls ein Ausfallrisiko, so ist die Kreditportfoliosteuerung dafür verantwortlich.
- Wird schließlich ein bereits über ein Derivat abgesicherter Kredit zum Problemkredit, so verbleibt die Ausfallrisikoverantwortung bei der Kreditportfoliosteuerung. Die Problemkreditabteilung erhält in diesem Fall von der Filiale

eine - möglichst erfolgsabhängig zu gestaltende - Prämie für die Kreditbetreuung.

Organisatorisch wird der Übergang der Risikoverantwortung im vorgestellten System durch eine Verhandlungslösung zwischen den beteiligten organisatorischen Einheiten erreicht. Um dies einfach handhabbar zu gestalten und das System für die Beteiligten jederzeit durchschaubar zu halten, erfolgt eine umfangreiche EDV-Unterstützung des gesamten Kreditprozesses. Allen betroffenen Einheiten werden jederzeit alle benötigten Daten zur Verfügung gestellt. Das System stellt den Beteiligten zudem für alle zu treffenden Entscheidungen Entscheidungshilfen bereit, ohne die Verantwortlichen allerdings in ihrer Entscheidungsautonomie zu beschränken.

Das vorgestellte System erfüllt die an ein Kreditmanagementsystem zu stellenden Anforderungen. Insbesondere gelingt es ihm, während des gesamten Kreditprozesses eine Kongruenz zwischen den Interessen der beteiligten Organisationseinheiten und den Gesamtbankzielen herzustellen. Das System ist auf Kredite an alle Kundengruppen der Bank anwendbar, alle während des Kreditprozesses zu treffenden Entscheidungen lassen sich einbeziehen. Ferner werden alle relevanten Komponenten des Ausfallrisikos im System abgebildet und mit Ausnahme exotischer Konstruktionen ist der Einsatz aller Arten von Kreditderivaten zur Risikoabsicherung darstellbar. Schließlich gelingt es dem System ebenfalls, die scheinbare Dichotomie zwischen Neugeschäftsorientierung und Bestandspflege des Altgeschäfts zu überwinden: Bei Abschluss eines Kredits oder Derivats wird der abschließenden Einheit sofort der gesamte Vorteil zugerechnet, der der Bank aus diesem Abschluss in Form eines gestiegenen Shareholder Value resultiert. Damit setzt das Kreditmanagementsystem adäquate Anreize zum Neugeschäftsabschluss. Gleichzeitig werden den Verantwortlichen während der Kredit- bzw. Derivatelaufzeit periodisch alle Abweichungen der tatsächlich auftretenden Größen von den bei Abschluss geplanten Werten zugerechnet - dies gilt sowohl für die Standardrisikokosten, wie auch für den Betreuungsaufwand und die Betriebskosten. Dadurch wird gewährleistet, dass das Bestandsgeschäft nicht vernachlässigt wird und sich insbesondere die kreditbetreuenden Einheiten bei der Pflege bestehender Kundenbeziehungen gesamtbankzielkonform verhalten.

Problematisch bleiben am vorgestellten System die aktuelle Datenlage und die mangelnde Berücksichtigung der Risikoneigung der Akteure:

Um das Ausfallrisiko von Krediten und Derivaten mit ausreichender Genauigkeit messen zu können, sind umfangreiche Zeitreihen über vergangene Ausfälle nötig. Da Ausfallereignisse wesentlich seltener auftreten als z.B. Schwankungen von Zinssätzen, sollten diese Zeitreihen nicht, wie bei Marktrisiken, lediglich einige Jahre, sondern im Idealfall mehrere Jahrzehnte zurückreichen.[314] Solch lang zurückreichende Zeitreihen liegen den deutschen Banken derzeit nicht - oder zumindest nicht in EDV-erfassbarer Form - vor. Die Deutsche Bank AG als Vorreiter auf diesem Gebiet kann bspw. erst auf eine neunjährige Datenhistorie zurückgreifen. Aus diesem Grund müssen bei der Ausfallrisikoquantifizierung derzeit noch Hilfsannahmen getroffen werden, gerade auch was Korrelationen der Kredite untereinander und Migrationsmatrizen betrifft. Zur Quantifizierung des Einflusses von Betreuungsmaßnahmen auf die Ausfallwahrscheinlichkeit von Krediten dürfte die Datenlage noch wesentlich dürftiger aussehen. Eine Verbesserung der Datenlage und damit der Qualität des gesamten Kreditmanagementsystems dürfte sich wohl erst in einigen Jahren bzw. evtl. sogar Jahrzehnten ergeben, wenn einerseits die Zeitreihen durch neue Daten an Länge gewinnen und andererseits die derzeit meist nur in Papierform vorliegende ältere Kurshistorie EDV-technisch verarbeitet wird.

Das zweite Problemfeld des vorgestellten Kreditmanagementsystems stellt, wie erwähnt, die mangelnde Berücksichtigung der Risikoneigung der Akteure dar. Die in der Arbeit vorgenommenen Analysen gingen davon aus, dass sich alle am Kreditprozess Beteiligten ausschließlich am Erwartungswert der ihnen zugerechneten Erfolgsbeiträge orientieren. Eine Berücksichtigung des Risikos dieser Erfolgsbeiträge bei der Entscheidungsfindung, die risikoaverse Mitarbeiter vornehmen würden, wurde in der Arbeit nicht untersucht. Es bleibt abzuwarten, ob es zukünftigen Forschungsarbeiten auf diesem Gebiet gelingen wird, diese doch recht komplexe Materie adäquat in einem Kreditmanagementsystem abzubilden. Noch weit schwieriger dürfte eine Ergänzung der Analyse um in der Realität zu beobachtende nichtrationale Bestandteile von Entscheidungsprozessen, wie bspw. Emotionen, sein. Eine solche Ergänzung wäre notwendig, um reales Mitarbeiterverhalten abbilden und in einem Steuerungssystem berücksichtigen zu können, um so ein gesamtbankzielkonformes Verhalten der Entscheidungsträger zu erreichen. Hier muss bezweifelt werden, ob Emotionen überhaupt jemals in einem kohärenten Kreditmanagementsystem erfasst werden können, ohne

[314] Vgl. hierzu und im folgenden SCHULZE (2001), S. 88f.. Die Länge der Datenhistorie wurde aus den dortigen Angaben (sieben Jahre) und dem Erscheinungsjahr der Quelle hochgerechnet.

dabei eine Komplexität des Systems zu verursachen, die letztendlich kaum ein Betroffener noch zu durchschauen vermag.

Letztlich bleibt zu konstatieren, dass ein weniger exaktes, aber einfaches System einem sehr genauen hochkomplexen System vorzuziehen ist. In diesem Sinne erfüllt das in dieser Arbeit entwickelte Kreditmanagementsystem die gestellten Anforderungen.

Anhang A: Berechnung des β'-Faktors

Im Folgenden soll nachgewiesen werden, dass unter Verwendung der selben Inputdaten, die der β-Faktor des CAPM verwendet, ein Faktor β' berechnet werden kann, der das Verhältnis zwischen dem Betrag, um den ein neu zu einem Portfolio hinzutretendes Wertpapier das Risiko dieses Portfolios erhöht und dem absoluten Risiko des Wertpapiers angibt. Es ist also zu beweisen:

$$(135)\quad \beta' = \frac{Risikobeitrag\ eines\ Wertpapiers\ zum\ Gesamtrisiko\ eines\ Portfolios}{Risiko\ Wertpapier}$$

bzw.

$$(136)\quad Risikobeitrag\ Wertpapier = \beta' \cdot Risiko\ Wertpapier\,.$$

Um diesen Nachweis zu erbringen, wird das Risiko eines Wertpapierportfolios einmal mit und einmal ohne ein bestimmtes Wertpapier X errechnet und dann daraus die Differenz gebildet. Diese Differenz stellt den Risikobeitrag des Wertpapiers X zum Gesamtrisiko des Portfolios dar:

$$(137)\quad Risikobeitrag\ Wertpapier\ X = Risiko\ Portfolio\ (mit\ X) - Risiko\ Portfolio\ (ohne\ X)$$

Das Risiko eines Wertpapierportfolios ohne Wertpapier X ergibt sich einfach als Value at Risk dieses Portfolios:[315]

$$(138)\quad Risiko\ Portfolio\ (ohne\ X) = VaR_{PF}$$

Tritt nun das Wertpapier X zum Portfolio hinzu, so ergibt sich nach der Wurzelformel der Standardabweichung, welche auch für den Value at Risk gilt[316]:

$$(139)\quad Risiko\ Portfolio\ (mit\ X) = \sqrt{VaR_{PF}^2 + VaR_X^2 + 2 \cdot \rho \cdot VaR_{PF} \cdot VaR_X}$$

---

[315] Die Risikomessung erfolgt an dieser Stelle, ebenso wie in der Arbeit, über den Value at Risk.

[316] Vgl. AUßENEGG / UHLIR (1996), S. 833; KOHLHOF / COLINA (2000), S. 85 - 87.

Der Risikobeitrag von X zum Portfoliorisiko ergibt sich somit durch Einsetzen von (138) und (139) in (137) als:

(140) *Risikobeitrag Wertpapier X*

$$= \text{Risiko Portfolio (mit X) - Risiko Portfolio (ohne X)}$$

$$= \sqrt{VaR_{PF}^2 + VaR_X^2 + 2 \cdot \rho \cdot VaR_{PF} \cdot VaR_X} - VaR_{PF}$$

$$= VaR_X \cdot \sqrt{\frac{VaR_{PF}^2}{VaR_X^2} + 1 + 2 \cdot \rho \cdot \frac{VaR_{PF}}{VaR_X}} - VaR_{PF}$$

$$= \left(\sqrt{\frac{VaR_{PF}^2}{VaR_X^2} + 1 + 2 \cdot \rho \cdot \frac{VaR_{PF}}{VaR_X}} - \frac{VaR_{PF}}{VaR_X} \right) \cdot VaR_X$$

Sind die Renditen von Portfolio und Wertpapier normalverteilt, wovon das CAPM ja ausgeht[317], so verhalten sich die Value at Risk von Portfolio und Wertpapier zueinander, wie deren Standardabweichungen.[318] Damit ergibt sich für den Risikobeitrag des Wertpapiers X zum Portfolio:

(141) *Risikobeitrag Wertpapier X*

$$= \left(\sqrt{\frac{\sigma_{PF}^2}{\sigma_X^2} + 1 + 2 \cdot \rho \cdot \frac{\sigma_{PF}}{\sigma_X}} - \frac{\sigma_{PF}}{\sigma_X} \right) \cdot VaR_X$$

$$= \left(\sqrt{\left(\frac{\sigma_{PF}}{\sigma_X} \right)^2 + 1 + 2 \cdot \rho \cdot \frac{\sigma_{PF}}{\sigma_X}} - \frac{\sigma_{PF}}{\sigma_X} \right) \cdot \text{Risiko Wertpapier}$$

Dieses soll laut Behauptung gleichbedeutend sein mit dem Produkt aus β'-Faktor und Risiko des Wertpapiers. Der β'-Faktor muss dazu also definiert sein als:

---

317 Vgl. ULSCHMID (1994), S. 192; RICHTER (1996), S. 39.

318 ableitbar z.B. aus JORION (1997), S. 153; KOHLHOF / COLINA (2000), S. 85.

$$(142)\quad \beta' = \left(\sqrt{\left(\frac{\sigma_{PF}}{\sigma_X}\right)^2 + 1 + 2 \cdot \rho \cdot \frac{\sigma_{PF}}{\sigma_X}} - \frac{\sigma_{PF}}{\sigma_X} \right)$$

Damit gehen in den β'-Faktor als Daten lediglich das Verhältnis der Standardabweichungen von Portfolio und Wertpapier sowie deren Korrelationskoeffizient ein. Dasselbe gilt auch für den β-Faktor des CAPM, welcher ja definiert ist als:[319]

$$(143)\quad \beta = \rho \cdot \frac{\sigma_X}{\sigma_{PF}}$$

q.e.d.

[319] Vgl. BEHM (1994), S. 112.

Anhang B: Abschmelzung der Standardrisikokosten

Im Folgenden soll nachgewiesen werden, dass einer Filiale bei Nichtausfall eines von ihr abgeschlossenen Kredits in einer Periode die „Abschmelzung“ der Standardrisikokosten gutzuschreiben ist, damit Erwartungswertneutralität herrscht, d.h. die Differenz aus dem auf das Ende der Periode aufgezinsten Standardrisikokostenbarwert am Anfang der Periode und dem Standardrisikokostenbarwert am Ende der Periode.

Um Erwartungswertneutralität herzustellen, muss der bei Kreditausfall resultierende Belastungsbetrag durch die Gutschrift bei Nichtausfall des Kredits ausgeglichen werden. Um diesen Gutschriftsbetrag zu ermitteln sind folgende Überlegungen anzustellen:

- Gegeben sei ein von der Filiale in t_0 abgeschlossener Kredit, für den der Gutschriftsbetrag in t_1 bei Nichtausfall des Kredits berechnet werden soll.
- Wenn der Kredit in t_1 ausfallen sollte, so entsteht der Bank ein Verlust in Höhe des Barwerts der ausgefallenen Zins- und Tilgungszahlungen Z aus dem Kredit abzüglich etwaiger Kreditsicherheiten S. Der Barwert dieses Verlusts aus Sicht von t_0 beträgt:

  (144) *Barwert des Verlustes in t_0 bei Kreditausfall in t_1*

  $$= \sum_{k=1}^{n} q_k \cdot Z_k - S_1 \cdot q_1$$

  Soll hieraus der Wert des Verlusts in t_1 ermittelt werden, so ist dieser Wert um eine Periode aufzuzinsen:

  (145) *Barwert des Verlustes in t_1 bei Kreditausfall in t_1*

  $$= \frac{1}{q_1} \cdot \sum_{k=1}^{n} q_k \cdot Z_k - S_1 \cdot q_1$$

- In t_0 wurde der Filiale allerdings schon der Standardrisikokostenbarwert in Höhe von $\sum_{i=1}^{n}\left(W_i \cdot \prod_{j=0}^{i-1}(1-W_j)\cdot\left(\sum_{k=i}^{n} q_k \cdot Z_k - S_i \cdot q_i\right)\right)$ zum Abzug gebracht[320]. Er darf der Filiale bei einem Ausfall in t_1 also nicht noch einmal abgezogen werden, sondern muss (auf t_1 aufgezinst) vom Ausfallbetrag abgezogen werden.

Der Filiale ist bei einem Ausfall in t_1 also folgender Betrag anzulasten:

(146) *in t_1 bei Kreditausfall anzulastender Betrag*

$$= \frac{1}{q_1} \cdot \sum_{k=1}^{n} q_k \cdot Z_k - S_1$$
$$- \frac{1}{q_1} \cdot \sum_{i=1}^{n}\left(W_i \cdot \prod_{j=0}^{i-1}(1-W_j)\cdot\left(\sum_{k=i}^{n} q_k \cdot Z_k - S_i \cdot q_i\right)\right)$$

$$= \frac{1}{q_1} \cdot \sum_{k=1}^{n} q_k \cdot Z_k - S_1$$
$$- \frac{1}{q_1} \cdot W_1 \cdot (1-W_0)\cdot\left(\sum_{k=1}^{n} q_k \cdot Z_k - S_1 \cdot q_1\right)$$
$$- \frac{1}{q_1} \cdot \sum_{i=2}^{n}\left(W_i \cdot \prod_{j=0}^{i-1}(1-W_j)\cdot\left(\sum_{k=i}^{n} q_k \cdot Z_k - S_i \cdot q_i\right)\right)$$

$$= \frac{1}{q_1} \cdot \sum_{k=1}^{n} q_k \cdot Z_k - S_1$$
$$- \frac{1}{q_1} \cdot W_1 \cdot \sum_{k=1}^{n} q_k \cdot Z_k - W_1 \cdot S_1$$
$$- \frac{1}{q_1} \cdot \sum_{i=2}^{n}\left(W_i \cdot \prod_{j=0}^{i-1}(1-W_j)\cdot\left(\sum_{k=i}^{n} q_k \cdot Z_k - S_i \cdot q_i\right)\right)$$

---

[320] Vgl. Formel (34), S. 85.

$$= (1 - W_1) \cdot \left(\frac{1}{q_1} \cdot \sum_{k=1}^{n} q_k \cdot Z_k - S_1 \right)$$

$$- \frac{1}{q_1} \cdot \sum_{i=2}^{n} \left(W_i \cdot \prod_{j=0}^{i-1} (1 - W_j) \cdot \left(\sum_{k=i}^{n} q_k \cdot Z_k - S_i \cdot q_i \right) \right)$$

- Diese Anlastung geschieht mit einer Wahrscheinlichkeit von W_1, der Ausfallwahrscheinlichkeit des Kredits.
- Mit der Gegenwahrscheinlichkeit von $(1\text{-}W_1)$ fällt der Kredit nicht aus und es erfolgt eine Gutschrift in Höhe von X, deren Wert zu berechnen ist.
- Damit Erwartungswertneutralität herrscht, muss gelten:

(147) $(1\text{-}W_1) * X + W_1 * (\text{-}Anlastung\ bei\ Ausfall) = 0$

- Daraus folgt für den Gutschriftsbetrag:

(148) $X \overset{!}{=} \frac{W_1}{1 - W_1} \cdot Anlastung\ bei\ Ausfall$

Durch Einsetzen von (146) in (148) erhält man damit:

(149) $$X = \frac{W_1}{1 - W_1} \cdot ((1 - W_1) \cdot \left(\frac{1}{q_1} \cdot \sum_{k=1}^{n} q_k \cdot Z_k - S_1 \right)$$

$$- \frac{1}{q_1} \cdot \sum_{i=2}^{n} \left(W_i \cdot \prod_{j=0}^{i-1} (1 - W_j) \cdot \left(\sum_{k=i}^{n} q_k \cdot Z_k - S_i \cdot q_i \right) \right))$$

$$= W_1 \cdot \left(\frac{1}{q_1} \cdot \sum_{k=1}^{n} q_k \cdot Z_k - S_1 \right)$$

$$- \frac{W_1}{1 - W_1} \cdot \frac{1}{q_1} \cdot \sum_{i=2}^{n} \left(W_i \cdot \prod_{j=0}^{i-1} (1 - W_j) \cdot \left(\sum_{k=i}^{n} q_k \cdot Z_k - S_i \cdot q_i \right) \right)$$

Zu zeigen ist nun, dass diese relativ komplexe Differenz genau der Differenz aus dem Standardrisikokostenbarwert in t_0 (auf t_1 aufgezinst) und dem Standardrisikokostenbarwert in t_1 entspricht. Hierzu sind folgende Überlegungen anzustellen:

- Der Standardrisikokostenbarwert in t_0 beträgt:

(150) *Standardrisikokostenbarwert in t_0*

$$= \sum_{i=1}^{n} \left(W_i \cdot \prod_{j=0}^{i-1} (1 - W_j) \cdot \left(\sum_{k=i}^{n} q_k \cdot Z_k - S_i \cdot q_i \right) \right)$$

- Wird dieser für t_0 gültige Standardrisikokostenbarwert auf t_1 aufgezinst, so ergibt dies:

(151) *auf t_1 aufgezinster Standardrisikokostenbarwert in t_0*

$$= \frac{1}{q_1} \cdot \sum_{i=1}^{n} \left(W_i \cdot \prod_{j=0}^{i-1} (1 - W_j) \cdot \left(\sum_{k=i}^{n} q_k \cdot Z_k - S_i \cdot q_i \right) \right)$$

- Bei der Ermittlung des Standardrisikokostenbarwerts in t_1 ist zu berücksichtigen, dass die Ausfallwahrscheinlichkeit W_i in den Formeln angibt, mit welcher Wahrscheinlichkeit ein Kredit aus Sicht von t_0 in der Periode i ausfällt. Fällt ein Kredit daher in Periode 1 nicht aus, so müssen die Ausfallwahrscheinlichkeiten aller Perioden mit dem Faktor $\frac{1}{1 - W_1}$ multipliziert werden, um zur Ausfallwahrscheinlichkeit aus Sicht von t_1 zu gelangen. Mit diesen Überlegungen ergibt sich ein Standardrisikokostenbarwert in t_1 in Höhe von:

(152) *Standardrisikokostenbarwert in t_1*

$$= \frac{1}{1 - W_1} \cdot \frac{1}{q_1} \cdot \sum_{i=2}^{n} \left(W_i \cdot \prod_{j=0}^{i-1} (1 - W_j) \cdot \left(\sum_{k=i}^{n} q_k \cdot Z_k - S_i \cdot q_i \right) \right)$$

- Die Differenz aus dem aufgezinstem Standardrisikokostenbarwert in t_0 (Formel (151)) und dem Standardrisikokostenbarwert in t_1 (Formel (152)) beträgt somit:

(153) *Standardrisikokostenbarwert in* t_1

- auf t_1 *aufgezinster Standardrisikokostenbarwert in* t_0

$$= \frac{1}{q_1} \cdot \sum_{i=1}^{n} \left(W_i \cdot \prod_{j=0}^{i-1} (1 - W_j) \cdot \left(\sum_{k=i}^{n} q_k \cdot Z_k - S_i \cdot q_i \right) \right)$$

$$- \frac{1}{1 - W_1} \cdot \frac{1}{q_1} \cdot \sum_{i=2}^{n} \left(W_i \cdot \prod_{j=0}^{i-1} (1 - W_j) \cdot \left(\sum_{k=i}^{n} q_k \cdot Z_k - S_i \cdot q_i \right) \right)$$

$$= \frac{1}{q_1} \cdot W_1 \cdot (1 - W_0) \cdot \left(\sum_{k=1}^{n} q_k \cdot Z_k - S_1 \cdot q_1 \right)$$

$$+ \frac{1}{q_1} \cdot \sum_{i=2}^{n} \left(W_i \cdot \prod_{j=0}^{i-1} (1 - W_j) \cdot \left(\sum_{k=i}^{n} q_k \cdot Z_k - S_i \cdot q_i \right) \right)$$

$$- \frac{1}{1 - W_1} \cdot \frac{1}{q_1} \cdot \sum_{i=2}^{n} \left(W_i \cdot \prod_{j=0}^{i-1} (1 - W_j) \cdot \left(\sum_{k=i}^{n} q_k \cdot Z_k - S_i \cdot q_i \right) \right)$$

$$= \frac{1}{q_1} \cdot W_1 \cdot \left(\sum_{k=1}^{n} q_k \cdot Z_k - S_1 \cdot q_1 \right)$$

$$+ \frac{1 - W_1 - 1}{1 - W_1} \cdot \frac{1}{q_1} \cdot \sum_{i=2}^{n} \left(W_i \cdot \prod_{j=0}^{i-1} (1 - W_j) \cdot \left(\sum_{k=i}^{n} q_k \cdot Z_k - S_i \cdot q_i \right) \right)$$

$$= W_1 \cdot \left(\frac{1}{q_1} \cdot \sum_{k=1}^{n} q_k \cdot Z_k - S_1 \right)$$

$$- \frac{W_1}{1 - W_1} \cdot \frac{1}{q_1} \cdot \sum_{i=2}^{n} \left(W_i \cdot \prod_{j=0}^{i-1} (1 - W_j) \cdot \left(\sum_{k=i}^{n} q_k \cdot Z_k - S_i \cdot q_i \right) \right)$$

Dies entspricht genau dem vorher gemäß Formel (149) für den Gutschriftsbetrag X berechneten Wert.

q.e.d.

Anhang C: Shareholder Value-Beitrag des zukünftigen Geschäfts

Im Folgenden soll der Beitrag hergeleitet werden, den das erwartete zukünftige Geschäft mit einem Kreditkunden zum Shareholder Value der Bank leistet.

Das gesamte erwartete zukünftige Geschäft mit dem Kunden wird dazu zunächst nach Abschlussperioden aufgeteilt. ZG_i soll die Summe der in der zukünftigen Periode i mit dem Kunden abgeschlossenen Geschäfte darstellen, $E(ZG_i)$ den erwarteten Shareholder Value-Beitrag dieser Geschäfte. Will man nun ermitteln, welchen Gesamtwert diese Geschäfte in t_0 für die Bank haben, so ist $E(ZG_i)$ auf t_0 zu diskontieren und zusätzlich noch mit der Wahrscheinlichkeit zu multiplizieren, dass die Geschäfte überhaupt stattfinden. Diese Wahrscheinlichkeit entspricht der Wahrscheinlichkeit, dass der ursprüngliche Kredit mit dem Kunden bis zum Ende der Periode i nicht ausgefallen ist, denn wenn der Kredit ausfällt, geht ja annahmegemäß der Kreditkunde in Konkurs, zukünftige Geschäfte werden unmöglich. Es gilt also:

(154) $$SHV\ (gesamtes\ zuk\ddot{u}nftiges\ Gesch\ddot{a}ft) = \sum_{i=1}^{\infty} E(ZG_i) \cdot q_i \cdot \begin{matrix} Wahrscheinlichkeit,\ dass \\ Kredit\ noch\ nicht\ ausgefallen\ ist \end{matrix}$$

Um für die einzelnen Perioden i die Wahrscheinlichkeit zu ermitteln, dass der Ursprungskredit am Ende der Periode i noch nicht ausgefallen ist, ist danach zu unterscheiden, ob die Periode i noch in die Laufzeit des Ursprungskredits fällt oder nicht, ob der Zeitpunkt t_i also vor das Laufzeitende des Kredits in t_n fällt oder danach.

Im ersten Fall entspricht die Wahrscheinlichkeit, dass der Kredit in t_i noch nicht ausgefallen ist, dem Produkt der Nichtausfallwahrscheinlichkeiten des Kredits von t_0 bis t_i. Es gilt hier also:

(155) $$Wahrscheinlichkeit,\ dass\ Kredit\ in\ t_i\ noch\ nicht\ ausgefallen\ ist = (1-W_i) \cdot \prod_{j=0}^{i-1} (1-W_j)$$

wobei der einfacheren Schreibweise wieder die Abkürzung W_0 = Wahrscheinlichkeit, dass Kredit vor t_0 ausgefallen ist = 0 eingeführt wurde.

Damit ergibt sich für Geschäfte der Periode i, die vor Ablauf des Ursprungskredits fallen ein Wert von:

(156) $$SHV\,(Geschäfte\ der\ Periode\ i\ vor\ Kreditablauf) = E(ZG_i) \cdot q_i \cdot (1 - W_i) \cdot \prod_{j=0}^{i-1}(1 - W_j)$$

Der Gesamtwert aller während der Kreditlaufzeit abgeschlossener zukünftiger Geschäfte liegt somit bei:

(157) $$SHV\,(alle\ während\ Kreditlaufzeit\ abgeschlossenen\ Geschäfte) = \sum_{i=1}^{n} E(ZG_i) \cdot q_i \cdot (1 - W_i) \cdot \prod_{j=0}^{i-1}(1 - W_j)$$

Für das nach Ende der Kreditlaufzeit abgeschlossene zukünftige Geschäft gilt, dass dieses nur dann stattfinden kann, wenn der Kredit während der gesamten Laufzeit überhaupt nicht ausgefallen ist. Die Wahrscheinlichkeit, dass dieses Geschäft stattfindet beträgt also:

(158) $$Wahrscheinlichkeit,\ dass\ Kredit\ überhaupt\ nicht\ ausfällt = \prod_{k=1}^{n}(1 - W_k)$$

Damit besitzen zukünftige Geschäfte, die in einer Periode i abgeschlossen wurden, die nach die Kreditlaufzeit fällt, einen Gesamtwert in t_0 von:

(159) $$SHV\,(Geschäfte\ der\ Periode\ i\ vor\ Kreditablauf) = E(ZG_i) \cdot q_i \cdot \prod_{k=1}^{n}(1 - W_k)$$

Die gesamten nach der Kreditlaufzeit abgeschlossenen Geschäfte besitzen damit in t_0 eine Wert von:

(160) *SHV (alle nach der Kreditlaufzeit abgeschlossenen Geschäfte)*

$$= \sum_{i=n+1}^{\infty} E(ZG_i) \cdot q_i \cdot \prod_{k=1}^{n} (1 - W_k)$$

Der Gesamtwert aller zukünftigen Geschäfte mit dem Kreditkunden ergibt sich nun einfach als Summe aus dem Wert aller Geschäfte vor Ende der Kreditlaufzeit und dem Wert aller Geschäfte nach Laufzeitende und beträgt damit gemäß den Formeln (157) und (160):

(161) *SHV (alle zukünftigten Geschäfte)*

= *SHV (alle während der Kreditlaufzeit abgeschlossenen Geschäfte)*

\+ *SHV (alle nach der Kreditlaufzeit abgeschlossenen Geschäfte)*

$$= \sum_{i=1}^{n} \left(E(ZG_i) \cdot q_i \cdot (1 - W_i) \cdot \prod_{j=0}^{i-1} (1 - W_j) \right)$$

$$+ \sum_{i=n+1}^{\infty} E(ZG_i) \cdot q_i \cdot \prod_{k=1}^{n} (1 - W_k)$$

Anhang D: Nachweis des Wegfalls der Moral Hazard-Problematik bei erfolgsabhängiger Gestaltung der Betreuungsprämie

Im Folgenden soll nachgewiesen werden, dass prinzipiell keine Moral Hazard-Problematik mehr auftritt, wenn die Betreuungsprämie, welche die Filiale an die Problemkreditabteilung bei Übernahme der Kreditbetreuung zahlt, erfolgsabhängig gestaltet wird, dass sich gleichzeitig aber nach wie vor alle Parteien bezüglich der Entscheidung der Betreuungsübergabe im Interesse der Gesamtbank verhalten.

Hierzu sei zunächst noch einmal kurz die Situation ohne erfolgsabhängige Betreuungsprämie rekapituliert. In diesem Fall war die Filiale gemäß Formel (93), S. 164, bereit, folgende Maximalprämie zu zahlen:

$$(93) \quad BP \leq \sum_{i=1}^{n}\left(E(ZG_i)\cdot q_i\cdot\left((1-W_i^P)\cdot\prod_{j=0}^{i-1}(1-W_j^P)-(1-W_i)\cdot\prod_{j=0}^{i-1}(1-W_j)\right)\right)$$
$$+\sum_{i=n+1}^{\infty}E(ZG_i)\cdot q_i\cdot\left(\prod_{k=1}^{n}(1-W_k^P)-\prod_{k=1}^{n}(1-W_k)\right)$$
$$-\sum_{i=1}^{n}q_i\cdot(BA_i^{Plan}-BA_i)$$
$$-\sum_{i=1}^{n}q_i\cdot(BKK_i^{Plan}-BKK_i)$$

Die Problemkreditabteilung forderte gleichzeitig gemäß Formel (97), S. 168, folgende Minimalprämie:

$$(97)\quad BP > \sum_{i=1}^{n} q_i \cdot (BA_i^P - BA_i^{Plan})$$

$$-\sum_{i=1}^{n} q_i \cdot (BKK_i^{Plan} - BKK_i)$$

$$-(\sum_{i=1}^{n}\left(W_i \cdot \prod_{j=0}^{i-1}(1-W_j)\cdot\left(\sum_{k=i}^{n} q_k \cdot Z_k - S_i \cdot q_i\right)\right)$$

$$-\sum_{i=1}^{n}\left(W_i^P \cdot \prod_{j=0}^{i-1}(1-W_j^P)\cdot\left(\sum_{k=i}^{n} q_k \cdot Z_k - S_i \cdot q_i\right)\right))$$

$$-\sum_{i=1}^{n} q_i \cdot ZielRORAC \cdot \left(\beta' \cdot VaR_i - \beta'^P \cdot VaR_i^P\right)$$

Nun soll die Betreuungsprämie derart umgestaltet werden, dass die Filiale nur noch eine niedrigere einmalige Betreuungsprämie BP_{neu} bei Betreuungsübergabe zahlt, dafür aber an die Kreditportfoliosteuerung eine Erfolgsprämie nach jeder Periode zahlt, in welcher der Kredit nicht ausfällt. Die Höhe der Erfolgsprämie soll dabei jeweils genau dem Vorteil entsprechen, den die Filiale bei Nichtausfall aus dem nun möglich gewordenen zukünftigen Geschäft mit dem Kreditkunden hat.[321]

Maximalprämie aus Sicht der Filiale

Die Filiale wird dann folgende Überlegungen zur Maximalhöhe der neuen Betreuungsprämie BP_{neu} anstellen:

- Die Situation der Filiale ohne Kreditübergabe hat sich nicht geändert, ihre Position in diesem Fall beträgt nach wie vor gemäß Formel (89), S. 162:

[321] Bei dieser Konstellation ist es möglich, dass die neue Betreuungsprämie BP_{neu} negativ wird, d.h. bei Betreuungsübergabe eine Zahlung der Problemkreditabteilung an die Filiale erfolgt. Dies hat für die nachfolgenden Ausführungen aber keine Bedeutung, da es hierfür unerheblich ist, ob BP_{neu} positiv oder negativ ist.

(89) *Barwert der erwarteten Zahlungen (ohne Betreuungsübergabe)*

$$= \sum_{i=1}^{n} q_i \cdot (BA_i^{Plan} - BA_i)$$

$$+ \sum_{i=1}^{n} q_i \cdot (BKK_i^{Plan} - BKK_i)$$

$$+ \sum_{i=1}^{n} \left(E(ZG_i) \cdot q_i \cdot (1 - W_i) \cdot \prod_{j=0}^{i-1} (1 - W_j) \right)$$

$$+ \sum_{i=n+1}^{\infty} E(ZG_i) \cdot q_i \cdot \prod_{k=1}^{n} (1 - W_k)$$

- Die Situation bei Übergabe der Kreditbetreuung ist nun jedoch eine andere. Die Filiale zahlt nun nicht mehr die volle alte Betreuungsprämie sofort, sondern nur noch die geringere Prämie BP_{neu}. Dafür muss sie bei Nichtausfall des Kredits den Vorteil aus dem zukünftigen Geschäft an die Problemkreditabteilung weitergeben, dieser entfällt ihr also. Damit bleibt als einzige Zahlung bei Kreditübergabe die neue Betreuungsprämie BP_{neu} übrig:

(162) *Barwert der erwarteten Zahlungen (mit Betreuungsübergabe)*

$$= -BP_{neu}$$

- Die Filiale wird der Betreuungsübergabe zustimmen, wenn sie sich dadurch nicht schlechter stellt. Unter Zuhilfenahme der Formeln (89) und (162) ergibt sich dadurch als Bedingung für die Betreuungsübergabe:

$$(163)\quad -BP_{neu} \geq \sum_{i=1}^{n} q_i \cdot (BA_i^{Plan} - BA_i) + \sum_{i=1}^{n} q_i \cdot (BKK_i^{Plan} - BKK_i) + \sum_{i=1}^{n}\left(E(ZG_i)\cdot q_i \cdot (1-W_i)\cdot \prod_{j=0}^{i-1}(1-W_j)\right) + \sum_{i=n+1}^{\infty} E(ZG_i)\cdot q_i \cdot \prod_{k=1}^{n}(1-W_k)$$

- Damit ergibt sich folgende Maximalprämie, welche die Filiale bei Kreditübergabe bereit ist, zu zahlen:

$$(164)\quad BP_{neu} \overset{!}{\leq} \sum_{i=1}^{n} q_i \cdot (BA_i - BA_i^{Plan}) - \sum_{i=1}^{n} q_i \cdot (BKK_i^{Plan} - BKK_i) - \sum_{i=1}^{n}\left(E(ZG_i)\cdot q_i \cdot (1-W_i)\cdot \prod_{j=0}^{i-1}(1-W_j)\right) - \sum_{i=n+1}^{\infty} E(ZG_i)\cdot q_i \cdot \prod_{k=1}^{n}(1-W_k)$$

Mindestprämie aus Sicht der Problemkreditabteilung

Die Problemkreditabteilung erhält nun bei Betreuungsübergabe im Gegensatz zur Situation mit nicht erfolgsabhängiger Betreuungsprämie nur noch eine geringere Prämie von der Filiale, dafür bei Nichtausfall des Kredits den Vorteil aus dem zukünftigen Geschäft. Dieser Vorteil ist dabei natürlich auf Basis der Ausfallwahrscheinlichkeit des Kredits nach Betreuungsübergabe W^P zu berechnen und muss im Erwartungswert bei der Überlegung zur Betreuungsübernahme berücksichtigt werden. Die von der Problemkreditabteilung geforderte Minimalprämie ergibt sich damit aus folgenden Überlegungen:

- Die Position der Problemkreditabteilung bei Betreuungsübergabe ergibt sich aus Formel (96), S. 167, wenn hierbei die Betreuungsprämie BP durch die neue Betreuungsprämie BP_{neu} ersetzt wird und der erwartete Erfolgsbeitrag des zukünftigen Geschäfts addiert wird, welcher sich unter Zuhilfenahme von Formel (72), S. 149 errechnen lässt. Der Barwert der von der Problemkreditabteilung erwarteten Zahlungen beträgt somit:

(165) *Barwert der erwarteten Zahlungen (mit Betreuungsübergabe)*

$$
\begin{aligned}
&= -\sum_{i=1}^{n} q_i \cdot (BA_i^P - BA_i^{Plan}) \\
&+ \sum_{i=1}^{n} q_i \cdot (BKK_i^{Plan} - BKK_i) \\
&+ (\sum_{i=1}^{n}\left(W_i \cdot \prod_{j=0}^{i-1}(1-W_j) \cdot \left(\sum_{k=i}^{n} q_k \cdot Z_k - S_i \cdot q_i \right)\right) \\
&- \sum_{i=1}^{n}\left(W_i^P \cdot \prod_{j=0}^{i-1}(1-W_j^P) \cdot \left(\sum_{k=i}^{n} q_k \cdot Z_k - S_i \cdot q_i \right)\right)) \\
&+ \sum_{i=1}^{n} q_i \cdot ZielRORAC \cdot \left(\beta' \cdot VaR_i - \beta'^P \cdot VaR_i^P\right) \\
&+ BP_{neu} \\
&+ \sum_{i=1}^{n}\left(E(ZG_i) \cdot q_i \cdot (1-W_i^P) \cdot \prod_{j=0}^{i-1}(1-W_j^P) \right) \\
&+ \sum_{i=n+1}^{\infty} E(ZG_i) \cdot q_i \cdot \prod_{k=1}^{n}(1-W_k^P)
\end{aligned}
$$

- Die Problemkreditabteilung wird der Betreuungsübernahme zustimmen, wenn diese Position positiv ist. Damit ergibt sich aus (165) folgende von der Problemkreditabteilung geforderte Mindestprämie:

$$(166)\quad BP_{neu} >$$

$$\sum_{i=1}^{n} q_i \cdot (BA_i^P - BA_i^{Plan}) - \sum_{i=1}^{n} q_i \cdot (BKK_i^{Plan} - BKK_i)$$

$$-(\sum_{i=1}^{n}\left(W_i \cdot \prod_{j=0}^{i-1}(1-W_j) \cdot \left(\sum_{k=i}^{n} q_k \cdot Z_k - S_i \cdot q_i\right)\right)$$

$$-\sum_{i=1}^{n}\left(W_i^P \cdot \prod_{j=0}^{i-1}(1-W_j^P) \cdot \left(\sum_{k=i}^{n} q_k \cdot Z_k - S_i \cdot q_i\right)\right))$$

$$-\sum_{i=1}^{n} q_i \cdot ZielRORAC \cdot \left(\beta' \cdot VaR_i - \beta'^P \cdot VaR_i^P\right)$$

$$-\sum_{i=1}^{n}\left(E(ZG_i) \cdot q_i \cdot (1-W_i^P) \cdot \prod_{j=0}^{i-1}(1-W_j^P)\right)$$

$$-\sum_{i=n+1}^{\infty} E(ZG_i) \cdot q_i \cdot \prod_{k=1}^{n}(1-W_k^P)$$

Zustandekommen der Betreuungsübergabe

Eine Einigung zwischen Filiale und Problemkreditabteilung über die Betreuungsübergabe kommt dann zu Stande, wenn die Maximalprämie, welche die Filiale zu zahlen bereit ist, über der von der Problemkreditabteilung geforderte Mindestprämie liegt, wenn unter Zuhilfenahme der Formeln (164) und (166) also gilt:

$$(167)\quad \sum_{i=1}^{n} q_i \cdot (BA_i - BA_i^{Plan}) - \sum_{i=1}^{n} q_i \cdot (BKK_i^{Plan} - BKK_i)$$

$$-\sum_{i=1}^{n}\left(E(ZG_i) \cdot q_i \cdot (1-W_i) \cdot \prod_{j=0}^{i-1}(1-W_j)\right)$$

$$-\sum_{i=n+1}^{\infty} E(ZG_i) \cdot q_i \cdot \prod_{k=1}^{n}(1-W_k)$$

$$>$$

$$\sum_{i=1}^{n} q_i \cdot (BA_i^P - BA_i^{Plan}) - \sum_{i=1}^{n} q_i \cdot (BKK_i^{Plan} - BKK_i)$$

$$-(\sum_{i=1}^{n}\left(W_i \cdot \prod_{j=0}^{i-1}(1-W_j)\cdot\left(\sum_{k=i}^{n} q_k \cdot Z_k - S_i \cdot q_i\right)\right)$$

$$-\sum_{i=1}^{n}\left(W_i^P \cdot \prod_{j=0}^{i-1}(1-W_j^P)\cdot\left(\sum_{k=i}^{n} q_k \cdot Z_k - S_i \cdot q_i\right)\right))$$

$$-\sum_{i=1}^{n} q_i \cdot ZielRORAC \cdot \left(\beta' \cdot VaR_i - \beta'^P \cdot VaR_i^P\right)$$

$$-\sum_{i=1}^{n}\left(E(ZG_i)\cdot q_i \cdot (1-W_i^P)\cdot \prod_{j=0}^{i-1}(1-W_j^P)\right)$$

$$-\sum_{i=n+1}^{\infty} E(ZG_i)\cdot q_i \cdot \prod_{k=1}^{n}(1-W_k^P)$$

Formel (167) ergibt umgeformt die Bedingung:

$$(168)\quad \sum_{i=1}^{n}\left(W_i \cdot \prod_{j=0}^{i-1}(1-W_j)\cdot\left(\sum_{k=i}^{n} q_k \cdot Z_k - S_i \cdot q_i\right)\right)$$

$$-\sum_{i=1}^{n}\left(W_i^P \cdot \prod_{j=0}^{i-1}(1-W_j^P)\cdot\left(\sum_{k=i}^{n} q_k \cdot Z_k - S_i \cdot q_i\right)\right)$$

$$+\sum_{i=1}^{n} q_i \cdot ZielRORAC \cdot \left(\beta' \cdot VaR_i - \beta'^P \cdot VaR_i^P\right)$$

$$+\sum_{i=1}^{n}\left(E(ZG_i)\cdot q_i \cdot \left((1-W_i^P)\cdot \prod_{j=0}^{i-1}(1-W_j^P) - (1-W_i)\cdot \prod_{j=0}^{i-1}(1-W_j)\right)\right)$$

$$+\sum_{i=n+1}^{\infty} E(ZG_i)\cdot q_i \cdot \left(\prod_{k=1}^{n}(1-W_k^P) - \prod_{k=1}^{n}(1-W_k)\right)$$

$$>$$

$$\sum_{i=1}^{n} q_i \cdot (BA_i^P - BA_i)$$

Dies entspricht wiederum genau der Vorteilhaftigkeitsbedingung aus Sicht der Gesamtbank gemäß Formel (76), S. 152. Filiale und Problemkreditabteilung verhalten sich nach wie vor bei der Kreditübergabe im Sinne der Gesamtbank. Nun entfällt aber zusätzlich die Moral Hazard-Problematik: Die Problemkreditabteilung profitiert nicht nur über ihre Risikoverantwortung von einem erhöhten Betreuungsaufwand, sondern erhält von der Filiale bei Nichtausfall des Kredits auch den Vorteil aus dem zukünftigen Geschäft. Die Problemkreditabteilung wird damit auch dieses in ihre Überlegungen einbeziehen, welche Betreuungsmaßnahmen sie durchführen und damit welchen Betreuungsaufwand sie erbringen soll. Sie berücksichtigt bei ihrer Entscheidung autonom alle für die Gesamtbank wichtigen Parameter, eine Moral Hazard-Problematik liegt nicht mehr vor.[322]

q.e.d.

[322] An dieser Stelle soll allerdings nicht verschwiegen werden, dass die vorgestellte Lösung zwar theoretisch die Moral-Hazard-Problematik beseitigt, aber relativ unpraktikabel ist, da sich der Vorteil aus zukünftigem Geschäft wohl nur schwer objektiv abschätzen lässt, was für eine Übertragung dieses Vorteils bei Nichtausfall des Kredits aber nötig wäre.

Anhang E: Nachweis, dass sich Filiale und Kreditportfoliosteuerung im Sinne der Gesamtbank verhalten, wenn bei Teilabsicherung des Ausfallrisikos der unbesicherte Teil des Risikos in der Verantwortung der Filiale verbleibt

Im Folgenden soll nachgewiesen werden, dass sich Filiale und Kreditportfoliosteuerung im Sinne der Gesamtbank verhalten, wenn das Ausfallrisiko wie folgt aufgeteilt wird, wenn ein Kredit nur zum Teil über ein Derivat abgesichert wird: Der nun abgesicherte Teil des Ausfallrisikos geht in die Verantwortung der Kreditportfoliosteuerung über, der unbesicherte Teil bleibt in der Verantwortung der Filiale.

a) Interesse der Gesamtbank

Die Absicherung eines Teils des Kreditausfallrisikos aus einem Kredit durch ein Kreditderivat ist für die Gesamtbank genau dann vorteilhaft, wenn durch den Abschluss des Derivats der Shareholder Value der Bank steigt.

Der Wert des unbesicherten Kredits ändert sich für die Bank durch die Hinzunahme der Möglichkeit der Teilabsicherung des Risikos nicht. Er beträgt immer noch gemäß Formel (53), S. 125:

(53) $SHV\,(vor\ Derivat)$

$$= \sum_{i=1}^{n} q_i \cdot KB_i$$

$$- \sum_{i=1}^{n} q_i \cdot BA_i$$

$$- \sum_{i=1}^{n} q_i \cdot BKK_i$$

$$- \sum_{i=1}^{n} \left(W_i \cdot \prod_{j=0}^{i-1} (1-W_j) \cdot \left(\sum_{k=i}^{n} q_k \cdot Z_k - S_i \cdot q_i \right) \right)$$

$$- \sum_{i=1}^{n} q_i \cdot ZielRORAC \cdot \beta' \cdot VaR_i$$

Der Wert der Gesamtposition aus Kredit und Derivat beträgt für die Bank bei Vollabsicherung des Risikos gemäß Formel (55), S. 127:

$$(55)\quad SHV\,(mit\ Derivat)$$

$$= \sum_{i=1}^{n} q_i \cdot KB_i$$

$$- \sum_{i=1}^{n} q_i \cdot BA_i^0$$

$$- \sum_{i=1}^{n} q_i \cdot BKK_i$$

$$- \sum_{i=1}^{n} q_i \cdot BKD_i$$

$$- Prämie\ Derivat$$

Gegenüber dieser Formel ändert sich der Wert des „Portfolios“ aus Kredit und Derivat bei Teilabsicherung des Risikos wie folgt:

- Die Filiale senkt ihren Betreuungsaufwand nicht mehr auf BA^0, sondern nur noch auf BA^1.
- Die Zahlungen aus dem Derivat ZD_i gleichen den Ausfallverlust des Kredits nicht mehr vollständig aus. Damit bleibt ein (wenn auch verminderter) Standardrisikokostenbarwert des Kredits in der Kalkulation.
- Auch der Mindestertrag des Kredits fällt nicht vollständig weg, es verbleibt vielmehr ein Mindestertrag auf Basis des neuen β‘ und des neuen Value at Risk.

Insgesamt hat die Gesamtposition aus Kredit und Derivat für die Bank damit nun folgenden Wert:

(169) *SHV (mit Derivat)*

= Konditionsbeitragsbarwert der noch ausstehenden Zins- und Tilgungszahlungen aus dem Kredit

- Barwert der verbleibenden Standardrisikokosten (auf Basis von BA^1)

- Barwert des noch zu leistenden Betreuungsaufwands (auf Basis von BA1)

- Barwert der aus dem Kredit noch anfallenden sonstigen Betriebskosten

- Barwert der aus dem Derivat anfallenden Betriebskosten

- Barwert des verbleibenden Mindestertrags

- an den Kontraktpartner des Derivats zu zahlende Prämie

Dieser Ausdruck lässt sich unter Zuhilfenahme der Formeln (21), (34), (35), (36), (37) und (38)[323] berechnen als:

(170) *SHV (mit Derivat)*

$$
\begin{aligned}
&= \sum_{i=1}^{n} q_i \cdot KB_i \\
&- \sum_{i=1}^{n} \left(W_i^1 \cdot \prod_{j=0}^{i-1} (1 - W_j^1) \cdot \left(\sum_{k=i}^{n} q_k \cdot Z_k - S_i \cdot q_i - ZD_i \right) \right) \\
&- \sum_{i=1}^{n} q_i \cdot BA_i^1 \\
&- \sum_{i=1}^{n} q_i \cdot BKK_i \\
&- \sum_{i=1}^{n} q_i \cdot BKD_i \\
&- \sum_{i=1}^{n} q_i \cdot ZielRORAC \cdot \beta^{\prime neu} \cdot VaR_i^{neu} \\
&- \textit{Prämie Derivat}
\end{aligned}
$$

[323] Vgl. S. 82 u. 85 - 87.

Der Derivateabschluss ist für die Bank vorteilhaft, wenn der Shareholder Value der Bank nach Abschluss des Derivats höher ist, als vorher, wenn also gilt:

(171) *SHV (mit Derivat) > SHV (vor Derivat)*

Setzt man die Formeln (53) und (170) in (171) ein und formt um, so ergibt sich als Vorteilhaftigkeitsbedingung für den Derivateabschluss:

(172)
$$\sum_{i=1}^{n} q_i \cdot ZielRORAC \cdot \left(\beta' \cdot VaR_i - \beta'^{neu} \cdot VaR_i^{neu}\right)$$
$$+\sum_{i=1}^{n}\left(W_i \cdot \prod_{j=0}^{i-1}(1-W_j)\cdot\left(\sum_{k=i}^{n} q_k \cdot Z_k - S_i \cdot q_i\right)\right)$$
$$-\sum_{i=1}^{n}\left(W_i^1 \cdot \prod_{j=0}^{i-1}(1-W_j^1)\cdot\left(\sum_{k=i}^{n} q_k \cdot Z_k - S_i \cdot q_i - ZD_i\right)\right)$$
$$+\sum_{i=1}^{n} q_i \cdot (BA_i - BA_i^1)$$
$$\overset{!}{\geq}$$
$$\sum_{i=1}^{n} q_i \cdot BKD_i$$
$$+ \textit{Prämie Derivat}$$

Der Abschluss des Kreditderivats ist also aus Sicht der Bank nach wie vor vorteilhaft, wenn gilt:

(173) *Barwert des eingesparten Mindestertrags*

+ Barwert der eingesparten Standardrisikokosten

+ Barwert des eingesparten Betreuungsaufwands

$\geq$

Barwert der durch Derivateabschluss zusätzlich entstehenden Betriebskosten

+ an den Kontraktpartner des Derivats zu zahlende Prämie für Risikoübernahme

b) Analyse des Verhaltens der beteiligten organisatorischen Einheiten, wenn der abgesicherte Teil des Kreditausfallrisikos bei Derivateabschluss von der Filiale gegen Zahlung einer Prämie auf die Kreditportfoliosteuerung übergeht und der Rest des Risikos bei der Filiale verbleibt

Soll der nun abgesicherte Teil des Kreditausfallrisikos bei Abschluss eines Kreditderivats von der Filiale auf die Kreditportfoliosteuerung übergehen, so ist zu fragen,

- welche Prämie die Filiale für das Abwälzen des Risikos auf die Kreditportfoliosteuerung maximal zu zahlen bereit ist,
- welche Prämie die Kreditportfoliosteuerung für die Risikoübernahme mindestens verlangt und
- unter welchen Umständen sich Filiale und Kreditportfoliosteuerung auf eine Höhe für die Prämie einigen werden und wann nicht.

Maximalprämie aus Sicht der Filiale

Für die Filiale ändert sich hierbei gegenüber der Situation mit vollständiger Absicherung des Risikos wenig. Sie ist zwar nun auch nach Derivateabschluss noch für einen Teil des Ausfallrisikos des Kredits verantwortlich. Die erwarteten Gutschriften und Belastungen aus dieser Verantwortung kompensieren sich jedoch (wie auch schon vor Derivateabschluss), so dass hieraus eine erwartete Nettozahlung von Null resultiert. Der einzige Unterschied zur Situation mit Vollabsicherung liegt darin, dass die Filiale ihren Betreuungsaufwand nun nicht mehr auf BA^0, sondern nur noch auf BA^1 reduziert. Damit ergibt sich die Höchstprämie, welche die Filiale an die Kreditportfoliosteuerung zu zahlen bereit ist, in Abwandlung von Formel (64), S. 134, zu:

$$(174) \quad RP \overset{!}{\leq} \sum_{i=1}^{n} q_i \cdot (BA_i - BA_i^1)$$

Mindestprämie aus Sicht der Kreditportfoliosteuerung

Anders stellt sich die Situation für die Kreditportfoliosteuerung dar. Die Vorteilhaftigkeitsbedingung des Derivateabschlusses ergab sich für sie bei Vollabsicherung des Ausfallrisikos gemäß Formel (66), S. 136, wie folgt:

$$
\begin{aligned}
(66)\quad & \sum_{i=1}^{n}\left(W_i^0 \cdot \prod_{j=0}^{i-1}(1-W_j^0)\cdot\left(\sum_{k=i}^{n} q_k \cdot Z_k - S_i \cdot q_i\right)\right) \\
& -[\sum_{i=1}^{n}\left(W_i^0 \cdot \prod_{j=0}^{i-1}(1-W_j^0)\cdot\left(\sum_{k=i}^{n} q_k \cdot Z_k - S_i \cdot q_i\right)\right) \\
& -\sum_{i=1}^{n}\left(W_i \cdot \prod_{j=0}^{i-1}(1-W_j)\cdot\left(\sum_{k=i}^{n} q_k \cdot Z_k - S_i \cdot q_i\right)\right)] \\
& +\sum_{i=1}^{n} q_i \cdot ZielRORAC \cdot \beta' \cdot VaR_i \\
& -\sum_{i=1}^{n} q_i \cdot BKD_i \\
& - Prämie\ Derivat \\
& + RP \\
& \overset{!}{>} 0
\end{aligned}
$$

An dieser Ausgangssituation ändert sich nun folgendes:

- Da die Filiale ihren Betreuungsaufwand nicht auf BA^0, sondern nur auf BA^1 reduziert, ergibt sich daraus eine korrespondierende Ausfallwahrscheinlichkeit des Kredits in Höhe von W^1 und nicht von W^0.

- Der Barwert der aus dem Derivat erwarteten Zahlungen (erste Zeile von Formel (66)) entspricht nun nicht mehr dem aktuellen Standardrisikokostenbarwert des Kredits, da dieser nicht vollständig abgesichert wird. Statt dem Ausfallverlust des Kredits in Höhe von $\sum_{k=i}^{n} q_k \cdot Z_k - S_i \cdot q_i$ sind daher in der Formel direkt die Zahlungen des Derivats in Höhe von ZD_i anzusetzen.

- Der Mindestertrag des Kredits fällt auf Grund der nur teilweisen Absicherung nicht völlig weg. Die Kreditportfoliosteuerung bekommt dementsprechend auch nur noch die Differenz zwischen neuem und altem Mindestertragsbarwert gutgeschrieben.

Ansonsten ergeben sich keine Änderungen. Der Derivateabschluss ist damit für die Kreditportfoliosteuerung vorteilhaft, wenn gilt:

$$
\begin{aligned}
(175)\quad & \sum_{i=1}^{n}\left(W_i^1 \cdot \prod_{j=0}^{i-1}(1-W_j^1)\cdot ZD_i\right) \\
& -[\sum_{i=1}^{n}\left(W_i^1 \cdot \prod_{j=0}^{i-1}(1-W_j^1)\cdot\left(\sum_{k=i}^{n} q_k \cdot Z_k - S_i \cdot q_i\right)\right) \\
& -\sum_{i=1}^{n}\left(W_i \cdot \prod_{j=0}^{i-1}(1-W_j)\cdot\left(\sum_{k=i}^{n} q_k \cdot Z_k - S_i \cdot q_i\right)\right)] \\
& +\sum_{i=1}^{n} q_i \cdot ZielRORAC \cdot \left(\beta' \cdot VaR_i - \beta'^{neu} \cdot VaR_i^{neu}\right) \\
& -\sum_{i=1}^{n} q_i \cdot BKD_i \\
& - \textit{Prämie Derivat} \\
& + RP \\
& \overset{!}{>} 0
\end{aligned}
$$

Dies bedeutet, dass die Risikoprämie, welche die Kreditportfoliosteuerung von der Filiale bekommt, nun mindestens folgenden Betrag ausmachen muss, damit das Derivat für die Kreditportfoliosteuerung vorteilhaft ist:

$$(176)\quad RP \overset{!}{>} \sum_{i=1}^{n}\left(W_i^1 \cdot \prod_{j=0}^{i-1}(1-W_j^1)\cdot\left(\sum_{k=i}^{n} q_k \cdot Z_k - S_i \cdot q_i - ZD_i\right)\right)$$

$$-\sum_{i=1}^{n}\left(W_i \cdot \prod_{j=0}^{i-1}(1-W_j)\cdot\left(\sum_{k=i}^{n} q_k \cdot Z_k - S_i \cdot q_i\right)\right)$$

$$-\sum_{i=1}^{n} q_i \cdot ZielRORAC \cdot \left(\beta' \cdot VaR_i - \beta'^{neu} \cdot VaR_i^{neu}\right)$$

$$+\sum_{i=1}^{n} q_i \cdot BKD_i$$

$$+\, Prämie\ Derivat$$

Zustandekommen des Derivateabschlusses

Die Bedingung für das Zustandekommen eines Derivateabschlusses lautet also nun nach Zusammenfassung der Formeln (174) und (176):

$$(177)\quad \sum_{i=1}^{n} q_i \cdot (BA_i - BA_i^1)$$

$$>$$

$$\sum_{i=1}^{n}\left(W_i^1 \cdot \prod_{j=0}^{i-1}(1-W_j^1)\cdot\left(\sum_{k=i}^{n} q_k \cdot Z_k - S_i \cdot q_i - ZD_i\right)\right)$$

$$-\sum_{i=1}^{n}\left(W_i \cdot \prod_{j=0}^{i-1}(1-W_j)\cdot\left(\sum_{k=i}^{n} q_k \cdot Z_k - S_i \cdot q_i\right)\right)$$

$$-\sum_{i=1}^{n} q_i \cdot ZielRORAC \cdot \left(\beta' \cdot VaR_i - \beta'^{neu} \cdot VaR_i^{neu}\right)$$

$$+\sum_{i=1}^{n} q_i \cdot BKD_i$$

$$+\, Prämie\ Derivat$$

Dies ergibt umgeformt die Bedingung:

(178) $$\sum_{i=1}^{n} q_i \cdot ZielRORAC \cdot \left(\beta' \cdot VaR_i - \beta'^{neu} \cdot VaR_i^{neu}\right)$$

$$+\sum_{i=1}^{n}\left(W_i \cdot \prod_{j=0}^{i-1}(1-W_j) \cdot \left(\sum_{k=i}^{n} q_k \cdot Z_k - S_i \cdot q_i\right)\right)$$

$$-\sum_{i=1}^{n}\left(W_i^1 \cdot \prod_{j=0}^{i-1}(1-W_j^1) \cdot \left(\sum_{k=i}^{n} q_k \cdot Z_k - S_i \cdot q_i - ZD_i\right)\right)$$

$$+\sum_{i=1}^{n} q_i \cdot (BA_i - BA_i^1)$$

$$>$$

$$\sum_{i=1}^{n} q_i \cdot BKD_i$$

$$+ \textit{Prämie Derivat}$$

Dies entspricht wiederum genau der Vorteilhaftigkeitsbedingung für den Abschluss des Kreditderivats aus Sicht der Gesamtbank gemäß Formel (172). Die beteiligten organisatorischen Einheiten verhalten sich damit bei der Entscheidung über eine Teilabsicherung des Ausfallrisikos mittels eines Derivats im Gesamtbankinteresse, wenn nur der abgesicherte Teil des Ausfallrisikos in die Verantwortung der Kreditportfoliosteuerung übergeht, der unbesicherte Teil dagegen in der Verantwortung der Filiale verbleibt.

q.e.d.

Anhang F: Nachweis, dass sich auch bei Einbeziehung des Ausfallrisikos von Derivaten alle organisatorischen Einheiten bei Übergabe eines abgesicherten Kredits an die Problemkreditabteilung im Sinne der Gesamtbankziele verhalten

Im Folgenden soll nachgewiesen werden, dass sich bei Übergabe eines per Kreditderivat abgesicherten Problemkredits alle organisatorischen Einheiten im Sinne der Gesamtbank verhalten, wenn berücksichtigt wird, dass Kreditderivate einem Ausfallrisiko unterliegen und gleichzeitig die in Kapitel 5.7 Teilkapitel c dargestellte Vorgehensweise gewählt wird. Dies bedeutet, dass die Ausfallrisikoverantwortung für Kredit und Derivat bei der Kreditportfoliosteuerung verbleibt und sowohl Filiale wie auch Kreditportfoliosteuerung der Problemkreditabteilung eine Betreuungsprämie zahlen.

c) Interesse der Gesamtbank

Bleibt die Kreditbetreuung eines Problemkredits bei der Filiale, so beträgt der Wert der Gesamtposition aus Kredit und Derivat für die Gesamtbank ohne Berücksichtigung des Ausfallrisikos von Derivaten gemäß Formel (104), S. 181:

(104) *gesamter SHV (ohne PKA)*

$$
\begin{aligned}
&= \sum_{i=1}^{n} q_i \cdot KB_i \\
&\quad - \sum_{i=1}^{n} q_i \cdot BA_i^0 \\
&\quad - \sum_{i=1}^{n} q_i \cdot BKK_i \\
&\quad - \sum_{i=1}^{n} q_i \cdot BKD_i \\
&\quad + \sum_{i=1}^{n} \left(E(ZG_i) \cdot q_i \cdot (1 - W_i^0) \cdot \prod_{j=0}^{i-1} (1 - W_j^0) \right) \\
&\quad + \sum_{i=n+1}^{\infty} E(ZG_i) \cdot q_i \cdot \prod_{k=1}^{n} (1 - W_k^0)
\end{aligned}
$$

Wird nun die Möglichkeit des Ausfalls von Derivaten berücksichtigt, so ändert sich dieser Wert wie folgt: Von der Gesamtposition ist noch der Standardrisikokostenbarwert des Derivats und der vom Derivat zu erzielende Mindestertrag abzuziehen. Damit ergibt sich eine Gesamtposition in Höhe von:

(179) *gesamter SHV (ohne PKA)*

$$
\begin{aligned}
&= \sum_{i=1}^{n} q_i \cdot KB_i \\
&- \sum_{i=1}^{n} q_i \cdot BA_i^0 \\
&- \sum_{i=1}^{n} q_i \cdot BKK_i \\
&- \sum_{i=1}^{n} q_i \cdot BKD_i \\
&+ \sum_{i=1}^{n} \left(E(ZG_i) \cdot q_i \cdot (1 - W_i^0) \cdot \prod_{j=0}^{i-1} (1 - W_j^0) \right) \\
&+ \sum_{i=n+1}^{\infty} E(ZG_i) \cdot q_i \cdot \prod_{k=1}^{n} (1 - W_k^0) \\
&- \text{Standardrisikokostenbarwert Derivat (Basis } W^0 \text{)} \\
&- \sum_{i=1}^{n} q_i \cdot ZielRORAC \cdot \beta'(Derivat) \cdot VaR_i\,(Derivat)
\end{aligned}
$$

Das Einzige, was sich an dieser Gesamtposition ändert, wenn die Kreditbetreuung von der Problemkreditabteilung übernommen wird, ist eine Ausweitung des Betreuungsaufwands von BA^0 auf BA^P und ein damit korrespondierendes Abnehmen der Ausfallwahrscheinlichkeit des Kredits von W^0 auf W^P. Damit ergibt sich als neue Gesamtposition:

(180) *gesamter SHV (mit PKA)*

$$
\begin{aligned}
&= \sum_{i=1}^{n} q_i \cdot KB_i \\
&- \sum_{i=1}^{n} q_i \cdot BA_i^P \\
&- \sum_{i=1}^{n} q_i \cdot BKK_i \\
&- \sum_{i=1}^{n} q_i \cdot BKD_i \\
&+ \sum_{i=1}^{n} \left(E(ZG_i) \cdot q_i \cdot (1 - W_i^P) \cdot \prod_{j=0}^{i-1} (1 - W_j^P) \right) \\
&+ \sum_{i=n+1}^{\infty} E(ZG_i) \cdot q_i \cdot \prod_{k=1}^{n} (1 - W_k^P) \\
&- \textit{Standardrisikokostenbarwert Derivat (Basis } W^P\textit{)} \\
&- \sum_{i=1}^{n} q_i \cdot ZielRORAC \cdot \beta'^{\,neu}(\text{Derivat}) \cdot VaR_i^{\text{neu}}(Derivat)
\end{aligned}
$$

Die Übergabe ist für die Gesamtbank vorteilhaft, wenn der Wert der Position mit Übergabe höher ist als ohne. Nach einigen Umformungen ergibt sich damit aus (179) und (180) folgende Vorteilhaftigkeitsbedingung aus Sicht der Gesamtbank:

(181)
$$
\begin{aligned}
&\sum_{i=1}^{n} \left(E(ZG_i) \cdot q_i \cdot \left((1 - W_i^P) \cdot \prod_{j=0}^{i-1} (1 - W_j^P) - (1 - W_i^0) \cdot \prod_{j=0}^{i-1} (1 - W_j^0) \right) \right) \\
&+ \sum_{i=n+1}^{\infty} E(ZG_i) \cdot q_i \cdot \left(\prod_{k=1}^{n} (1 - W_k^P) - \prod_{k=1}^{n} (1 - W_k^0) \right) \\
&+ \Delta \textit{Standardrisikokosten Derivat} \\
&+ \Delta \textit{Mindestertrag Derivat} \\
&\overset{!}{>} \\
&\sum_{i=1}^{n} q_i \cdot (BA_i^P - BA_i^0)
\end{aligned}
$$

d) Vorteilhaftigkeitsüberlegungen der beteiligten organisatorischen Einheiten

Von den beteiligten organisatorischen Einheiten ist nur die Kreditportfoliosteuerung von der Möglichkeit des Ausfalls des Kreditderivats direkt tangiert. Für die Filiale ändert sich dagegen überhaupt nichts gegenüber der Situation mit sicherer Derivatezahlung. Die Höchstprämie, welche die Filiale der Problemkreditabteilung für die Betreuung zu zahlen bereit ist beträgt daher gemäß Formel (116), S. 188, immer noch:

$$(116)\quad BP \leq$$

$$\sum_{i=1}^{n}\left(E(ZG_i)\cdot q_i\cdot\left((1-W_i^P)\cdot\prod_{j=0}^{i-1}(1-W_j^P)-(1-W_i^0)\cdot\prod_{j=0}^{i-1}(1-W_j^0)\right)\right)$$

$$+\sum_{i=n+1}^{\infty}E(ZG_i)\cdot q_i\cdot\left(\prod_{k=1}^{n}(1-W_k^P)-\prod_{k=1}^{n}(1-W_k^0)\right)$$

$$-\sum_{i=1}^{n}q_i\cdot(BA_i^{Plan}-BA_i^0)$$

$$-\sum_{i=1}^{n}q_i\cdot(BKK_i^{Plan}-BKK_i)$$

Auch für die Problemkreditabteilung ändert sich nichts, außer dass sie nun nicht nur eine Betreuungsprämie BP von der Filiale, sondern auch noch eine Betreuungsprämie BP^{KPS} von der Kreditportfoliosteuerung erhält. Die Problemkreditabteilung fordert daher analog Formel (120), S. 190, für die Summe aus beiden Prämien:

$$(182)\quad BP + BP^{KPS} >$$

$$\sum_{i=1}^{n}q_i\cdot(BA_i^P-BA_i^{Plan})$$

$$-\sum_{i=1}^{n}q_i\cdot(BKK_i^{Plan}-BKK_i)$$

Die Kreditportfoliosteuerung schließlich war vor Berücksichtigung der Möglichkeit eines Derivateausfalls indifferent gegenüber einem Betreuungswechsel.[324] Nun profitiert sie jedoch von diesem, da damit Standardrisikokostenbarwert und Mindestertrag des Derivats sinken. Sie wird daher bereit sein, der Problemkreditabteilung eine Betreuungsprämie BP^{KPS} in Höhe maximal dieses Vorteils zu zahlen:

$$(183)\quad BP^{KPS} \leq \Delta Standardrisikokostenbarwert\ Derivat + \Delta Mindestertrag\ Derivat$$

Eine Betreuungsübergabe kommt zu Stande, wenn die Zahlungsbereitschaft von Filiale und Kreditportfoliosteuerung ausreicht, um die Zahlungsforderung der Problemkreditabteilung zu begleichen. Es muss also gelten:

$$(184)\quad Maximalprämie\ aus\ Sicht\ der\ Filiale + Maximalprämie\ aus\ Sicht\ der\ Kreditportfoliosteuerung > Mindestprämie\ aus\ Sicht\ der\ Problemkreditabteilung$$

Setzt man die Formeln (116), (182) und (183) in (184) ein, so ergibt sich daraus:

[324] Vgl. Kapitel 4.2.3.2.1.d, S. 184f..

$$(185)\quad \sum_{i=1}^{n}\left(E(ZG_i)\cdot q_i\cdot\left((1-W_i^P)\cdot\prod_{j=0}^{i-1}(1-W_j^P)-(1-W_i^0)\cdot\prod_{j=0}^{i-1}(1-W_j^0)\right)\right)$$

$$+\sum_{i=n+1}^{\infty}E(ZG_i)\cdot q_i\cdot\left(\prod_{k=1}^{n}(1-W_k^P)-\prod_{k=1}^{n}(1-W_k^0)\right)$$

$$-\sum_{i=1}^{n}q_i\cdot(BA_i^{Plan}-BA_i^0)$$

$$-\sum_{i=1}^{n}q_i\cdot(BKK_i^{Plan}-BKK_i)$$

$$+\Delta Standardrisikokostenbarwert\ Derivat$$

$$+\Delta Mindestertrag\ Derivat$$

$$>$$

$$\sum_{i=1}^{n}q_i\cdot(BA_i^P-BA_i^{Plan})$$

$$-\sum_{i=1}^{n}q_i\cdot(BKK_i^{Plan}-BKK_i)$$

Dies ergibt umgeformt als Bedingung für die Betreuungsübergabe:

$$(186)\quad \sum_{i=1}^{n}\left(E(ZG_i)\cdot q_i\cdot\left((1-W_i^P)\cdot\prod_{j=0}^{i-1}(1-W_j^P)-(1-W_i^0)\cdot\prod_{j=0}^{i-1}(1-W_j^0)\right)\right)$$

$$+\sum_{i=n+1}^{\infty}E(ZG_i)\cdot q_i\cdot\left(\prod_{k=1}^{n}(1-W_k^P)-\prod_{k=1}^{n}(1-W_k^0)\right)$$

$$+\Delta Standardrisikokostenbarwert\ Derivat$$

$$+\Delta Mindestertrag\ Derivat$$

$$\overset{!}{>}$$

$$\sum_{i=1}^{n}q_i\cdot(BA_i^P-BA_i^0)$$

Dies entspricht aber genau der Vorteilhaftigkeitsbedingung aus Sicht der Gesamtbank gemäß Formel (181), eine Betreuungsübergabe kommt also bei autonomer Entscheidung der beteiligten organisatorischen Einheiten dann und nur dann zu Stande, wenn dies im Gesamtbankinteresse liegt.

q.e.d.

Literaturverzeichnis

AKMANN (1994):

Akmann, Michael: Ergebnissteuerung in Kreditinstituten, Frankfurt am Main 1994.

ARVANITIS / LAURENT (1999):

Arvanitis, Angelo / Laurent, Paul: On The Edge Of Completeness, in: Risk, 12. Jg. (1999), H. 10, S. 61 - 65.

AUßENEGG / UHLIR (1996):

Außenegg, Wolfgang / Uhlir, Helmut: Value-at-Risk (2): Cash Flow Mapping, in: Bankarchiv, 45. Jg. (1997), H. 4, S. 273-277.

BASLER AUSSCHUSS (1996):

Basler Ausschuss für Bankenaufsicht: Änderung der Eigenkapitalvereinbarung zur Einbeziehung von Marktrisiken, Basel 1996.

BECKER (1997):

Becker, Gernot M.: Intergriertes Risikocontrolling als Wettbewerbsfaktor, in: Bank Magazin, o. Jg. (1997), H. 6, S. 53-56.

BEHM (1994):

Behm, Ulrich: Shareholder-Value und Eigenkapitalkosten von Banken, St. Gallen 1994.

BEINKER / DEUTSCH (1999):

Beinker, Mark W. / Deutsch Hans-Peter: Drei Hauptmethoden zur VaR-Berechnung im Praxisvergleich, in: Eller, Roland / Gruber, Walter / Reif, Markus (Hrsg.): Handbuch Bankenaufsicht und interne Risikosteuerungsmodelle, Stuttgart 1999, S. 151 - 172.

BGH (1985):

Urteil des Bundesgerichtshofs vom 7.11.1985, Aktenzeichen III ZR 128/84, Köln, zitiert nach: Wertpapiermitteilungen - Zeitschrift für Wirtschafts- und Bankrecht, 40. Jg. (1986), H. 1, S. 8 - 10.

BIEG (1998):

Bieg, Hartmut: Die externe Rechnungslegung der Kreditinstitute und Finanzdienstleistungsinstitute, München 1998.

BITZ (1993):

Bitz, Michael: Grundlagen des finanzwirtschaftlich orientierten Risikomanagements, in: Gebhardt, Günther / Gerke, Wolfgang / Steiner, Manfred (Hrsg.): Handbuch des Finanzmanagements - Instrumente und Märkte der Unternehmensfinanzierung, München, 1993, S. 641-668.

BLACK / SCHOLES (1978):

Black, Fischer / Scholes, Myron: The Pricing of Options Contracts and Corporate Liabilities, in: Journal of Political Economy, 81. Jg. (1973), S. 637 - 659.

BÜHNER (1992):

Bühner, Rolf: Shareholder Value-Ansatz, in: Die Betriebswirtschaft, 52. Jg. (1992),. H. 3, S. 418 - 419.

BÜHNER (1994):

Bühner, Rolf: Unternehmerische Führung mit Shareholder Value, in: Bühner, Rolf (Hrsg.): Der Shareholder-Value-Report, Landsberg / Lech 1994, S. 9 - 76.

BURGHOF / HENKE (2000):

Burghof, Hans-Peter / Henke, Sabine: Entwicklungslinien des Marktes für Kreditderivate, in: Burghof, Hans-Peter / Henke, Sabine / Rudolph, Bernd / Schönbucher, Philipp J. / Sommer, Daniel (Hrsg.): Kreditderivate - Handbuch für die Bank- und Anlagepraxis, Stuttgart 2000, S. 21 - 42.

BURGHOF / HENKE / SCHIRM (2000):

Burghof, Hans-Peter / Henke, Sabine / Schirm, Antje: Kreditderivate - Markt und Meinungen, in: Die Bank, o. Jg. (2000), H. 8, S. 539 - 539.

BURMESTER / HILLE / DEUTSCH (1999):

Burmester, Christoph / Hille, Christian T. / Deutsch Hans-Peter: Risikoadjustierte Kapitalallokation, in: Eller, Roland / Gruber, Walter / Reif, Markus (Hrsg.): Handbuch Bankenaufsicht und interne Risikosteuerungsmodelle, Stuttgart 1999, S. 389 - 417.

BÜSCHGEN (1998):

Büschgen, Hans E.: Bankbetriebslehre, 5. Aufl., Wiesbaden 1998.

CHADHA (1998):

Chadha, Ajay B.: Securitization / Asset Backed Securities - Einsatzmöglichkeiten im Rahmen des Risiko-/Portfoliomanagements, in: Hanker, Peter: Management von Marktpreis- und Ausfallrisiken: Instrumente und Strategien zur Risikominimierung in Banken, Wiesbaden 1998, S. 301 - 310.

CHAN / LAKONISHOK (1993):

Chan, Louis K.C. / Lakonishok, Josef: Are the reports of Beta's death premature?, in: The Journal of Portfolio Management, Vol. 19 (1993), Nr. 4 (Summer), S. 51 - 72.

COPELAND / WESTON (1988):

Copeland, Thomas E. / Weston, J. Fred: Financial Theory and Corporate Policy, 3. Aufl., Reading et al. 1988.

DAS (2000):

Das, Satyajit: Modeling Credit Risk / Pricing Credit-Derivative Instruments, in: Das, Satyajit (Hrsg.): Credit Derivatives and Credit Linked Notes, Singapur et al. 2000, S. 239 - 329.

DICHTL / ISSING (1993):

Dichtl, Erwin / Issing, Otmar (Hrsg.): Vahlens großes Wirtschaftslexikon, 2. Aufl., München 1993, Bd. 2.

DÖHRING (1999):

Döhring, Jens: Sachgerechte Prämien für das Ausfallrisiko, in: Betriebswirtschaftliche Blätter, 48. Jg. (1999), H. 6, S. 289 - 294.

DROSTE / MATTERN / SAUTTER (1994):

Droste, Klaus / Mattern, Frank / Sautter, Michael: Problemkreditorganisation für das Firmenkundengeschäft, in: Die Bank, o. Jg. (1994), H. 4, S. 207 - 214.

DRZIK / STROTHE (1997):

Drzik, John / Strothe, Gunther: Die sieben Stufen des Kreditrisikomanagements, in: Die Bank, o.Jg. (1997), H. 5, S. 260 - 264.

EISENFÜHR / WEBER (1999):

Eisenführ, Franz / Weber, Martin: Rationales Entscheiden, 3. Aufl., Berlin et al. 1999.

EVERLING (1999):

Everling, Oliver: Credit Rating, in: Das Wirtschaftsstudium, 18. Jg. (1999), S. 673 - 675.

FAMA / FRENCH (1992):

Fama, Eugene F. / French, Kenneth R.: The Cross-Section of Expected Returns, in: The Journal of Finance, Vol. 47 (1992), June, S. 427 - 465.

FISCHER (1999):

Fischer, Leonhard H.: Portfolio-Management für Kreditrisiken ermöglicht Pareto-Optimalität, in: Zeitschrift für das gesamte Kreditwesen, 52. Jg. (1999), S. 177-180.

FRANKE (2000):

Franke, Günter: Kreditgeschäft und Finanzmärkte, in: Obst, Georg / Hinter: Geld-, Bank- und Börsenwesen, hrsg. v. von Hagen, Jürgen / von Stein, Johann Heinrich, 40. Aufl., Stuttgart 2000, S. 231 - 270.

FRISCHMUTH (1995):

Frischmuth, Rüdiger: Steuerung von dezentral organisierten Sparkassen, Wiesbaden 1995.

GERDSMEIER (1998):

Gerdsmeier, Stefan: Die kundenindividuelle Risikobewertung - "Conditio sine qua non" einer systematischen Steuerung des Ausfallrisikos, in: Hanker, Peter: Management von Marktpreis- und Ausfallrisiken: Instrumente und Strategien zur Risikominimierung in Banken, Wiesbaden 1998, S. 257 - 269.

GERDSMEIER / KROB (1994):

Gerdsmeier, Stefan / Krob, Bernhard: Kundenindividuelle Bewertung des Ausfallrisikos mit dem Optionspreismodell, in: Die Bank, o. Jg. (1994), H. 8, S. 469 - 475.

GEYER / PICHLER (1998):

Geyer, Alois / Pichler, Stefan: Aggregationsprobleme im Rahmen des Value-at-Risk-Konzeptes, in: Österreichisches Bankarchiv, 46. Jg. (1998), H. 12, S. 942 - 948.

GROß / KNIPPSCHILD (1996):

Groß, Hermann / Knippsschild, Martin: Instrumente und Organisation der Risikosteuerung von Handelsaktivitäten, in: Krumnow, Jürgen (Hrsg.): Risikosteuerung von Derivaten, Wiesbaden 1996, S. 87-111.

HADELER (2000):

Hadeler, Thorsten (Hrsg.): Gabler-Wirtschaftslexikon, 15. Aufl., Wiesbaden 2000, Bd. 4.

HAROLD / PRINKER (2000):

Harold, Peter / Prinker, Eduard: Credit Default Swaps, in: Bankarchiv, 48. Jg. (2000), H. 6, S. 453 - 460.

HARTMANN-WENDELS / PFINGSTEN / WEBER (2000):

Hartmann-Wendels, Thomas / Pfingsten, Andreas / Weber, Martin: Bankbetriebslehre, 2. Aufl., Berlin et al. 2000.

HEIL (1997):

Heil, Michael: Kreditderivate - ein Markt der Zukunft?, in: Sparkasse, 114. Jg. (1997), H. 9, S. 429 - 431.

HEIN (1993):

Hein, Manfred: Einführung in die Bankbetriebslehre, 2. Aufl. München 1993.

HENKE / BURGHOF / RUDOLPH (1998):

Henke, Sabine / Burghof, Hans-Peter / Rudolph, Bernd: Credit Securitization and Credit Derivatives: Financial Instruments and the Credit Risk Management of Middle Market Commercial Loan Portfolios, CFS Working Papers 07/1998, Frankfurt.

HILLE / BURMESTER / OTTO (2000):

Hille, Christian T. / Burmester, Christoph / Otto, Matthias: Modelle zur risikoadjustierten Kapitalallokation, in: Die Bank, o. Jg. (2000), H. 3, S. 190 - 195.

HOHL / LIEBIG (1999):

Hohl, Stefan / Liebig, Thilo: Kreditderivate - Ein Überblick, in: Eller, Roland / Gruber, Walter / Reif, Markus (Hrsg.): Handbuch Kreditrisikomodelle und Kreditderivate, Stuttgart 1999, S. 499 - 525.

HÖLSCHER (1987):

Hölscher, Reinhold: Risikokosten-Management in Kreditinstituten, Frankfurt am Main 1987.

HÜFNER (1997):

Hüfner, Peter: Neue Regeln für Asset-Backed Securities, in: Die Bank, o.Jg. (1997), H. 7, S. 433-436.

HUSCHENS / LOCAREK-JUNGE (2000):

Huschens, Stefan / Locarek-Junge, Hermann: Konzeptionelle und statistische Grundlagen der portfolioorientierten Kreditrisikomessung, in: Oehler, Andreas (Hrsg.): Kreditrisikomanagement - Portfoliomodelle und Derivate, Stuttgart 2000, S. 25 - 49.

HUSCHENS / LOCAREK-JUNGE (2002):

Huschens, Stefan / Locarek-Junge, Hermann: Grundlagen der portfolioorientierten Kreditrisikomessung, in: Oehler, Andreas (Hrsg.): Kreditrisikomanagement, 2. Aufl., Stuttgart 2002, S. 89 - 114.

HÜTTEMANN (1997):

Hüttemann, Petra: Kreditderivate im europäischen Kapitalmarkt, Wiesbaden 1997.

JORION (1997):

Jorion, Philippe: Value at Risk: The New Benchmark for Controlling Market Risk, Chicago - London - Singapur 1997.

JOVIC (1999):

Jovic, Dejan: Risikoorientierte Eigenkapitalallokation und Performancemessung bei Banken, Bern-Stuttgart-Wien 1999.

JPMORGAN (1997):

J.P.Morgan: Introduction to CreditMetrics - Technical Document, 1997.

KASSBERGER / WENTGES (1999):

Kassberger, Stefan / Wentges, Paul: Die Schätzung von Ausfallwahrscheinlichkeiten von Unternehmen, in: Eller, Roland / Gruber, Walter / Reif, Markus (Hrsg.): Handbuch Kreditrisikomodelle und Kreditderivate, Stuttgart 1999, S. 23 - 50.

KIRMßE (1996):

Kirmße, Stefan: Die Bepreisung und Steuerung von Ausfallrisiken im Firmenkundengeschäft der Kreditinstitute - Ein optionspreistheoretischer Ansatz, Schriftenreihe des Zentrums für Ertragsorientiertes Bankmanagement Münster, Band 10, Frankfurt 1996.

KIRSTEN (2000):

Kirsten, Dirk W.: Das bankspezifische Shareholder-Value-Konzept, Wiesbaden 2000.

KOHLHOF / COLINA (2000):

Kohlhof, Joachim / Colina, Gabriela: Value-at-Risk Management in Banken, Idstein 2000.

KÜMMEL (1995):

Kümmel, Axel T.: Bewertung von Kreditinstituten nach dem Shareholder Value Ansatz, 2. Aufl., Sternenfels-Berlin 1995.

KURITZKES (1999):

Kuritzkes, Andrew: Kreditportfoliomanagement: Neues Geschäftsmodell im Firmenkundengeschäft, in: Die Bank, o. Jg. (1999), H. 1, S. 60-64.

LANDRY / RADEKE (1999):

Landry, Sophie / Radeke, Oliver: Kreditderivate in der Praxis, in: Eller, Roland / Gruber, Walter / Reif, Markus (Hrsg.): Handbuch Kreditrisikomodelle und Kreditderivate, Stuttgart 1999, S. 527 - 574.

LEHRBAß (1997):

Lehrbaß, Frank B.: Die modellmäßige Bewertung von Krediten mit Ausfallrisiko, in: Zeitschrift für das gesamte Kreditwesen, 50. Jg. (1997), H. 8, S. 365 - 370.

LINTNER (1965):

Lintner, John: The Valuation of Risk Assets and the Selection of Risky Investments in Stock Portfolios and Capital Budgets, in: The Review of Economics and Statistics, 49. Jg. (1965), H. 1, S. 13 - 37.

LISTER (1997):

Lister, Michael: Risikoadjustierte Ergebnismessung und Risikokapitalallokation, Frankfurt am Main 1997.

LWOWSKI / GÖßMANN (1990):

Lwowski, Hans-Jürgen / Gößmann, Wolfgang: Kreditsicherheiten, 7. Aufl., Berlin 1990.

MANZ (1998):

Manz, Felix: Prozessorientiertes Kreditmanagement, Bern-Stuttgart-Wien 1998.

MERBECKS (1996):

Mehrbacks, Andreas: Zur Organisation des Risikomangements in Kreditinstituten, Wiesbaden 1996.

MERTON (1974):

Merton, Robert C.: On the pricing of corporate debt: The risk structure of interest rates, in: The Journal of Finance, 29. Jg. (1974), S. 449 - 470.

MONßEN (1998):

Monßen, Hans-Georg: Shareholder-Value und Förderauftrag, in: Zeitschrift für das gesamte Genossenschaftswesen, 48. Jg. (1998), H. 4, S. 288 - 298.

MOODY'S (1997):

Moody's Investors Service, Carty, Lea V.: Moody's Rating Migration and Credit Quality Correlation 1920 - 1996, unter:
http://riskcalc.moodysrms.com/us/
research/trans.asp vom 17.09.2002.

MOODY'S (2002a):

Moody's Risk Management Services: Recovery Studies, unter: http://riskcalc.moodysrms.com/us/research/lied.asp vom 17.09.2002.

MOODY'S (2002b):

Moody's Risk Management Services: Rating Transition Studies, unter: http://riskcalc.moodysrms.com/us/research/trans.asp vom 17.09.2002.

MOSSIN (1966):

Mossin, Jan: Equilibrium in a Capital Asset Market, in: Econometrica, 34. Jg. (1966), H. 4, S. 768 - 783.

MÜLLER-GEBEL (1994):

Müller-Gebel, Klaus: Das Management der Personalkosten, in: Die Bank, o. Jg. (1994), H. 5, S. 269 - 274.

NIETHEN / WAHRENBURG (2000):

Niethen, Suanne / Wahrenburg, Mark: Kreditrisikomodelle und der Einsatz von Kreditderivaten, in: Burghof, Hans-Peter / Henke, Sabine / Rudolph, Bernd / Schönbucher, Philipp J. / Sommer, Daniel (Hrsg.): Kreditderivate - Handbuch für die Bank- und Anlagepraxis, Stuttgart 2000, S. 397 - 418.

OEHLER / UNSER (2001):

Oehler, Andreas / Unser, Matthias: Finanzwirtschaftliches Risikomanagement, Berlin et. al. 2001.

OFFERMANN (2001):

Offermann, Carsten: Kreditderivate: Implikationen für das Kreditportfoliomanagement von Banken, Köln 2001.

PAUL (2001):

Paul, Stefan: Risikoadjustierte Gesamtbanksteuerung, Bern-Stuttgart-Wien 2001.

PEIL / EGGER (2000):

Peil, Dieter / Egger, Elisabeth: Portfoliosteuerung im Kreditgeschäft, in: Die Bank, o. Jg. (2000), H. 6, S. 414 - 418.

PFEIFFER (2001):

Pfeiffer, Verena: Einsatzmöglichkeiten derivativer Instrumente im modernen Kreditrisikomanagement, in: Schulze, Claudia / Pfeiffer, Verena / Witzke, Thorsten: Aktives Kreditrisikomangement: Portfoliomodelle & innovative Produkte, Aachen 2001.

PFINGSTEN (2000):

Pfingsten, Andreas: Die Kreditvergabe, in: Obst, Georg / Hinter: Geld-, Bank- und Börsenwesen, hrsg. v. von Hagen, Jürgen / von Stein, Johann Heinrich, 40. Aufl., Stuttgart 2000, S. 665 - 741.

POPPENSIECKER (1997):

Poppensieker, Thomas: Strategisches Risikomanagement in deutschen Großbanken, Wiesbaden, 1997.

PÖTTER (1998):

Pötter, Manfred: Kreditportfoliosteuerung in der langfristigen Unternehmensfinanzierung, in: Hanker, Peter: Management von Marktpreis- und Ausfallrisiken: Instrumente und Strategien zur Risikominimierung in Banken, Wiesbaden 1998, S. 270 - 277.

RAPPAPORT (1986):

Rappaport, Alfred: Creating Shareholder Value, London - New York 1986.

RICHTER (1996):

Richter, Frank: Konzeption eines marktwertorientierten Steuerungs- und Monitoringsystems, Frankfurt am Main et. al. 1996.

RISKMETRICS (2002):

RiskMetrics Group: Credit Metrics Standard Datasets - Transition Matrices, unter: http: //www.riskmetrics.com/products/data/datasets/TRNSPRB.txt vom 17.09.2002.

ROHMANN (1998):

Rohmann, Martin: Optionspreismodell zur Bewertung von Ausfallrisiken, in: Zeitschrift für das gesamte Kreditwesen, 51. Jg. (1998), H. 11, S. 1185 - 1190.

ROLFES (1998):

Rolfes, Bernd: Das Zinsänderungsrisiko bei Banken, in: WiSU, 27. Jg. (1988), H. 7, S. 400-407.

ROLL (1977):

Roll, Richard: A Critique of the Asset Pricing Theory's Tests Part I: On Past and Potential Testability of the Theory, in: The Journal of Financial Economics, 4. Jg. (1977), H. 2, S. 129 - 176.

ROLL / ROSS (1980):

Roll, Richard / Ross, Stephen A.: An Empirical Investigation of the Arbitrage Pricing Theory, in: The Journal of Finance, 35. Jg. (1980), H. 5, S. 1075 - 1103.

SAUTTER / DROSTE (1998):

Sautter, Michael T. / Droste, Klaus D.: Rekonfiguration des Firmenkreditgeschäfts - Exzellenz oder Exitus, in: Hanker, Peter: Management von Marktpreis- und Ausfallrisiken: Instrumente und Strategien zur Risikominimierung in Banken, Wiesbaden 1998, S. 213 - 233.

SCHIERECK / WEBER (2000):

Schiereck, Dirk / Weber, Martin: Finanzaktivapreise: Theorie und Evidenz, in: Obst, Georg / Hinter: Geld-, Bank- und Börsenwesen, hrsg. v. von Hagen, Jürgen / von Stein, Johann Heinrich, 40. Aufl., Stuttgart 2000, S. 270 - 298.

SCHIERENBECK (1997a):

Schierenbeck, Henner: Ertragsorientiertes Bankmanagement, Band 1, 5. Auflage ,Wiesbaden 1997.

SCHIERENBECK (1997b):

Schierenbeck, Henner: Ertragsorientiertes Bankmanagement, Band 2, 5. Auflage,Wiesbaden 1997.

SCHIERENBECK (1999a):

Schierenbeck, Henner: Ertragsorientiertes Bankmanagement, Band 1, 6. Auflage ,Wiesbaden 1999.

SCHIERENBECK (1999b):

Schierenbeck, Henner: Ertragsorientiertes Bankmanagement, Band 2, 6. Auflage ,Wiesbaden 1999.

SCHIERENBECK (2001a):

Schierenbeck, Henner: Ertragsorientiertes Bankmanagement, Band 1, 7. Auflage ,Wiesbaden 2001.

SCHIERENBECK (2001b):

Schierenbeck, Henner: Ertragsorientiertes Bankmanagement, Band 2, 7. Auflage ,Wiesbaden 2001.

SCHMOLL (1995):

Schmoll, Anton: Kreditkultur als Erfolgsfaktor im Aktivgeschäft der Banken, in: Rolfes, Bernd / Schierenbeck, Henner / Schüller, Stephan (Hrsg.): Risikomanagement in Kreditinstituten, Frankfurt 1995, S. 223 - 251.

SCHMOLL (1997):

Schmoll, Anton: Personalressourcen effizient einsetzen, in: Bank Magazin, o. Jg. (1997), H. 6, S. 26 - 28.

SCHMOLL (1999):

Schmoll, Anton: Effizientes Kredit-Risikomanagement in Kleinbanken, in: Schmoll, Anton: Kreditrisiken erfolgreich managen, Wiesbaden 1999, S. 69 - 111.

SCHNEIDER (1995):

Schneider, Dieter: Informations- und Entscheidungstheorie, München-Wien 1995.

SCHÖNBUCHER (2000):

Schönbucher, Philipp: Kreditrisikomodelle zur Bewertung von Kreditderivaten, in: Burghof, Hans-Peter / Henke, Sabine / Rudolph, Bernd / Schönbucher, Philipp J. / Sommer, Daniel (Hrsg.): Kreditderivate - Handbuch für die Bank- und Anlagepraxis, Stuttgart 2000, S. 569 - 623..

SCHÜLLER (1995):

Schüller, Stephan: Ertragsorientierte Risikopolitik - Changemanagement des Kreditprozesses, in: Rolfes, Bernd / Schierenbeck, Henner / Schüller, Stephan (Hrsg.): Risikomanagement in Kreditinstituten, Frankfurt 1995, S. 173 - 190.

SCHULZE (2001):

Schulze, Claudia: Kreditportfolio-Modelle - theoretische Konzeption und praktische Implementierbarkeit, in: Schulze, Claudia / Pfeiffer, Verena / Witzke, Thorsten: Aktives Kreditrisikomangement: Portfoliomodelle & innovative Produkte, Aachen 2001.

SCHÜTZ / KLEINE (2001):

Schütz. Michael / Kleine, Walter: Problemkreditorganisation im Firmenkundengeschäft, in: Eller, Roland / Gruber, Walter / Reif, Markus (Hrsg.): Handbuch Gesamtbanksteuerung, Stuttgart 2001, S. 387 - 419.

SEIDEL (2000):

Seidel, Stephan: Der Shareholder Value-Ansatz zur Integration von Rentabilitäts- und Risikomanagement im ertragsorientierten Wertmanagementkonzept für Banken, Göttingen 2000.

SHANKEN (1982):

Shanken, Jay: The Arbitrage Pricing Theory: Is It Testable?, in: The Journal of Finance, 37. Jg. (1982), H. 5, S. 1129 - 1140.

SHARPE (1964):

Sharpe, William F.: Capital Asset Pricing: A Theory of Market Equilibrium under Conditions of Risk, in: The Journal of Finance, 19. Jg. (1964), H. 3 , S. 425 - 442.

SHEARER / CHRISTENSEN (1998):

Shearer, M. A. / Christensen, R.: Migration Analysis: Combining approaches for better results, in: Journal of Lending & Credit Risk Management, o. Jg. (1998), H. 4, S. 52 - 56.

SIEBETZ (2000):

Siebertz, Paul: Personalwesen, in: Obst / Hintner: Geld-, Bank- und Börsenwesen, hrsg. v. von Hagen, Jürgen / von Stein, Johann Heinrich, 40. Aufl., Stuttgart 2000, S. 1164 - 1211.

STANDARD & POOR'S (1996):

Standard & Poor's: CreditWeek vom 15.04.1996.

STANDARD & POOR'S (2002):

Standard & Poor's: Risk Solutions, unter http://www.standardandpoors.com/ProductsAndServices/RiskManagementSolutions/RiskSolutions.htm vom 17.09.2002.

STROTHE (1999):

Strothe, G.: Credit Risk Mitigation. Techniken der Exposure-Reduzierung, Tagungsunterlage, Kreditrisiko und Bankenaufsicht, Deutsche Bundesbank, Frankfurt 1999, nicht veröffentlicht.

SÜCHTING / PAUL (1998):

Süchting, Joachim / Paul, Stephan: Bankmanagement, 4. Aufl., Stuttgart 1998.

UFER (1998):

Ufer, Willi: Kreditderivate, in: Hanker, Peter: Management von Marktpreis- und Ausfallrisiken: Instrumente und Strategien zur Risikominimierung in Banken, Wiesbaden 1998, S. 283 - 300.

ULSCHMID (1994):

Ulschmid, Christoph: Empirische Validierung von Kapitalmarktmodellen, Frankfurt am Main u.a. 1994.

VARNHOLT (1997):

Varnholt, Burkhart: Modernes Kreditrisikomanagement, Zürich 1997.

VENOHR (1996):

Venohr, Bernd: Reengineering der Kreditprozesse, in: Die Bank, o. Jg. (1996), H. 3, S. 132 - 138.

VON STEIN / KERSTIEN / GÄRTNER (2000):

von Stein, Johann Heinrich / Kerstien, Heinrich / Gärtner, Ulrich: Bankunternehmenspolitik, in: Obst / Hintner: Geld-, Bank- und Börsenwesen, hrsg. v. von Hagen, Jürgen / von Stein, Johann Heinrich, 40. Aufl., Stuttgart 2000, S. 1101 - 1119.

WICKEL-KIRSCH / MAUERER / KAISER (1998):

Wickel-Kirsch, Silke / Mauerer, Nikolaus / Kaiser, Antonia: Investitionscontrolling und Shareholder Value - Methodik und Praxis, in: bank und markt, 27. Jg. (1998), H. 8, S. 30 - 33.

WIELANDT (1993):

Wielandt, Paul: Risiko als Faktor für den Ressourcen-Einsatz, in: Zeitschrift für das gesamte Kreditwesen, 46. Jg. (1993), H. 13, S. 603 - 610.

WIMMER (1996):

Wimmer, Konrad: Bankkalkulation: neue Konzepte der Kosten- und Erlösrechnung von Kreditinstituten, 2. überarb. und erw. Aufl., Berlin, 1996.

Lebenslauf

Persönliche Daten

Name	Karim Arain
Geburtsdatum	02.01.1973 in Neuss
Adresse	Traunstraße 2, 81825 München
E-Mail	k.arain@web.de

Ausbildung

1992	Abitur am Gymnasium Untergriesbach (Ndby.)
1993 - 1998	Studium der Betriebswirtschaftlehre an der Universität Passau
	Abschluss: Diplom-Kaufmann
1998 - 2003	Promotion am Lehrstuhl für Bankbetriebslehre und Finanzwirtschaft der Universität Passau (Lehrstuhlinhaber: Prof. Dr. Jürgen Steiner)
	Abschluss des Promotionsverfahrens im September 2003

Berufserfahrung

1998 - 2003	Wissenschaftlicher Mitarbeiter am Lehrstuhl für Bankbetriebslehre und Finanzwirtschaft der Universität Passau
seit Juni 2003	Unternehmensberater bei Mercer Management Consulting

Kolibri 360 GmbH
Ferdinand-Jühlke-Straße 7
99095 Erfurt, Deutschland
produktsicherheit@kolibri360.de

Druck:
CPI Druckdienstleistungen GmbH
im Auftrag der
Kolibri 360 GmbH
Ferdinand-Jühlke-Str. 7
99095 Erfurt